U0948868

# 发展纵横谈

## ——基于发展模式变迁的思考

朱荣林　著

文匯出版社

**图书在版编目(CIP)数据**

发展纵横谈：基于发展模式变迁的思考 / 朱荣林著
.—上海：文汇出版社，2011.1
ISBN 978-7-5496-0133-2

Ⅰ.①发… Ⅱ.①朱… Ⅲ.①社会发展-研究-中国
②经济发展-研究-中国 Ⅳ.①D668②F124

中国版本图书馆 CIP 数据核字(2011)第 010017 号

---

**发展纵横谈**

作　　者 / 朱荣林

出 版 人 / 桂国强
责任编辑 / 张　涛
封面装帧 / 丁　轶

出版发行 / 文匯出版社
上海市威海路 755 号
(邮政编码 200041)
经　　销 / 全国新华书店
照　　排 / 南京展望文化发展有限公司
印刷装订 / 上海新文印刷厂
版　　次 / 2011 年 2 月第 1 版
印　　次 / 2011 年 2 月第 1 次印刷
开　　本 / 640×960　1/16
字　　数 / 240 千
印　　张 / 18.5

ISBN 978-7-5496-0133-2
定　　价 / 32.00 元

# 目　录

发展纵横谈——基于发展模式变迁的思考

# 序



我在《解读田子坊》一书的《跋》中，曾就优化我国公共权力结构、规范政府职能及其行为，有过一段探索性的感言。我说："田子坊模式创新过程中，政府与社会在城市改造领域里的权益结构之变迁，实际上是国家权力让渡与政府行为自律的一种有益尝试，其意义远远超越田子坊本身。本书收集图片资料的艰难过程，从一个侧面彰显了这种'有益尝试'将能释放的政府巨大效能"。此话的含义在于，当前我国政府与社会之间权益结构存在的扭曲现象，正是田子坊模式试图要改变的，其方向是这种扭曲现象的理性回归，其过程则折射出公权力与私权力的艰难博弈，其本质却又是政府管理职能转变的历程。

这种有感而发的随笔，竟成为撰写本书的灵感和动因。改革开放以来，从总体上判断，我们国家主权地位日益巩固，综合国力不断走强，国际地位日新月异，这是有目共睹之盛况。但与中央政府设定的新世纪发展战略相比，与高速增长的经济速度相比，与庞大的存量资源消耗相比，我国的经济增长效率、资源配置效率、社会进步的效率，尚有诸多不尽如人意之处。从大量散见于国内外媒体及其历史性文献中的资料分析，不难发现我国进一步提高发展质量的潜力，主要存在于制度建设之中。成本与收益的变动会使制度产生不均衡，进而诱致人们为追求潜在获利机会而推动制度安排的变迁。因为，制度的重新安排，将决定我国传统发展模式的转变，进而决定资源配置方式和经济增长方式，再而决定经济的可持续性。正是因为，由于传统制度设计存在的缺陷，再分配体系不能有效地调节分配差距的作用，导致全社会消费倾向的下降，内需不能起到经济恢复性增长的主导作用，产能过剩也难以有效消解；正是因为，由于制度设计的缺陷，政府的职能和行政方式不能适应“小政府，大社会”的需要，导致行政成本增长速度大大快于经济增速，不可避免地挤压了公共财政支出的增长，以至于社会和谐的“维稳”成本大幅上升；正是因为，由于传统制度设计的缺陷，科技教育还不能占据兴国的主导地位，导致我国技术平台、教育平台和产业平台长期缺失联动机制，障碍了科技进步对于经济增长贡献率的提升。

制度设计进一步完善的思路定位，离不开对发展战略的重新审视，而这种审视又离不开对国家职能及其行使这种职能的主体——政府的深入解读。解读的体会之一是，国家的存在具有两重性。正如美国学者诺斯在《经济史上的结构与变革》一书中所作的评述：“如果没有国家的介入，财产权利就无法得到有效的界定、保护和实施，经济发展也就不可能实现。然而，国家权威是个人权利最大，也是最危险的侵害者，因为国家不仅有扩张的冲动，而且其扩张总是依靠侵蚀个人权利和社会制度来实现的；国家介入经济活动领域时，常常设置具有偏向性的财产制度，以及决策的失误均会导致巨大的经济损失。”因此，他认为“国家的存在对于经济增长是必不可少的，但国家又是人为的经济衰退之根源”。被后人称之为“诺斯悖论”的这一著名论断，我将之解读为“没有国家成不了事，有了国家省不了事”。因此，治国的制度设计，其价值指向是要强化其“能成事”的优势，转化其“不省事”之劣势。

解读的体会之二是，政府作为一个特殊的利益集团，既是权力主体与利益主体的复合体,又是沟通主权国家与公民之间联系的中介体。这个中介体产生的背景是:国家作为“自由”的人民“自由协议”的产物(卢梭语),人们同意把自己的权力转让给国家,前提是国家必须保护一切缔约者(即人民)的自由、平等、生命和财产,这就是体现人民的“公意”。于是,这项任务就委托给政府来实现。这就是公共权力结构的历史渊源。在漫长的岁月里,这个行使国家事务管理权力的中介体政府全权执掌了这一权力,而一切缔约者(人民)均成为其行政管理的客体。但是,由于监督机制架构的先天性缺陷,诸如与被监督者之间存在信息、地位和资源的不对称性,导致在许多国家和诸多领域里发生过公民被侵权的行为,政府甚至反客为主,颠倒了国家与社会的位置关系。至 20 世纪 20 年代,政府权力的稳定性与有效性达到了极其规范的程度,最终产生了官僚模式的政府,形成“只有民主政府,没有民主行政”的权力结构,其特征是普遍存在的“行政低效”和“贪污腐败”,从而离间了政府与社会的信任关系。于是,20 世纪 70 年代兴起的《新公共管理学》,猛烈抨击了被扭曲的政府行政行为和公共权力结构。我国对公共权力结构重建的探索,几乎与全球行政管理改革起步于同一时期。20 世纪 70 年代末,我国的改革从经济体制“放权让利”开始,开启了经济体制市场化探索的漫长之路。但是,经济体制改革获得的巨大成果,正在被传统落后的政府管理体制所消化和吸收。因此,人们开始呼唤廉洁高效的不与民争利的“经济适用政府”(《中国青年报》11 月 26 日)。为此,治国制度设计的重心应当放在遵守“自由”人民的“自由协议”之上,规范政府职能,界定政府职权,促使国家与社会、政府与公民之间的权力走向历史性的回归之途。

解读体会之三是,公共权力结构合理框架的设计是一个反复探索和认知的过程,其中包括广大学者理性判断的思考,更要有实践操作人员直觉判断的积累。正如列宁所言:“国家问题是一个最复杂最混乱的问题”。C. H. 泰特斯收集到的有关国家的定义多达 145 种,便印证了列宁的判断。国家定义的多样性，折射出世人对国家职能定位期望值的多元性。世界上的知识有两种，一种是理性知识，它与科学相联系，普遍为政府认可，被主流社会所推崇；另一种是直觉知识，它与宗教相联系，普遍为政府所忽视，也易被主流社会所弃。前者的认知过程是线性的、逻辑性的、是有因果关系的一种确定性质的思维，不仅可以定性，甚至可以定量，还可以用语言、文字和数学模型表述，通过书本阅读和教师口述进行规模性传播。当前的教育就是这种传播形式。而后者的认知过程是非线性的，非逻辑性的、不具有因果关系的一种不确定性质（或称为近拟）的思维，它无法定性，更不可能定量，也无法用语言、文字和数字表述，只能通过实践者在实践中沉思和省悟，即靠意会，不靠言传。因此，它长期被排斥在各国教育领域之外。但它的存在和有效性，终于有了被主流社会察觉的机会。

20世纪初叶，经典的牛顿力学被量子力学和相对论力学的取代，及其负有盛名的瑞士洛桑国际管理学院对全球100位成功企业家问卷调查的结果，使人们开始意识到，线性思维的分析方法，只是为适于用确定性质的语言和文字去传播（如授课）认知结果的需要而被人为归纳提炼的，但它与现实世界的现状却是大相径庭的。原因在于自然界是具有无限的可变性和极其复杂的多维性，根本不存在线性和规则的图解，事物的出现往往并不以序列为形态，而是形成一个彼此关联的整体而已。正如现代物理学所探明的那样，“这个世界即使是完全真空也是弯曲的”。换言之，我们概念性思维的抽象系统永远无法准确地描述和理解这个实在的世界，其过程犹如“制图员试图用一张平面的纸去包密弯曲的地球表面一样”无能为力。经典的牛顿力学是一种线性思维的，并具有严密逻辑推理的分析方法，当它去解释光速已经变化的天体力学现象时，也曾经出现过这种惊讶与无奈。X射线的发现，以及卢瑟福用α粒子轰击原子核所得出的结果，同样令牛顿力学茫然无比。因为，牛顿力学面对的是非线性的、没有逻辑关系的力学现象。自然现象如此，社会现象也是如此。企业作为经济运行的主体，其“王国”的治理规律遵循的是非线性指向，一个国家的治理及其职能的把握更不会是线性关系。国家定义的多元化认知，足以证明人们对国家本质的探索始终没有统一过，而对其认知的任何一种判断均无法是“确定性”的结论，而只能是“近似性”的探索。因此，从这种意义上判断，迄今为止对国家本质的认识和探索，其结论只能是参考性质的，也是动态性质的。因为，人们的探索始于国家的起源，而终于国家的消亡，只要国家存在一天，这种探索不会终止，更不会完成。

有鉴于此，制度设计的视野，不能局限于那种基于传统思维所形成的理论体系，还应注重发掘那些沉淀于人们感悟领域之中的宝贵积累。如前所述，这种积累散见于媒体和其他文献之中，它有助于约束和规范强势群体的行为。这些积累所提示的某种思维模式可能既未形成体系，又可能与世人所崇尚的主流思维模式对社会现象的判断有所背离，但它们无疑是极富参考价值的东西。

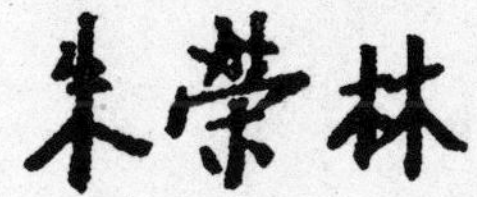

2010年6月20日于荣竹斋

# 卷首语

# 从国家定义的多样性说起

C. H. 泰特斯收集到的有关国家的定义竟然多达 145 种之多,其离散度之大,折射出人们对国家职能定位的期望值呈现多元化态势。无怪乎列宁将国家问题归之为"一个最复杂最混乱的问题"。不管国家概念的认定出现多大分歧,但其最本质的特征是不容置疑的,即它是"一个阶级压迫另一个阶级的机器,是一切被支配的阶级受一个阶级控制的机器"(《马克思恩格斯选集》第 4 卷,第 2 页)。这种"机器"无一例外地表现为代表"公共意志"和"公共利益"的共同体,否则其存在必将受到置疑。而根据 18 世纪法国著名思想家卢梭的定义,作为沟通主权国家与全体公民之间联系的政府,它与国家之间的法律地位(主权与治权)、存在形态(诸如时间稳态性、空间稳态性与存在形式等)具有差异。总之,政府作为国家内涵的四大要素之一,它与公民、领土、主权处于同等重要地位。国家通过这四大元素,实施自己独特的运行职能和规程,即首先是通过"输入"社会成员的需求和意志,来反映社会对国家的作用。然后经过职能机构的整合、梳理和转换,实现公共产品和公共服务的对外"输出",以体现国家对社会的反作用。这种需求的"输入"与供给的"输出",以及社会对国家的"作用"与国家对社会的"反作用",作为国家运作机制,构成了国家制度与社会制度共同承担“调整个体间关系”任务的格局。这种格局，是全社经济、政治、文化健康运行的基础。

目标管理的共识性，并未导致过程管理认知的一致性。这种过程管理认知的非一致性体现在对国家与社会在实现共同目标时的相互关系、互动方式和理论支持的分歧之上。历史上，西方曾经出现过主张没有国家强制性权威(并不泛指一切权威)的环境下组织社会生活的无政府主义；出现过主张用国家取代社会，完全依靠国家来从事经济活动，把人们的所有社会关系及其文化观念等全部纳入国家强制力范畴的国家主义；出现过反对任何形式的专制，强调国家维护以理性为基础的个人自由和个性发展的自由主义；出现过反对一切激进的革命和革新，主张节制政治，通过更多的社会合作，以妥协和改良的手段去调和各种利益集团冲突的保守主义；出现过主张社会权力高度集中到国家手中，而国家权力则要高度集中到政党手中，而政党权力又要高度集中到个人手中的极权主义(人们似曾相识的极权主义便是法西斯主义和纳粹主义)。国家与社会关系的不同主张，根植于主张者不同的社会地位、价值视角及其对社会剩余价值率的偏好之中。国家与社会关系处置不当，在某种情况下会导致专制与民主的持续抗争。民主之所以只是一种手段，而非目的本身，其源盖出于民主制度的真正目的是希冀社会摆脱专制的统治，而非取代这种统治。正如卡尔·波普尔所言，国家需要“人民审判式”的民主，而非“人民统治式的民主”。因为，人民大众虽然不可能自己去管理国家，但应当有权去评价国家管理者的行为，并作出自己的选择。只不过这种“摆脱”方式在不同社会制度形态下具有不同的选择，民主制度靠“选票”寻求摆脱，而专制制度则通过选票之外手段去摆脱。但不管采取何种摆脱方式，其摆脱之后的国家机器均是一种少数人管理国家的方式，而不可能是多数人去参与国家管理，出现所谓的“民主社会”。这种似曾相识的社会，在20世纪70年代的中国全民高举“造反有理”大旗，经过“全国夺权”之后出现过，那时“两个 90%”的多数人通过“大鸣、大放、大字报和大辩论”这四大武器，直接参与国家管理，试图去统治另外“两个 10%”的少数人，其后果之劣、危害之甚、寿命之短已成历史的笑柄。

国家是降低无国家的社会状态下自我组织和自我运作所产生巨大的“社会成本”的理想选择。换言之，国家这种形式是历史发展到一定阶段的必然产物，它能有效地维持人类共同体的延续，但它并不是完善的。原因在于，巨大的“社会成本”在降低的过程中会部分地转化为“国家成本”，进而难以摆脱“成败萧何”的规律。对于这种规律性现象，诺斯作过极其深刻的表述，他将作为强制性制度安排的国家进行了双重特征分析之后认为，一方面国家在保护个人权利时能发挥巨大的规模效应和体现低交易成本，没有它的介入，财产权利的界定、保护和实施是不可想象的，因此经济的发展也难以实现。另一方面国家具有扩张的冲动，其行为结果必然又是个人权利和社会制度最大、最危险的侵害者，且国家一旦介入经济活动，常常会设置倾向性的财产制度，并伴随决策性的失误而导致经济蒙受巨大损失。伟人恩格斯在分析国家对社会反作用三种方式的论述中，对此表示了同感。令人遗憾的是人们将这一精辟见地收录于《马克思恩格斯全集》(第 4 卷，第 483 页)时删去了最后一句极其经典的评述：当国家沿着相反方向作用或阻碍经济发展时，“政治权力将给经济发展造成巨大的损害，并将引起最大的人力和物力浪费”。观点可以删去，但观点所揭示的社会存在却不会消失。这就是“马恩”生命力之所在，也是本书的主旨之一。

诺斯和恩格斯显然看到了国家制度的收益与成本之间的博弈，才会作出如此深刻的警示性判断。因此，控制成本将贯穿于国家制度消亡之前的全部历史过程中，而决非阶段性的行为。国家的这种制度性成本具有不可抗拒的扩张态势：其一是组织成本。国家产生的初衷，源自经济强势群体为有效防止自身权益受到无国家社会状态的损害。

换言之,国家之所以会沦为少数经济上占优势的社会成员为自己服务的工具,这是国家起源的初衷所决定的。为此,国家将不可避免地卷入一场自我扩张的循环之中,原因是国家权力越大,对社会经济生活控制越有效,则越能从社会成员中获取更多的剩余价值,有利于扩大自身的利益总量,扩大了的利益总量又对国家的控制力提出更高的要求,进而必然导致国家权力的进一步扩张。由于国家权力的扩张是以国家制度取代社会制度为基本特征,又以政府机构与人员扩张为主要手段的,因此国家的组织成本具有自动扩张的机制。其二是效率成本。由于管理层次与信息失真率成正相关,因此国家决策成本与决策有效性之间往往是不对称的,当决策成效呈现边际递减之势时,成本的上扬与决策的成效无法同步。城市建设性的破坏,投资项目论证的失效及其重大防灾减灾工程款项的截流性中间承包,产权保护与合约执行机制的弱化等,无不体现政府效率成本的居高不下。这种成本实际上是一种制度成本,在经济增长的贡献度中它抵消了我国低廉的劳动资本的作用,这种“抵消”的代价是“尽管中国人比世界上其他民族都勤奋,但还是那么穷”(茅于轼)。其三是管理成本。政府职能错位、行政方式不当和决策信息失真,均与国家进入领域不当有密切的因果关系,其必然结果是管理成本的上升。竞争性领域与非竞争性领域之间,由于经济外部性特征等方式的差异,国家进入与社会进入的运营费用也会出现高低之别。国家进入领域的选择必须在管理费用上遵循“就低不就高”的原则,但政府的非理性选择往往会基于更多的国家控制力的考量,从而不计管理费用。以我国为例,正在进入经济结构的“央企化“时代,便是国家进入领域不当之果。

主权国家与公民之间的沟通与联系,是由中介体的政府来完成的。从常理上判断,国家职能和公民的意志是靠政府来行使和体现的。与之相对应,国家的成本主要体现在政府行政的成本之上。凡可用货币度量且易为人们察觉的成本,可谓之显性成本,但与之相对应的隐性成本则不易为人们察觉而失之放纵。诸如社会制度的被替代，市场化制度的弱化，贫富差距所导致的社会总需求的下降，经济决策失误造成的巨大浪费等。国家和社会关系错位所导致的成本上扬，会从多重角度反映出来。其中折射出的国家及其政府管理职能是多方面的，它正是本书所要思考的。

# 第一章
# 什么样的理念决定什么样的发展

历史上任何一次重大转折的关键时期，其先导往往不是技术性和政策性的突破，而是社会理念的大冲撞。而社会理念更新的“领头羊”，应当是政府及其公务员。我国改革开放的“热身赛”是实践检验真理标准的大讨论；进入 21 世纪的经济增长模式转变的“热身赛”则是经济增长价值观的大讨论。这些讨论旨在转变全社会长期形成的传统理念，从而为经济新一轮发展扫除思想障碍。我国古人有“诚意、正心、修身、齐家、治国、平天下”之说，它印证了一个客观规律，即什么样的理念，决定什么样的发展。经济转型的前提是制度转型，而制度转型的关键又是一个社会理念的大转变，这才是各级政府的“重中之重”。社会需要重建的理念是：

## 第一节　增长不等于发展

经济增长是指 GDP 的增长速度，经济发展是指经济有效益的增长，无效和低效的增长不仅不是发展，而是对发展的一种反动。经济增长的效益体现在三个方面，即 GDP 的构成（指产品和劳务的附加值）、资源可持续利用能力和带动就业岗位扩张的程度。从指标设定角度判断,GDP只能说是当今世界各国衡量经济发展水平的一种“最不坏”的指标,其缺陷是明显的。因为,GDP是国民经济交易过程中的一种精确的货币规模统计。其缺陷有二:一是交易不发达地区GDP难以完整体现其经济水平;二是GDP作为一种规模统计指标,掩盖了其产品和劳务的内在质量。这里的质量除产品和劳务的附加值,即价格水平之外,还有一个就业水平问题。由于我国实行的重点发展重化工业的发展模式并没有根本转变,依然依靠投资而不是劳动资源来促进经济增长。那么,随着技术进步的不断加快,企业资本有机构成的进一步提高,以及劳动力成本的逐步提升,产业和企业排斥劳动力的现象将扩大。衡量国家的综合实力,有两个重要的标准,一是社会和谐程度,其包括社会分配的均衡程度、社会就业的充分程度,以及社会治安的稳定程度;二是GDP的构成程度,其中包括GDP的价格水平,贸易条件的优化程度(由进出口产品的价格差决定)和单位GDP的物耗和排放水平等。以GDP内涵的重要性为例,当年,我国清朝执政时期GDP的总量占据全世界1/3左右,且有百万大军的正义之师守卫疆土,但终究不敌GDP只占全球5%的英国远征军非正义之师而被迫割地赔款。究其根本原因,便在于GDP的构成有天壤之别:当时中国GDP的构成主要是茶叶、瓷器和蚕茧等,而英国的GDP构成则是世界第一次工业革命的最新成果。

我国在金融海啸之前的大规模外贸活动,之所以创汇不创利,其源盖出于中外进出口产品和劳务的附加值形成强烈反差,最终导致外贸条件日益恶化所致(即进口产品和劳务的均价高于出口产品和劳务的均价)。尽管我国制造业总量已居全球第二、制造产品出口居全球第一,172种产品产量位居世界第一,但是,在不改变我国GDP低附加值构成的大前提下,追求出口增长的战略实乃是向洋人大规模让利和奉送稀缺资源。也许谁也不信这样的事实,一双在国内售价数百元人民币的登山运动鞋,在美国的沃尔玛商店的售价不到3美元。由此印证了一个传闻，即西方多年来的低通胀，部分得益于中国的廉价商品。而与之形成呼应的是物流费用，中国货物从广州运到北京，反而比从中国大陆运到美国本土还贵！对洋人拱手相让而对国人高利盘剥的事实俯拾皆是：假若你要在国内申请一个热门的车皮，运费之外的“附加费”竟高达5 000—50 000元人民币之间。又以高速公路行驶为例，从广州到北京仅过路费要1 400元人民币，此外还要备上7 000元人民币左右的罚款和勒索(FT中文网，2009年11月27日，魏城)。外贱内贵的中国制造，彰显出其背后隐含的灰色成本，其中包括出口产品的低税率和进口产品的高关税，以及国内低效市场导致的高昂交易费用和巨大的制度成本。

许多事实证明，国人振兴产业的重心显然并没有转到“经济发展”上来，而仍然停留在“经济增长”之上，其根本原因在于GDP规模管理的惯性误导。以我国十大产业振兴计划为例，其7万亿人民币的庞大投资，非但没有摆脱对低附值产品和劳务出口的依赖，而且还起到了强化的作用。我国政府应当在审视自身GDP构成的基础上，切实做好由“经济增长”向“经济发展”转移的准备，以夯实经济质量。

## 第二节　产业为什么难升级

经济要从“增长”走向“发展”，产业升级是其必然选择。因此，产业升级已成各级政府的共识和计划报告的关键词，但实际收效甚微，其源在于对产业升级突破口的认知仍有误区。产业升级是一项系统集成的整体行为，其内涵有四：① 产业技术结构升级。其方向是从技术含量水平低的产业走向技术含量水平高的产业，其手段是技术创新。② 产业组织结构升级。其方向是从企业资源垂直整合的“小而全”形式，走向企业资源虚拟整合的供应链管理模式，其手段是组织创新。

③ 产业布局结构升级。其方向是从产业“羊拉屎”式的分散性随机布局,走向园区化的集中布局,其手段是空间区位结构创新。④ 产业公共服务体系结构升级。其方向是企业内部服务体系走向社会化、外部化和公共化。四大升级浑然一体,前者有利实现地区产业市场份额的集中,中者有利于实现产业跨区域的集群,后者有利于地区产业集聚,以提高公共资源的共享度,起到资源集约和节约利用之目的,最后者有利于提高公共服务效能、降低服务成本、扩大服务行业就业岗位。

目前,长三角地区各地政府的主要精力仍然集中于产业的技术结构升级上,而普遍疏于对产业组织结构升级、产业布局结构升级和产业公共服务体系结构升级的管理,其中尤以产业组织结构升级管理最次。然而,产业技术结构升级所花的精力与其收到的实际效果并不对称,原因在于政府往往疏于对技术创新环境的再造。换言之,我国产业技术创新的制约因素除投入局限之外,主要是创新环境有待改造。由于环境往往与制度相关,其改造手段归根结底是制度的重新安排,即改革。需要改造的这些环境主要有以下五个方面:

其一,创新外部性环境的改造。由于知识产权保护环境不佳,往往导致企业创新成果应用产生的效应,被剽窃行为的外部性所吸收,进而造成企业创新的收益与成本发生倒置,严重影响了地区全社会技术创新的积极性。其二,低分配率环境的改造。根据工资率、利率和技术选择的相互关系判断,企业的技术状态与人均资本量具有相关性,原因在于不同的资本——劳动的比率代表着企业不同的技术状态。我国企业普遍呈现“劳动替代资本”的倾向,其源在于我国长期以来工资率的下降,凸显了资本的相对稀缺程度。长三角地区城市企业之所以走一条低水平技术选择的道路,而不是首选高新技术,便是这种背景作用的结果。其三,技术创新的社会平台再造。根据发达国家公众科学素养调查结果显示,一个地区高新技术推广程度取决于地区低技术普及的程度和国民教育发达的程度。因为,新技术革命时代的技术创新有别于法拉第时代的基本特点是,它有赖于技术的累积和社会平台的构建。其四,专利技术管理制度的创新。我国政府崇尚于专利的规模管理(即专利技术申请量和授权量),而不屑于质量管理(即专利技术采纳率)。我国虽在规模上是一个专利技术大国,但其中相当一部分属于外观和实用专利,而非技术专利。而在这种专利质量的状态下,有一半的中国专利又是外国人拥有的。而外国人在华申请注册的专利基本上是技术专利,且又多集中在高新技术专利之中。经过几组数字的抽丝剥茧,可见我国由国人自己申请注册的专利,在质量上简直难以与洋人比肩。我国的专利技术不仅总体上水平不高,而且转化率更低。这种现象的出现与我国专利管理体制不无关系,因为凡属职务发明,其专利申请注册的管理费用均由政府"埋单"。无成本的专利申请,诱发了专利申请人的"重规模、轻质量"倾向,这犹如免费租用银行保险柜去存放肥皂牙膏等日用品一样荒唐。因此,我国政府应尽快停止使用当前普遍推崇的"专利技术授权量"的规模性指标,继而应采用地区专利技术采纳率的效益性指标。否则,要么就干脆不用专利指标。其五,产业发展政策环境的优化。从政策层面分析,其环境的优化需处理好三大关系,即:① 资源优势变化与产业升级的关系。这里涉及传统的"比较优势"理论对于产业升级的作用机理问题。② 贸易自由政策与产业升级的关系。这里事关"用市场换技术"的战略是否可行的问题。③ 吸引外资政策与产业升级的关系。当我国50%的企业成为自带设备来华,其产品70%是出口导向性质的外国投资时,进出口的主力已属洋人所有,我国自身企业难以享受产业升级的进出口政策。

## 第三节 口气不要总比力气大

低碳经济是经济转型和产业升级的标志和必然结果,但在实施策略上要确立以下思路和原则：其一，要防止重蹈当年“知识经济”炒作之覆辙。当年“知识经济”之所以会停留在炒作层面而没有有效实施，根本原因是传统发展模式的模式偏好与“知识经济”价值指向发生背离。前者是崇尚粗放型的增量模式，后者则是建筑在集约型的效益模式基础之上。二者背离的历史作为当今推行“低碳经济”的殷鉴，大有温故而知新之效。如果传统发展模式不转变，粗放型的增长模式必然会走高碳经济之路，而不属于低碳经济。因此，低碳经济本质上是一种发展模式的选择。离开了模式选择去侈谈低碳经济无疑只是一种炒作。其二，发展低碳经济要靠投入。有外国专家估计，中国发展低碳经济，其每年投入不会少于GDP的2%。又据美国皮尤慈善基金会的一份报告透露，中国2009年清洁能源投资高达346亿美元，增速高达50%，规模超过美国的186亿美元投入，居全球之首。如与2005年比，2009年我国清洁能源投资增加了148%，而美国只增加103%。与这一数据相适应，地方政府应当对自身清洁能源应用的投资能力作一评估，以便为未来投资计划作出安排。其三，发展低碳经济的根本出路是产业结构调整。我国是全球能源消耗的第一大国，工业行业中的冶金、化工和建材等高耗能工业，产值不足工业总值的20%，但能耗超过60%比重。据我国发改委能源研究所提供的资料显示，2005—2010年中国主要耗能工业部门的节能潜力约为1.05亿吨标准煤，2010—2020年为2.5亿吨标准煤，其中大部分节能潜力必须通过淘汰电力、钢铁、建材、电解铝、煤炭等行业的落后产能来实现。之所以要淘汰这些行业的落后产能，还有一个重要的原因是产能的过剩，其中钢铁行业产能过剩近2亿吨，水泥行业过剩约5亿吨，电解铝、造船、煤化工、平板玻璃等行业均存在产能严重过剩的现象，另有些行业虽尚未出现产能过剩，但由于投资过度也开始初露产能过剩的端倪，诸如多晶硅、风能设备等行业。政府应综合运用法律、经济、技术、政策和管理等手段，对区域范围内的落后产能确定退出时序，为培育资源消耗率低、带动系数大、就业机会广阔、综合效益较好的新兴产业提供空间。

## 第四节　理念科学化决定发展模式科学化

产业结构与发展模式相联系。实施科学发展观的难点在落实，而不是学习；重点在模式转换，而不在产业选择；关键在制度创新，而不在技术创新。其一，要以政党地位转变推动政府职能转变。资源配置方式和经济增长方式的两大转变，提出至今已不少于三个五年计划了，但至今仍然处于转而不变的状态，其根本原因是政府职能转变滞后，导致政府主导型的经济模式固若金汤。政府主导型经济模式的利益偏好必然是增量型的粗放模式，因为它迎合传统的国民经济与社会发展考核指标体系。而政府职能之所以没能转变，其根本原因又是我党的地位未能从传统的革命党地位转向执政党地位。由于党政合一的原因，必然导致利益偏好的一致性，即巩固了政府主导型的经济模式，进而排斥了科学发展模式对传统发展模式的替代。为此，党的十六大早就向全党提出了从革命党转向执政党的号召，它实际上是补 1949 年 10 月 1 日的课。原因是，共和国诞生之日，理所当然是政党地位转变之时，但这种转变被搁置了半个多世纪。为此，2009 年召开的党的十七大，根据国际社会各国政体演化的大趋势和世情国情党情的变化，提出了“要以改革精神加强党的建设，以党内民主促进人民民主，以党内和谐促进社会和谐”的伟大号召。

20 世纪是各国政体发生重大变革的时期，从 1975 年至 1995 年的 20 年间，全世界权威主义政体国家的比例从 68%下降至 26%，民主政体国家的比例从 30%上升至 62%。其明显的标志是基层民主政治、企业民主政治和非政府组织的崛起。不能顺应历史潮流的政党便有被淘汰之虞，如日本国的老牌执政党——自民党。为此，党中央认为，我们再也不能沿用革命党的思维和党务模式来思考并应对执政党面临的问题,诸如党内民主,以党代政、集权机制等行为模式。这一转变,本质上是要使执政党从公众权力的"化身"转化为民众与公众权力之间桥梁的地位,其目标是维护好社会不同群体的合法利益,实现公共利益最大化。长三角的沿海地区(如上海、嘉兴)是我党诞生之地,是党从无到有的发祥之地,理应当成为我党从革命党向执法党地位转变的先发之地。

其二,以人为本的出发点与归宿是要使公共资源配置走向公共选择。我国公共资源配置有失公正和可持续性,其源是选择方式有失公共性,而是走向了少数人选择,甚至是个别选择。公共资源配置偏离公共选择轨道的根本原因,又是对以人为本理念的误读。为此,在实施科学发展观的过程中,各级政府应当重新确立以人为本的价值重心,即要从以少数人为本转向以多数人为本,要从以当代人为本转向以未来人为本,要以抽象的以人为本转向具体的以个体人为本。

其三,法制建设的重点要从"法制"转向"法治"。我国自改革开放以来"法制"速度一直遥遥领先于"法治",从全国人大和国务院到地方人大和政府的立法已达 4 000 余部,可谓法网恢恢。但法治水平相对不高,这从我国市场的有效性程度和社会矛盾重重之中可见一斑!为此,政府法制建设的重心应当尽快向构建法治社会倾斜。

其四,制定"五年规划"思路的难点和重点在于过程管理设计,而不是目标管理定位。从我国已经实施过的 11 个五年规划(计划)的执行结果判断,其规模性指标往往超额完成,而其效益性指标大多难以完成。究其原因大致有二:① 凡处于经济收缩时期制订的规划,出于谨慎的思维,指标的设定往往留有余地,因而大多执行良好,反之则不然;② 由于过程管理不到位,诸多功能性指标因失去支撑而"流产"。例如,上海国际航运中心的目标定位早已明确,但由于缺失相应体制、管制、税制和法制的支持而进度蹒跚。过程管理缺失的另一种表现形式，是功能定位与政策定位相脱节，以时尚的各地国际商务区建设为例，其目标定位的起点设定时，应将形态建设目标与功能建设目标同步设定，而与之相适应的过程管理要体现“三个结合”：其一，吸引外部商务需求资源与整合内部商务供给资源相结合。城市商务区应将本级所属的商务资源进行错位发展式的整合，形成一主多副的分离模式，变同行竞争为同业互补。其二，商务区有形市场建设与无形市场建设相结合。当国际商务区面对周边地区国际商务区竞争时，应重点加强有效市场建设，降低企业进退市场成本，提高商务市场的对称性（信息对称和权益对称），严明市场法治环境，从而使商务区在同类国际商务区中成为交易机会最多，交易成本最低，交易行为最规范的市场，而不能跻身于无序的恶性竞争之中，既消费资源，又耗费财力。其三，国际商务区功能定位与政策配套体系相结合。城市国际商务区争取到了省级或是国家级开发区的政策优惠之后，只是提高了政策资源的禀赋程度，但如果政策资源的配置不能充分体现在融资模式创新（如 CBD 专项建设债券）、供地机制创新（如建立适合市情的土集约化利用指标体系）、财税政策创新之上，则其功能定位将会弱化。

# 第二章
# 走向后世博时代

与“后世博时代”相对应而存在的时代是:“前世博时代”和“世博时代”。历时 8 年之久的前世博时代,是举办城市能量集聚的阶段,其中包括城市基础设施的改造、城市文明素养的提升和市民社会的整合等。历时半年的世博时代,则是举办城市能量释放的阶段,这种释放充分体现在城市完善的服务功能、高效的会展平台和蓝天白云绿水的生态环境之中。后世博时代将是一个举办城市能量转换的时期,这种转换已经在能量释放阶段初露端倪,其主要内涵是城市发展模式的转换,它包含了经济扩张的增量模式向效益模式转换,生产功能的主导地位向服务功能的主导地位转换,政府型社会向市民型社会转换,高碳经济向低碳经济转换等。

## 第一节 后世博时代的钥匙

世博后续效应的展现是举办城市能量转换的标志,它开启了后世博时代的大门。

首先,判断世博后续效应的大小,主要不在于世博场馆后续利用率的高低，而在于世博主题在举办城市得以实现的程度。世博场馆后续利用率的高低，只是衡量世博项目投资回收效益的大小；而世博主题实现的程度，它事关举办城市未来长远、持久的整体效益。从成功举办世博的城市分析，世博会存在两个主题，即公开主题和内部主题，前者是为申博而设定的“应试”主题，其主题能否顺应时代潮流，将事关申办国家能否获取主办权；后者则是承办城市根据自身发展战略的定位方向，为自身“量体裁衣”而设定的主题。

通常说来，公开主题与内部主题之间是目标管理与过程管理之关系。1985 年日本筑波世博会的公开主题是“居住与环境——人类家居科学与技术”，其内部主题则是为建设国际科技城，设法引导科技要素（科研机构和科技人才）从繁华都市流向“市口”偏远的筑波地区去。由于政策设定正确，举措得体，加之筑波名声因世博会举办而远扬，使筑波世博的公开主题得以圆满实现。又如 1992 年塞维利亚世博会，其内部主题是为了扭转西班牙南弱北强的经济格局，这一主题终因建成了从马德里到塞维利亚的铁路大动脉而实现。

其次，正确把握后世博时代效应的前提，是对世博效应的正确评估。世博效应是一种波浪效应（Ripple Effect），它除直接效应之外，还有其强大的乘数效应。就空间维度而言，其效应会突破会展行业，波及与之相关的十余个行业；就时间维度而言，它是对未来的一种投资，其效应会波及未来 10 年、20 年，甚至更长的时间。因此，如果只从狭隘的会展业和半年的会展期去衡量投入产出，其财务亏损是必然的。有人对全球 19 次世博会的财务状况进行分析后发现，除 1962 年美国西雅图世博会略有微利外，其余 18 次无一不是亏损者，其中 1986 年加拿大温哥华世博会赤字高达 32 600 万加元，2000 年德国汉诺威世博会估计亏损也不下于 20 亿德国马克。但是，这些赤字作为对未来的一种投资，其对地区经济的原发推动既可观又长远。以 2000 年财务亏损严重的汉诺威世博会为例，有关独立研究机构通过投入产出方法调查，仅从道路建设、公共客运交通、相关小区建造、世博会展区建设、世博会运作、所在地区（下萨克森州）的项目投资、参观者及展馆工作人员的旅游性消费等角度，对该州农林、矿山、水电、化工、建材等 23 个行业和项目的乘数效应分析后发现，在世博会筹备至举办的 5 年中带动了整体经济 112 亿德国马克的原发性需求，进而在全国产生了 134 亿德国马克的增加值和超过 100 000 人年的就业效应。

汉诺威世博会的上述数据，仅局限于前世博时代和世博时代的调查，尚未对后世博时代效应作过评估。为捕捉后世博时代的效应，日本 1985 年筑波世博会堪称创全球世博历史风气之先，值得我国借鉴。为研究筑波世博效应是否实现了申博的公开主题，1985 年世博会一结束，日本有关机构立即开始了“全国社会影响力”的调查，调查对象分别为全国范围普通公民、关东和关西地区妇女儿童和各地科学家、企业科研人员。鉴于 1989 年筑波世博会的主题是“居住与环境——人类家居科学与技术”，因此调查对象的第三部分为科研机构和科技人才。与此同时，日本经济界的智囊三菱研究所（MRI）配合进行了“筑波世博会的经济影响”调查，内容包括与世博会相关的直接支出概况、直接支出对日本国内经济社会产生的促进作用、对就业的正面影响等。据三菱研究所利用投入——产出地区性经济模型估计，日本直接花费在筑波世博会上的开支为 11 579 亿日元，由此推算为日本衍生出 23 163 亿日元的经济增长。为使研究结论减少误差、增强可比性，有关方面还聘请了世界经济信息服务公司（WEIS）专家进行独立研究，从而客观地把握了世博的乘数效应及其对筑波国际科技城未来的影响前景，进而强化了有针对性的政策设计和投资计划。由于世博效应的准确评估增加了政府投资筑波科技城的信心，针对居民入住率低和科技要素偏好东京西部地区，而非东北部的筑波之实情，政府依据《城市规划法》，推行国库补贴率高的“工业园地建造事业”办法，逐步实现了既定目标。由于世博参观者的扩散效应，使这个东京远郊（距 50 公里）的小县城名声远扬，加之对策正确，经过15年之后，这里已经成为全球一流的科技中心：拥有一所国立综合性大学、48所国家级研究机构、12家由上市公司运作的研究组织和91家企业研发机构，3 000名外国研究人员、6 537名日本研究人员，以及数倍于此规模的企业研发实验室的科研人员。

最后，上海世博会的内部主题应以提升城市能级为核心。联想到2010年的上海世博会，与“城市让生活更美好”的公开主题相对应的内部主题，应当紧紧围绕“四大国际中心”的目标定位，设定为“城市更新和模式转变”。城市更新的核心是城市功能的升级，其方向是城市定位从生产功能为主导向服务功能为主导转换，从私人产品提供为主线向公共产品提供为主线转变，这种转变隐含了碳消耗从高排放向低排放转变的趋势。模式转换的核心是要素地位的升级，其方向是城市经济增长从有形要素配置为主导向无形要素配置为主导转变，经济增长动力机制从追加资源供给为主导向资源配置效率提升为主导转变。上海是一座有形要素短缺，无形要素存量丰富的城市，土地面积只及天津市的1/2、北京市的1/3和重庆市的1/20，因此单位土地面积的产出率高于兄弟省市是其难以规避的经济逻辑。为实现这一点，转变要素地位、促使生产结构与资源结构相适应，是上海未来发展进程的不二选择。

## 第二节 后世博时代改变城市价值观

首先，城市让生活更美好的世博主题是人类社会对工业经济深刻反思的产物。有研究结论显示，决定工业经济兴衰规律的是其资本形态的演化，世界工业经济先后经历的早、中、晚三个阶段，分别对应着工业经济的商业资本、产业资本、技术知识资本和金融资本等不同形态。美国历史上两次重大的经济危机，由于其发生时期的工业经济所处阶段的差异，导致复苏力量的明显差异。20 世纪 30 年代美国经济大萧条发生在工业经济的中期阶段，正处于产业资本形态向技术知识资本形态演化的时期，工业经济处于快速成长期，复苏力量相对较强、探底时间较短，而华尔街金融海啸发生在工业经济的金融资本形态阶段，时值工业经济衰落时期，复苏力量不足，探底时间较长。工业经济在全球范围内走向衰落，是资本逐利增值的客观规律所决定的。当产业资本套利空间被挤压之后，必将进入金融资本空间，我国许多破产的工业企业资本转而进入股市逐利便是例证。当然，暴利诱使产业资本脱离实体经济而涌入股市与楼市已不鲜见。2009 年浙江百强民营企业中有 70%涉足楼市。工业经济发展阶段与资本形态变迁的对应关系，证实了资本的贪婪逐利的本性决定着工业经济的生命周期。由于资本增值的同时，伴随着财富的扩张，因此全球发达的资本主义社会竟然“垂而不死”。但是，其财富的扩张建立在两大成本上扬的基础之上：一是财富增长以贫富差距扩大为代价，这是高昂的社会成本；二是财富增长以对资源和环境负债为代价，这是更为高昂的环境成本。这正是人们对于工业经济深刻反思的两把重要的标尺，它导致人类思维进入“时光隧道”，倒流到 2 300 年之前的古希腊哲学时代，向亚里士多德“讨了说法”，因为“城市让生活更美好”正是大哲学家亚里士多德的原话。有这位大师的诗为证：“人们来到城市，是为了生活，人们居住在城市，是为了生活得更美好。”

其次，城市定义的多样性折射出人们对城市功能期望值的多元性。城市之所以难以有一个确切的定义，正是处于不同地位的人们对城市功能价值多样性追求的结果。城市功能不能走“一业独大”的功能模式，它应当是人类赖以生存发展所必需的一切功能的共同载体，其中包括城市的经济功能、生活功能、生态功能和服务功能等。当前，城市还不能让生活更美好，从城市功能视角判断其原因主要是经济功能侵犯了生活功能和生态功能，城市现代功能的进化侵犯了传统功能的传承。从多样性导致稳定性的基本原理出发，城市让生活更美好是城市多种功能系统集成的结果。体现城市多种功能的指标是一个多目标系统，彼此排斥而又彼此依存是这个系统的特点，诸如经济指标、宜居指标和资源指标之间，无法靠“最优”决策去协调，而只能靠“满意”决策去整合，原因在于对某一指标的“最优”追求，均会意味着对其他指标的“最劣”安排。例如，非理性地追求经济高增长，往往会导致生态环境的恶化。但是，解决问题的难度在于，城市整体的协调性功能被城市主管职能部门条块分割的体制所肢解，应对的唯一之策是政府管理体制的改革。

最后，人们社会关系的优化是决定“城市让生活更美好”的关键。马克思在《费尔巴哈论纲》中指出：“人不是单个人所固有的抽象物，本质上它是一切社会关系的总和。”这种社会关系包含了人的劳动关系、分配关系、交换关系和城乡关系等。当上述关系不是走向优化，而是被扭曲、甚至是恶化的时候，城市无法让生活更美好。社会关系的优化靠的是劳动制度、分配制度、城乡二元结构等制度的一系列改革和创新。对于社会关系优化而言，城市现代化的形态建设均无济于事。事实证明，城市不能让生活得更美好，并不是城市没有现代化的交通、通信、休闲和住宅，而是社会关系被扭曲、群体被撕裂。从这个意义上判断，田子坊正是上海 2010 年世博主题的最佳实践区，它正在开启我国城市优化劳动（就业）关系、分配（导入资产性收入）关系的先河。

## 第三节　低碳经济的本质

低碳经济计划正在对城市的能源结构、能源效率和能源需求，提出了严格的标准。从此意义上判断，低碳经济本质上是一种科学化的发展模式，它是对传统发展模式的现代经济学的否定。

首先，以人为本理念是决定经济碳含量的灵魂。以人为本是一组系统的概念，不能失之偏颇。

其一是在人与物之间，应当树立人本理念。这是我国古人早已有之的“国以民为本”思想，只不过当人类在狂热追求工业生产规模时被忽视了，原因是工业生产的对象和最终产品均是非生命体，它不像农业社会，其生产的对象和最终产品均系有生命体。我国长期以来呈现GDP凌驾于一切指标之上的局面，其源在于物本主义的价值观占据统领地位之故。物本主义占主导地位之后，其发展模式的选择将会是过度追求资本和资源密集型的增长方式，劳动就不能充分地被利用，在财富的创造和分配格局上，劳动必然处于劣势和被支配地位。

其二是在多数人与少数人之间，应树立多数人为本。这实际上又是我国古人“民以食为天”思想的现代诠释，这一思想的背景往往是当少数富人正为财富太多而发愁时，多数人还在为温饱而奔波。当今我国社会，多数人仍然无法回避“劳动力再生产”的命题，如果其收入水平无法实现这个目标(包括住房、教育、医疗等生儿育女必备的条件)时，社会正在背离马克思关于劳动力价格的基本论断。由于劳动力价格被扭曲，珠三角和长三角出现的“民工荒”，其背景实质上是“民工权利之荒”，而绝非国内某些经济学家所判断的“刘易斯拐点”现象。我国某些资源型地域(如山西)之所以会出现少数人(煤老板)席卷大部分利润出走他乡，让留下来的多数人承受公害之苦，其源盖出自以“少数人为本”的社会盈利模式。少数人为本的理念正是我国企业固守成本外化模式的道德根源，只要这种理念不变，低碳经济将是水中之月。

其三，在未来人类与当今人类之间，应当主张以未来人类为本。原因在于未来人类处于彻底缺失利益诉求权的地位，对于当今人类超前配置地球有限资源行为的一切后果，他们只是一个被动的接受者。人类社会面临的高碳排放的局面，是因资本贪利导致盲目无节制地扩张经济规模的结果,而这种扩张行为的支撑平台正是建筑在未来人类缺失话语权的基础之上。所谓可持续发展不只是一句简单的空洞口号,其定量标准是人类地球可持续发展资本的均衡利用,这种资本不是经济学意义上的资本,它包括了天然资本(矿山、河流、森林、草原、土地等)、人造资本(道路、桥梁、工厂、码头、机场、电站等)、社会资本(社会运作的体制、机制、政策、法律等)和人力资本(经过严格训练的人力资源)。只要以当今人类为本的理念固守一天,人类可持续发展便就是一句空话而已。

其次,发展模式选择是政府与市场博弈的结果。政府与市场的作用是一种互补关系,而非替代关系。通常说来,宏观经济层面的稳定经济功能,以及公共物品的提供是由政府职能实现的;微观经济层面的经济行为,诸如私人产品的提供,应以市场效率为导向。自从20世纪30年经济大萧条以来,世界经济处于经济自由主义和凯恩斯主义的轮流坐庄的交替主政之中。其背景是政府有形之手与市场无形之手的博弈,其结果将决定经济发展模式的类型是政府主导型,还是市场主导型。规律显示,每次重大经济危机前夜往往是放任的经济自由主义占上风,政府有形之手被束之高阁;危机过后则往往又是凯恩斯主义占据上风。当前,世界各国正是凯恩斯主义一统天下之际。有人对2008—2009年各国经济刺激方案的统计后发现,2009年世界经济的增长中,政府的贡献远远超过了一半。中国2009年经济增长中,90%以上是政府经济增长。换言之,凯恩斯主义将世界经济引入了政府直接干预的时代。但是,凯恩斯主义的经济刺激政策是短期的,它对于长效机制的形成无能为力。对此,连凯恩斯本人也坦认,他说过:“我只能管短期的,对于长远我们都一命呜呼!”我国当前要防止的主要倾向是凯恩斯政策的强大惯性,它会导致政府行政性干预过多。以节能减排为例,我国“十一五”期间只将约束性指标设定在$SO_2$和化学需氧量的控制上,而没有$CO_2$指标。“十二五”期间准备设定$CO_2$的约束指标，这是明智的意识。但是，排放控制的一刀切安排，从表面上看来似乎加大了力度，但伤害了一批不该列入控制的企业，而且又会提升反弹的几率，原因在于这种行政干预性的“突击控制”，根本没有建立在长效机制的基础之上。

最后，低碳经济计划实施的基石是对传统经济模式的否定。当低碳经济犹如当年知识经济的渲染那样近乎家喻户晓的时候，人们对低碳经济作用机理以及减排计划实施主体的确定，仍有认识和理念上的误区。它反映在下述问题上：① 当代人类文明面临的困境，是简单的企业行为结果，还是工业经济模式的产物？② 低碳经济计划的实施，是属于私人产品提供的管理范畴，还是公共产品提供的管理范畴？结论应当是肯定的，是后者而非前者。

据此来评估哥本哈根的全球减排会议就不难发现，会议结果的局限性是由会议认识的局限性所决定的：一是低碳经济计划的实施脱离了工业经济模式的转换。哥本哈根会议天真地在不触动工业经济模式的前提下，试图实施各国减排计划。工业经济模式的特征是成本外化，企业将减排视作一种为他人作嫁衣的“经济外部性”行为，因而缺失减排的自主性动力。因此，当前我国在实施低碳计划的同时，必须从制度安排入手，对产业政策、行业管理、财税政策和信贷政策进行配套创新，努力使工业经济的成本外部化转变为内部化；二是将低碳经济计划的实施主体确定为缺失动力机制的各国政府。正因为诚排计划的实施属于公共物品提供的管理范围，就不能落实到各国政府的头上。这是因为，在本国范围内，政府确是公共物品的提供者，但在国际范围内各国政府只不过是本国私利最大化的追求者，它同样具有企业成本外化的偏好。因此，哥本哈根会议的决策举措显然违背了公共经济学的基本原理，其结果是显而易见的。以欧盟为例，在会上曾信誓旦旦地承诺愿为发展中国家补助 1 000 亿欧元，但实施结果只是落实100 亿美元而已。因此，联合国气候变化框架公约第 15 次缔约国会议显示，在设立“自上而下”具有法律约束力的目标问题上达成协议非常困难。国际能源署（IEA）2010 年 11 月 4 日发布的《能源技术展望 2010》报告警告说，在未来至关重要的 10 年里，如果 2020 年左右排放量没有达到高峰且之后没有回落，则到 2050 年实现减排 50%的成本将更为昂贵，甚至可能完全丧失机会。

此外，对 GDP 的偏好和错爱，也会导致减排计划的流产。GDP 作为国民经济交易的一种精确的货币规模统计，其局限性有二：① 交易不发达地区掩盖了 GDP；② 模糊了交易的水平和质量。因此，若不从产业结构政策创新入手，而是简单地满足于 GDP 的规模考核，必然导致地方政府去追求高产出率的低层次行业，而这些行业往往又是高排放的行业。导致低碳计划可能流产的另一个致命原因，将是在经济全球化的今天仍然沿用封闭国门式地去设定排放控制指标。例如，离开了对开放条件下的贸易自由政策和外资政策负面效应的考量，国内能源需求和能耗指标的设定均是“一厢情愿”之举。原因在于，当进出口贸易没有对“单位进出口产品能耗差值”进行控制的状态下，国际能耗正在大规模地向中国大陆转嫁；而当 50%企业属外国投资时，国内能源需求和能耗指标的规模远远超出了本国投资企业的实际规模量，这种失控无疑是我国低碳经济计划制订者头脑中的一种“意外”。

# 第三章

# 城乡对立的“铃”还要“系铃人”去解

中央政府将城乡统筹发展，列为落实科学发展观这个执政兴国第一要务的“五大统筹发展”之首，足见其地位之高、责任之大、时机之迫。这一重大战略的提出，找准了本世纪我国内需扩大之渊、结构调整之源、“三农”问题之根、社会和谐之本。但是，“冰冻三尺，非一日之寒”。近半个世纪以来，基于利益关系调整的强制性制度变迁所构筑的城乡二元对立体制，在我国社会认知理念的趋同、经济利益格局的固化、相关法规的惯性作用之下，其破解之旅绝不会是一条坦途。

## 第一节　制度变迁按准了城乡统筹之“脉”

以往解决“三农”问题的提法，如同20世纪90年代关于转变我国大中型国有企业经营机制的提法一样，其指导思想的偏颇在于将一个系统外部环境问题的作用关系，作为企业内部问题来解决。因为，当时的国企所呈现的“大锅饭”、低效率现象，是一种经济制度安排的结果，即计划经济的非市场化交易制度。这种制度不需要企业面向市场，产品的非市场化模式，辅之于要素的非市场化，使国企在无忧无虑和不动脑子中安度时日。这种制度一天不变，所谓“搞活大中型国有企业经营机制”的提法只是痴人说梦而已。事实证明，上海的大中型国企经营思路的转变是在产品走向市场化之后被“逼上梁山”的。“三农”问题与城乡不统筹发展的关系同样涉及生产力与制度安排之间的关系。

一是城乡二元结构是制度变迁的结果。城乡二元结构体制是我国在当年计划经济模式下，快速实现工业化目标的一种特定的制度选择，是一种以政府法令为实施手段的强制性制度变迁的结果。其目标指向是在特定资源禀赋条件下，人为地压低资本、能源、原材料、劳动和农产品的价格，旨在降低重工业发展的成本。因此，城乡之间经济只有不统筹发展，才能确保重工业低成本、高效益和快速度地发展，这就是城乡二元结构制度强制性安排的初衷。换言之，城乡之间经济要走向统筹发展，其障碍是经济不等价交换制度。这种有别于发达国家的经济结构，诸如二元经济、隐性失业、劳动剩余等，普遍在发展中国家存在过，它并非中国所特有。因而，在经济转型过程中，发展中国家都在面对。

为使这种经济制度的变迁成果得到有效的社会保障，我国强制性的社保制度变迁始于1957年的《关于制止农村人口盲目外流的指示》，至1958年《户口登记条例》将城乡对立的户籍管理制度设计到位。于此派生出来的一系列制度，将粮油供应、劳动用工和社会保障等属于公民户口“红利”的享受者范围中，无情地删去了农村户口。这一制度变迁使我国2/3人口的农民排除出享受社会大部分公共资源的行列。至此可知，我国宪法所规定的“公民平等”在城乡居民之间，只存在于形式上的平等而已。二元结构的制度安排是以政府法令推行的，其渗透力和穿透性基本达到无坚不摧和无所不在的程度。当这种制度的封闭性使人们无法从现有制度去获取外部利润时，一种改变现有制度安排的愿望开始萌生。安徽凤阳小岗村的“包干”行为便是一种诱制性制度变迁的近乎壮烈的典型,其抓住的机遇是资源配置方式的转变。借助这种转变,承包责任制终以中央文件形式将之正统化,也使外部利润内部化。但是,诱制性制度变迁的局限性开始显现。由于时年政府出于对国有企业转制的考量,这种有利于农村利益的制度安排并不维持太久。

20世纪80年代中后期全国改革重心由农村转向城市之后,利益向强势的城市(而非向弱势的农村)倾斜的制度安排日趋走强。城市工资调整、价格补贴、养老保险,直至农用集体土地国有化趋势的加速,使新的一轮二元利益格局浮出水面,结果是进一步扩大了城乡差距,加剧了“三农”问题。事实证明,城乡不统筹是导致“三农”问题的根源,而歧视性制度安排的惯性又是城乡不统筹的根源。在诸多国人眼中,什么行业发展都不能滞缓,唯独农业可以;什么公民利益也不能受损,唯独农民可以;什么地方建设也不能放松,唯独农村可以。因此,城乡要统筹发展,路在何方,不言而喻。

二是城乡二元结构破解的突破口在制度重建。有道是“解铃还需系铃人”。既然城乡二元结构体制的形成与强化,是制度变迁的结果,那还应从制度设计和重建的视角去破解它,舍此别无他途。然而,这种重建的难度有二:一是制度的惯性作用阻滞制度的重新安排。政府制度的设计是与一个历史阶段政府的发展战略相适应的。通常说来,当政府发展战略重心转移之后,相应的制度应作重新安排,但由于制度设定之后会对社会理念、伦理道德、行为准则、政策机制,甚至是思维模式产生了潜移默化的影响,以至于对传统制度的依赖形成巨大的惯性,进而成为其变迁的阻力。例如,当20世纪80年中期,中央政府从安徽小岗村的承包责任制度的创新中,看到了蕴藏于广大农村诱致性制度变迁的巨大动力,便试图通过强制性制度变迁手段,使承包行为合法化,以求缩小日益扩大的城乡居民收益差距。但是,由于基于传统制度变迁的歧视性惯性思维的作用(国企面临的困境,只是一种权宜性的诱发因素，没有它还会有其他因素），从 20 世纪 90 年代中期起重新开启了强化城乡利益的二元结构制度，诸如前所述的一系列旨在扩大城乡居民户口“红利”差距的举措。

二是与制度变迁相适应的财力基础是制约制度重新安排的障碍。任何一种制度变迁均是基于利益格局调整的考量，而它又以财力的重新配置为前提的。如，我国起始于 20 世纪 90 年代的住房制度的改革，其制度设计的方向没有错，因为全球没有一个国家的财力能长期背得起全国住房福利化的包袱。但是，制度变迁的“一刀切”设计，把无力面向房地产市场的大部分中低收入者，也“不分青红皂白”地推进了购房者队伍。当人们反思这种制度变迁的缺陷后发现，住房制度变迁的正确设计应区别情况，将不同收入群体分别推向商品房市场和经济适用房供给。然而，在制度重新安排时，巨大的制度惯性作用和制度调整的财力基础之限，致使想变迁这种制度的城市往往只是“雷声响，雨点小”而已，而更多的只能是“财不大，气不粗”地处于观望状态。

当话题回到城乡统筹发展的制度重新安排上来的时候，我们会发现，其面临的障碍仍然是惯性思维的作用和财力配置的乏力。无怪乎，中央政府进入新世纪之后，以超乎寻常的频率要求城乡统筹发展而收效甚微。2002 年党的十六大在制定小康社会战略时，呼吁过城乡统筹发展；2003 年十六届三中全会又将城乡统筹发展列入“科学发展观”的重要内容；2005 年从“新农村建设的角度”再度提出“振兴农村经济”；2007 年党的十七大更是提出了“建立以工促农，以城带乡长效机制，形成城乡经济社会发展一体化格局”。由于政府号召缺失强制性的制度变迁作为后盾，其效果必然归于形式。更况，即便有决心重塑制度，其愿景也未必会“一马平川”。我国共和国的历史基本上是一部城乡互为对立的历史，一种制度轻车熟路地运作数十年之后会形成一种与之偏好相对应的利益结构，其触动之难不亚于历史意义上的革命，“路径依赖”会导致人们在破解城乡二元结构体制时付出相应的成本和代价。如同任何一次巨大的变革一样，城乡统筹发展的进程，尤其是身处风口浪尖的试点城市的探索，必然会引发区域内外的一些责难和非议。这是极其正常的现象，没有责难和非议倒是反常的。通常说来，对于居住点由乡村分散向镇区集中过渡时，年轻的、远离城市的和原住宅条件差的群体对此持欢迎态度为主，而年迈的、近靠城市的和原居住条件好的群体，持保留态度为主。由此可知，农民在从农村向集聚点集中时考量的因素是就业机会多寡、物质补偿得失和公共资源享有度提高的程度。因此，不能简单地以“民调”数据作为衡量城乡统筹发展的评价依据。换言之，由于农民群体的个体差异所决定，其对制度变迁的态度一定会有差异。因此，“一刀切”的做法、赶进度的做法和其他简单化的做法均在避免之列。

## 第二节　主体选择不能乱点“鸳鸯”

当城乡统筹发展的制度性根源找准之后，制度创新设计的路径选择至关重要。我国30年改革历程显示，自上而下的政府强制性推行的制度变迁，往往与自下而上的诱致性制度变迁相辅相成。如前所述的农村联产承包责任制就是诱致性制度变迁几经博弈之后，才上升到强制性制度变迁的轨道。两种制度变迁的主体不同，强制性制度变迁的主体是政府，其特点是可以动用国家行政资源，通过国家法令形式推行一种制度，它具有强制力的优势，但奉行者往往是制度变迁结果的被动接受者；诱致性制度变迁的主体是非政府群体，其特点是一种自发性的变迁，驱动力是制度非均衡性导致的潜在获利机会。这是一种源于现行制度安排无法获得的“外部利润”（诸如规模经济、外部性、风险交易费用等），诱使人们去实现制度创新。由于这种制度安排的自发性，除具有与现行制度安排相冲突的风险之外，而且不可能满足全社会制度安排的最优供给。这种缺陷凸显了政府在“补救持续的制度供给不足”中的地位和作用，其补救手段是国家干预。

但由于国家存在的两重性所致，政府介入的强制性制度安排有其明显的正负效应。正如美国学者诺斯在《经济史上的结构与变革》中的评述：“如果没有国家的介入，财产权利就无法得到有效的界定、保护和实施，经济发展也就不可能实现。然而，国家权威是个人权利最大、也是最危险的侵害者，因为国家不仅具有扩张的冲动，而且其扩张总是依靠侵蚀个人权利和社会制度来实现的；国家介入经济活动领域时，常设置具有倾向性的财产制度，以及决策的失误均会导致巨大的经济损失”。因此，他认为“国家的存在对于经济增长是必不可少的，但国家又是人为的经济衰退之根源”。这就诠释了建立在“成本——收益”基础上的制度变迁理论的缺陷。从理论上讲，制度变迁萌生于预期的净收益大于预期的成本之后，但是这里显然忽略了国家干预性制度供给的巨大政府成本。因此，预期的成本未必都会小于预期的净收益，据此判断，制度变迁的基础已不复存在。为巩固这一基础，先行地区应当在降低强制性制度变迁成本和提高诱致性制度变迁的自发性上下工夫。

因此，制度变迁主体的选择成为制度创新的过程管理之核心内容。之所以要将制度变迁主体的选择视作制度创新的核心问题来认知，其源在于不同变迁主体在实施制度创新过中所体现的交易成本不会相同。实际上，变迁主体的选择，归根结底是一个利益主体选择的问题。强制性制度变迁主体虽是政府，但是从政府在我国经济转型期间的行为轨迹判断，它实际上是一个拥有行政资源配置权力的“特殊的利益集团”。政府作为制度变迁的主体，其成本如前分析不会小，但其强制力又能有助于降低执行效率上的成本。相比较而言，社会其他利益主体被选择作为制度变迁主体，也各有成本的升降空间。因此，城乡二元结构制度创新的主体选择，不是简单的非你即我式的排除法，而应视情采取主体的时段选择或主体的组合选择等不同方式。由于制度变迁的不同阶段具有不同的工作重心，选择不同主体进入具有针对性和趋利性，遇到的阻力也会不同。而相关利益集团的共同参与，则有助于各方阻力会聚阶段的攻坚克难，有利于阻力分散化。城乡统筹发展的制度创新过程所涉及的利益主体莫过于农民、企业主、投资开发商和各级政府，多元参与比单元参与好，有时段选择参与比盲目参与好。

## 第三节　要体谅先行者的难处

试点的含义有二：一是在于“试”。它是一种突破常规的探索和体验，是无先例的尝试；二是在于“点”。它严格地界定在符合一定条件要求的地域空间范围内进行，而不是普遍推行。换言之，这是一种在政府特许条件之下的半诱致性质的制度变迁尝试，试点开展的前提是政府批准和群众自愿，浙江省嘉兴市的城乡统筹试点就是在这样的条件下进行的。嘉兴市作为全省城乡统筹发展的试点，其先行条件有三：① 城乡统筹发展规划早。1998 年 10 月江泽民同志视察该市农业和农村工作时，提出了“沿海发达地区要率先基本实现农业现代化”的要求。嘉兴市为贯彻这一精神，经过认真调研分别于 1999 年制定出台了《嘉兴市农业和农村现代化规划》。2000 年制定实施了《关于推进“五个一工程”的实施意见》，为城乡统筹发展明确了 3 年内各县市的行动计划。② 城乡统筹发展推进早。2003 年 4 月，时任省委书记习近平率机关部门负责人就城乡统筹发展和城乡一体化进程，在嘉兴市进行为期 4 天的蹲点调研，明确要求嘉兴要走在全省城乡统筹发展的前列。为此，嘉兴制订了全省第一个《嘉兴市城乡一体化发展规划纲要》，并借助全市第五次党代会契机，整体推进城乡空间布局，基础设施建设，产业发展，劳动就业与社会保障，社会发展和生态环境建设与保护等六个“一体化”。③ 城乡统筹发展的制度创新早。2008 年 4 月浙江省决定在嘉兴开展城乡统筹发展综合配套改革的试点。为此，嘉兴市及时实施了《配套改革试点的实施意见》，开展了“两分两换”工作，即：宅基地与承包地分开，搬迁与土地流转分开，以承包地换股，换租、换保障，推进集约经营，转换生产方式；以宅基地换钱、换房、换空间，推进集中居住，转换生活方式。

嘉兴开展的以“两分两换”为主要内容的城乡统筹发展的制度创新，牵一发而动身，在全市、全省、乃至全国引起了反响，其中有正面的，也不免有负面的。那么应当如何评估嘉兴当前正在进行的这一场革命性的制度变迁尝试呢？笔者以为，应当从下述视角去判断：

一是发展背景视角。嘉兴市在城乡统筹配套改革试点方案设计时的背景考量主要有以下四个方面：① 农地经营规模考量。制约农业经营效益的因素之一，是土地缺失规模经营能力。嘉兴市随着经济社会的加速发展，85%以上农民实现了非农转移就业，农业从业人员走向老龄化、兼业化、副业化的同时，原有的分散性小规模的土地经营模式已经成农业发展的主导性障碍，集中居住布局、整合土地资源、推进土地承包经营权流转、改造农业生产方式已势在必行。② 社会转型考量。面对传统城镇居住成本的上扬、沿海地区农村设施的改善和农民原有权益的相对独立性，导致传统城镇对农民吸引力趋弱。因此，采用新型投融资模式建立居住低成本的新市镇，来加速农民身份的转换已呈燃眉之势。③ 经济转型考量。经济转型升级除发展模式转换具有制度变迁的属性之外，产业技术含量的变迁与工业化发展阶段不无关系。目前，嘉兴市产业非农化虽然已高达 95%以上，但城镇化率按居民居住地统计仅为 33%左右，按常住人口统计才刚过 50%。这种城市化滞后于工业化的态势，正在阻碍嘉兴经济的转型升级。因此，推动农村人口向城镇集聚，是嘉兴配套改革的重要指向。④ 农民增收考量。农民增收是解决“三农”问题的核心价值指向，其解决方向除农业升级增效之外，农业劳力向二、三产业转移是重要的举措，但其转移的潜力在嘉兴地区已走向历史的尽头。未来嘉兴市农民的增收方向应该向保障性、财产性和投资性的收入拓展，而其“拦路虎”是传统的土地管理、金融保险框架设计等制度性制约。此类制度创新，已成为嘉兴城乡统筹发展综合配套改革的主攻方向。

二是发展阶段视角。城乡统筹发展是我国经济社会发展到一定阶段的产物，正是因为城乡对立的二元结构体制开始全面制约我国国民经济和社会发展之后，对其破解才会有时代呼唤，中央才会连发声音，有识之士才会先行动作。但是，作为制度变迁性质的改革，其本身处于悖论之中：它必须在传统制度束缚之下去对传统制度实施创新。于此可见，一个试点城市的压力将来自一系列不对称：① 财权与事权的不对称。县市政府20%的财政收入要供养60%以上人员及承担其他“日长夜大”的经常性支开，对于农民集聚的基本建设及其农民身份转换所需的开支，地方政府实乃心有余而力不足。而作为试点城市，其改革内容基本只适用于“事权”制度范畴，而无权涉及“财权”制度。

② 制度安排主体与制度创新主体不对称。当前，城乡统筹发展所涉及的农村制度，其设计安排的主体是国务院，甚至是全国人大，而作为制度创新主体的试点城市，只是授权极其有限的第三层级政府。而试点的正式授权主体是浙江省政府，又非国务院，这是一个管理权限能级上的悖论。以我国土地管理制度为例，农民的土地使用权在形式上是承包，而内容上可以理解为“长期拥有”。从民法角度判断，前者实质上是债权关系，后者则是物权关系。如前所述，其债权关系还是以安徽凤阳小岗村为代表的农民群众发动的诱致性制度变迁中形成的，但从其试行的第一天起就没有确立起物权形式的法律形态，这种缺憾必然扭曲社会对嘉兴市“两分两换”做法的评价。

实际上，嘉兴市政府做法的基本方向是试图将我国土地承包权彻底物权化，这是非常合理的，但在现行法律框架范围内它并不合法。

换言之，嘉兴的做法虽无可非议，但非议者的非议也无可厚非，这就是改革的悖论。如果我国土地管理部门注意到的话，嘉兴市“两分两换”中正在赋予农民完整土地权的做法，标志着我国新一轮土革命中“小岗村效应”的再现。

制度安排主体与制度创新主体的不对称，还集中体现在金融制度之上。全球有一个共识是承认农业是一个弱势产业，其不可回收成本最高，自然灾情和市场波动风险系数最大，产业收入弹性最低，投资周期又长。因此，除中国之外，全球经济大国对农业的支持均是义无反顾和责无旁贷的，其中尤以金融支持为最。发达国家普遍的做法是，培育农民的合作金融组织和通过政府的农业信贷政策，来鼓励金融机构对农业所需资金给予优惠贷款。美国自 1916 年颁布了历史上第一个《农业信贷法》之后，经过 90 余年的调整和充实已日臻完善。其主要内容规定：12 家联邦土地银行等金融机构专门向农场主提供长期不动产抵押贷款；12 家联邦中间信贷银行，提供农产品生产、售销的中短期贷款；12 家生产信贷公司，由他们组建若干个地方信贷协会，向农场主提供生产贷款，并由联邦中间信贷银行提供贴现，从而在业务上使联邦中间信贷银行和地方生产信贷协会组成一个完整的贷款系统；13 家合作社银行，向各种合作社提供贷款。与之对照，我国银行信贷支持若不能步出歧视“三农”的阴影，则农民增收、农业升级和农村现代化只是水中之月，镜中之花。在这种条件下，嘉兴市在城乡统筹改革的试点中，竭尽全力试图以“一改”带“九改”，围绕土地使用制度改革为核心，去引领相关配套制度的创新，其气度堪佩，力度堪佳，难度堪优，因为对于制度的“根子”他们无权、无力、无奈去触动。

三是认识史观的视角。人类认识史上的一次具有划时代意义的革命发端于 20 世纪初叶，其标志性的事件是《相对论力学》从宏观世界、《量子力学》从微观世界分别取代了经典的牛顿力学地位。当经典的牛顿力学被取代之后，现代物理学的影响远远超出了技术领域，它扩大到了思想与文化领域，从而导致人们对于宇宙及其他相关理念进行了重大的修正。最终，我们赖以观察世界事物的传统理念，诸如时间、空间和因果关系等均发生了意想不到的改变。几十年来，物理学家和哲学家们讨论了由此引发的变故，并毫无例外地趋向于与东方神秘主义观点十分相似的世界观。如前所述，这种世界观使人们相信，世界上除理性知识之外，还有一种鲜为人知的直觉知识。前者可以用文字表述来描述世界，后者则无法用文字表述来描述世界。但由于文字是确定的，而世界是不确定的，所以人们用文字描述的世界并非与真实的世界相一致，为弥补这种认知上的差距便离不开人们直觉的感悟。换言之，人们对事物的认知不可能是“完成式”的，而只能是“近似式”的，渐近渐远，永不终止。这正是现代物理学所发现的世界特质，事物根本不存在线性的和有规则的图形，去等候人们用现成的理论和方法去认知，即人们无法用传统的线性思维去完成对非线性世界的探索。对于大千世界的认知如此，对中国经济的认知也是如此。据于同样道理，对于城乡统筹发展的进程我们唯一能做的只是探索，而不是急于下结论，无论它是肯定式的，还是否定式的，若是真要下个结论，那只有实践有这个资格。

## 第四节　解铃离不开三把钥匙

近半个世纪以来，基于利益关系调整的强制性制度变迁所构筑的城乡二元对立体制，其破解之旅绝非坦途平川。制度变迁的产物，仅靠几个中央“一号文件”的行政力量还难以触动，最终还得靠制度的再变迁去化解。这种化解，离不开以下三把“钥匙”：

第一把“钥匙”是城乡统筹发展的基本理念。

统筹城乡发展的基本理念可以概括之两句话：一句叫“国以民为

本”。这是早期的以人为本思想，它隐喻了一个国家生产力提升的目标管理是双重的，即强国和富民。国强民不富，这个国强的日子不会持久。金融海啸的最深刻教训是，一切经济活动的终点不是投资，而是消费。工业化作为一种投资行动，若其产出没有巨大的消费市场支撑，则是无法持久的，中国目前的情况正是如此。第二句话叫“民以食为天”。这是农业社会的信念，但也成为现代工业社会的理念。农业不振兴，工业不稳定，便是基于二者相关性反思的结果。从某种意义上讲，农业是工业之母，是农业社会庞大的需求催生了基于社会分工格局的工业社会。如今的生产性服务业也是如此，它是“非工业化现象”的产物，即随着社会分工的日益细化，服务业从工业体系中分离出来，使单体工业企业的“小而全”服务职能整合成为独立的第三方服务，即现代服务业。这符合马克思所言，随着社会分工的细化，多数人的副业将成为少数人的主业。因此，工业是现代服务业之母。现在有人试图脱离工业去发展生产性服务业，这犹如有人想撇开农业去实现工业化一样荒唐。

第二把“钥匙”是人本主义的基本结构。

以人为本经过反复“角逐”才得以取得社会共识，但其基础并不稳固，这不仅是“说起来容易做起来难”，而且还因人们对其认识并不完整。人本主义的基本结构有三：

一是在人与物之间，要坚持以人为本。但人是什么？社会对之认识并不确切。如前所述，马克思在《费尔巴哈论纲》中说过，人不是孤立的抽象物，“在本质上它是一切社会关系的总和”。请注意，这才是人的社会特质。上海2010年世博会的主题是“城市，让生活更美好”。目标已明确，但其过程管理人们并不都知晓。根据马克思的观点，要使人的生活更美好，就必须优化其一切社会关系，包括诸如劳动关系，分配关系，交换关系，物权关系等。当前问题的严重性在于，这些关系并未达到优化的程度，有些还在恶化。嘉兴的试点，其最可贵的亮点不是别的，正是它在竭尽全力去优化这“一切社会关系”。

二是在以人为本中，必须坚持多数人为本，而非少数人为本。但是，我国基尼系数扩大已近极限，在财富边际效用递减规律的作用之下，人均可支配收入这一指标已失去标本意义，即便人均可支配收入再翻一番，只要基尼系数不下来，全社会消费倾向不可能上去。贫富差距扩大的后果，危及的对象主要恐怕还不是弱势群体，而是强势群体，否则人们怎么解释最近会连续出现向海外转移资产的高潮呢？原因就是暴富者惶惶不可终日。2006 年 7 月，《南方周末》发布的调查结果显示，中国九成富豪承认金钱给自己带来“不安全感”。富有者不但缺安全感，同时也缺失信仰。美国首富比尔·盖茨和巴菲特决定将所有财产捐赠社会，这是因为他们相信，自己的财富是上帝恩赐的，全部来源社会，理应反馈给社会。这不像中国大部分富豪那样决意带着万贯家财去见上帝。城乡不能统筹发展，60％的农民被排除在公共资源享受的主流社会之外，这就难逃以少数人为本之嫌。

三是在现代人类和未来人类之间以谁为本上？在当前特定的社会态势下，应坚持以未来人类为本。由于未来人类缺失话语权和利益诉求的机会，只能被动地接受现代人类强加的一切社会后果。因此，可持续发展往往只成为一句时尚的用语而已。资源无节制的超前配置，是长三角地区发达城市经济高速增长的“独木桥”。但其结果是对未来人类生存权的一种侵害。如果说，城乡统筹发展之后土地资源的整合利用，仍然坚持以现代人类为本的模式，则其意义堪忧！

第三把“钥匙”是城乡关系的基本阶段。

马克思对城乡关系的阶段性判断具有深刻的社会进化的意义，他认为：资本主义社会城乡对立，社会主义社会城乡协调，共产主义社会城乡一体。据此分析，其判断有三：

一是城乡统筹发展决非权宜之计。社会主义社会是一个漫长的历史阶段，其初级阶段的时间表述为 100 年，在这个阶段中应以城乡协调的任务为主，协调的方式是从城乡二元走向城乡统筹。因此，在指导思想上不能操之过急，一蹴而就，不要期望用10年或20年的时间走完100年的城乡统筹发展之路。

二是城乡一体化不等于城乡一体。千万不要用城乡“一体”的标准去看待和苛求“一体化”的成果。“一体化”是过程管理，“一体”则是目标管理。我国社会主义建设的最大教训莫过于“重目标、轻过程”，正如过去共产主义目标年年讲、月月讲、天天讲，但一直不知道其过程管理是“社会主义初级阶段”一样可笑。

三是城乡统筹发展是缺失规划指导的进程。在我国规划系列中，有城市规划，其重点是建设，也有农村规划，其重点是保护，唯独还没有城乡一体化的规划，它是一个尚未诞生的新品种，十分需要探索。因此，嘉兴的试点，规划部门应当紧密参与，从中探索出一体化的规划路子来贡献给中央。

根据这三把“钥匙”，可以解读出两个结论来。

第一个结论是：我国城乡对立的二元结构体制是特殊历史阶段物本主义主导的产物。

这里有两个关键词很重要：一个是“特殊历史阶段”，在这个阶段里的城乡二元结构的体制安排有其积极意义，一旦超越了这个阶段，其作用是负面的。另一个是物本主义判断，假如制度设计从物本主义出发，最终能归宿到人本主义立场上，这仍然是人本主义行为的范畴，因为你没有物本主义作为财富创造的起点，你人本主义去喝“西北风”吗？但是当你的制度安排从起点直至归宿均不离物本主义，反而远离人本主义的话，这就是典型的物本主义行为。其依据是：

首先，城乡二元结构体制设计的初衷是“先国防、后国内”、“先生产、后生活”。面对建国之初百废待兴、国防不稳的局面，共和国的缔造者们自然会回想起一场场外强入侵的争战，这些战争的共同特点是国力消耗殆尽（北洋政府军费开支占国民收入29%—47%，民国政府占29%—87%，建国后抗美援朝的1953年高达43%)，其胜负除人心向背的因素之后，基本上取决于交战双方工业化水平的高低。尤其令决策者不敢忘怀的是鸦片战争，当年国民收入占全球33%的清政府，拥兵百万的正义之师，却不敌国民收入占全球仅5%的英国远征军的非正义之师。其源在于一个农业国的国民收入构成完全不能与世界第一次工业革命成果“武装到了牙齿”的英军比肩。因此，与其他国家的路径选择一样，中国也决定快速、低成本地发展重工业，手段是牺牲农业，其结果不可避免地殃及农村和农民。这个特定历史阶段的结果和动机是一致的：即强国不富民。

其次，特殊历史阶段常态化是城乡二元对立体制走向固化的根源。如前所述，假若物本主义的归宿不是人本主义，而是更高级形式的物本主义的话，其结果必然是政府决策的一种“失约”。由于农业依然滞留在被牺牲的阶段，导致我国农业缺失相同路径选择的其他国家的两大阶段，即农业自我积累阶段和工业反哺农业阶段。缺失自我积累阶段的证据是，至20世纪90年代我国工农业产品相对价格的剪刀差仍高达60%左右。至于工业反哺农业阶段起步太迟、力度也太小。嘉兴市的城乡统筹试点，其可贵之处是迈出了工业反哺农业的坚实一步。

最后，当前全党破解城乡二元结构体制的决心恐怕主要还不是来自人本主义的觉醒，而是来自物本主义的压力。由于“三农”问题的日趋严重，适逢金融海啸导致外需严重萎缩的推波助澜，全面深刻地阻滞了我国工业化的进程。经济下行和工业化进程受阻的双重压力，迫使GDP高于一切的决策系统发出了城乡统筹发展的呐喊。假定没有这双重压力，城乡统筹发展的决心和行动恐怕还不会那么强烈。若不幸被言中，则城乡统筹发展进程的坎坷除传统制度惯性阻滞之外，也许还会有决策者价值判断的权重变迁问题。

第二个结论是：破解我国城乡二元结构体制的主导性障碍将是“路径依赖”。

制度变迁，尤其是强制性制度变迁之后，其轨迹所产生的路径依赖大有难以逆转之势。城乡二元结构体制的路径依赖，表现有三方面：

一是理念性路径依赖。我国古人有“正心诚意修身齐家治国平天下”之说，意指什么样的理念决定什么样的天下，但什么样的天下又会固化什么样的理念。前者可谓“自由王国”决定“必然王国”，后者则谓“存在决定意识”。建国以来，我们之所以能在财力拮据的条件下还能保持国家的尊严和“窗口”的繁荣，全仰仗于公共资源配置的非公共选择，它导致城乡面貌出现天壤之别。在这种行为模式的潜移默化之下，举国上下已有不成文的共识，即非农产业比农业值钱(有前途)，城市比乡村重要，居民比农民不好得罪。公共设施投资的非对称布局便是验证，据2007年统计，当年全国村镇人均公共设施投资仅为142元，占城市人均公共设施投资的7.5%，即占全国59%的农民享受的公共资源只及全国总量的7.5%。

二是利益格局的路径依赖。城乡对立的二元结构体制稳定了被扭曲的利益分配格局，其扭曲的路径有三：其一，不等价的交换制度，导致农副产品价格背离了其应有的价值；其二，公共服务设施的城乡不对称配置，降低了农民享受国民待遇的水平；其三，广大农民工权益的被侵犯，导致进城农民的待遇被“边缘化”。在此基础上形成的既得利益群体，基本上集中在城市，集中在工业，集中在居民，而不在“三农”。既得利益群体之所以得益，其代价和保障是城乡不统筹发展，一旦城乡统筹，既得利益便不复存在。因此，这种利益格局的“高压网”不可轻易触摸，例如当农副产品价格稍有上扬，城市便会怨声一片。

三是发展模式的路径依赖。城乡对立发展的模式之所以固若金汤，其源在于资源配置水平和效率所决定。以用水效率为例，工业的产出是农业的72倍，因此，只要以物为本的理念坚守一天，社会是不愿为低产出的农业去下赌注的。除非有一天，人们终于醒悟到城市经济高速增长的成本中除要素投入成本之外，还有“三农”付出的社会成本和环境恶化所隐含的生态成本之后，城乡统筹发展模式才能确立。

改革是在原有制度仍然在生效并发生作用的大前提之下，进行的一场旨在完善和补正原有制度缺陷的探索性行动。因此，社会舆论对试点的非议基本上属于无可厚非，这是因为其非议的依据是原有制度的合法性，但非合理性。而改革试点是经过授权对原有制度的缺陷进行辩证和修复，其行为的依据是符合“三个有利于”的合理性，但尚不合法。据此，对于改革试点工作的评判，应当立足于对原有制度完善的合理性之上，而不要拘泥于原有制度的合法性。因为，这种改革的合理性一旦为中央政府所认可，必将演化成为制度强制性变迁的合法性。

# 第四章 社会公平是治国初衷

从公共权力的历史渊源分析，国家既然是“自由”的人民“自由协议”的产物，人们同意将自己的权力转让给国家，那么政府就必须履约保护缔约者的自由、平等和安全。正如我国《宪法》第三十三条所明文规定的：“中华人民共和国公民在法律面前一律平等。国家尊重和保障人权。”这里的人权，最根本是指公民能平等享有的生存之权。基于这个出发点，《宪法》第四十五条规定了“国家发展为公民享受这些权利所需要的社会保险、社会救济和医疗卫生事业。”这一重要规定旨在确保作为国家主人的全体成员都能公平地获得基本生活保障的权利。这一规定之所以被誉之为“人类最伟大的发明”，其原在于它是一种特殊的国民收入再分配功能，起到了“三大转移”的作用，即实现了本来属于高收入人群的一部分消费能力，通过税率差异向低收入人群转移；实现了个人消费能力由工作年龄向退休年龄转移；实现了社会消费能力从经济繁荣时期向衰退时期转移。但是，由于制度创新的滞迟，社会有失公平的现象已经显现。

## 第一节　弱势群体缺少的是生存能力

朱镕基总理于 2002 年所作的《政府工作报告》中，首次使用了“弱势群体”这个能准确概括和描述被跻身于社会主流生活之外的正在丧失自我的边缘化人群。从此，弱势群体成为我国社会结构变迁中备受社会关注的一个关键词。据时任劳动和社会保障部社会保险研究所所长何平归纳，我国弱势群体主要由四部分组成，它们分别是：① 下岗职工。或已经离开再就业服务中心而仍然没有就业者。② 体制外的人。即那些从来没有在国有单位工作过，只靠打零工、摆小摊养家糊口者，以及残疾人和孤寡老人。③ 进城农民工。他们没有享受到城里劳动者的同等待遇，劳动权益得不到保护，单位并没有按照《劳动法》为他们交纳各种社会保险，虽有工作，但受到歧视。④ 较早退休的“体制内”人员。这部分人主要是从集体事业单位退下来的，当时退休待遇极其低下，而其原单位由于种种原因已经解体，或是名存实亡，无法为其交纳社会保险。

其一，弱势群体的成因。除产业结构变迁和制度重新安排的原因之外，弱势群体成因大体有三个因素：首先，强势群体与弱势群体之间存在的若干差异。主要包括职业差异、个体素质差异、信息获取渠道差异和资本起点差异等，导致利用社会资源的能力和机会的差别。货币资本所有者与人力资本所有者之间的差异便是证明。其次，社会分配体制的缺陷。诸如缺失合理的再分配体系等导致贫富差距扩大。这种差距可从劳动者收入占 GDP 的比重可见一斑！发达国家劳动者收入占 GDP 的比重在 60%左右，而我国 2009 年这个比例仅为 26%。按照我国目前城市化的水平，这个比例至少应有 36%。为此，我国贫富差异之悬殊已超过了世界绝大多数国家，突破了基尼系数的临界值。再次，低工资制度的必然结果。仍以我国为例，目前全国范围已进入低工资制时代。有数据显示,发达国家企业的工资占其运营总成本的50%左右,而我国则不足15%。工资水平滞后于经济发展速度,也滞后于物价水平,还滞后于税收负担,这不只是百姓之不幸。美国汽车大王福特在20世纪初叶说过:"再没有比工资更重要的问题了,因为这个国家的大多数人靠工资生活,他们生活水平的提高决定着这个国家的繁荣。"此话的意义可谓经久不衰。我国"文革"以前实行的虽是低工资,但还非"低工资制",原因在于国家为每位城镇劳动者提供了公费医疗、低房租和低学费的福利。据研究资料显示,按工资总额占GDP的比重对比,尽管"文革"之前扣除了医疗、住房和上学等福利之外的"低工资",其占GDP的比重,与今天包含了必须自负医疗、住宅和上学等支出的"高工资"占GDP的比重相比,反而要高出5—10个百分点。这一比对数据的有背常理之处是:①"文革"前的低工资不包括医疗、住房和上学等福利开支,其与GDP的占比,却比当前需要负担医疗、住房和入学等福利开支的高工资占比还高;②"文革"前被国家严格管制的物价指数与当前市场条件下自由飞涨的物价指数不可同日而语,其中尤以那些原本由国家承担转而改由百姓自己承担的三大民生开支,即医疗、住宅和教育的价格上涨最快。换言之,过去比现在值钱的工资,其占GDP的比重反而比现在不值钱的工资水平还高。在这种态势下,社会弱势群体中的城镇最低收入者和进城务工的农民必然处于"最辛酸的境地"。当我国占总人口0.02%的富翁占据全国70%财富(周天勇,2009)时,城镇"最低贫困标准线"却低于"世界银行的标准线"近一半,使大批事实上的贫困者,被无情地排斥在享受公共财政救助和扶助权利的"贫困者"行列之外,致使他们孤立无助地苦度时日。

其二,最低标准贫困者的本质是能力贫困者。从某种意义分析,最低标准贫困者是一种"能力贫困者",而主要还不是"收入贫困者",原因在于面对高额的基础性消费价格指数(诸如医疗、住宅和教育),他们已经丧失了基本权利和生存能力。以“居者有其屋”的基本权利判断，当一个社会大部分居民都买不起房的时候，最低标准贫困者更与住宅无缘，其中以进城务工的农民工为最。由于我国政府不同于拉美和南亚的一些国家，决不会允许那些有碍市容观瞻的“贫民窟”在市区存在。因此，80 后和 90 后的进城务工子弟必将成为无业无房的城市游民，这对于未来社会稳定的冲击力不容小视。国家存在的价值就在于与社会联手去协调个体之间的关系，协调的方式通常是由其中的一方（诸如开发商、政府职能部门等）作出合理的让步，而社会贫穷的一方已经实在没有什么东西好“退让”了。因此，在谁该作出让步的裁定上，国家面临的选择是不言而喻的，没有选择的选择将是历史之必然。从此意义上评说，前两年我国有关个税起征点高低之争，在某种程度上也是这种选择之争，即个税政策应向谁倾斜的问题。然而，离开了我国“低工资制”的现状，去沉湎于起征点高低之争又有什么意义呢？它犹如我们常做的傻事一样，离开价格机制去调整物价，离开干部选拔机制去调配干部，离开社会监督机制去反贪倡廉，离开人才配置机制去延揽人才，离开投融资体制去追求投资规模，离开行政垄断机制去评价社会的“高管高薪”一样，实在令人捧腹。

其三，人类群体分化的生物学视角。这里，我们不得不引入另一个难以讳避的命题，即人性问题。社会学家郑也夫先生认为，人是动物性与文化性的结合，动物性在下，文化性在上，二者相符合之处多于相冲突之处。正是出于这样的理念，当前许多学者正在从生物学角度出发去解释人类社会的众多现象，诸如婚姻、道德、语言等。人们逐渐发现，“彻底背离人的本性的道德是没有成功的可能的”（郑也夫）。比如废除一切形式的私有制，实施绝对平均主义的“大锅饭”等“人不为己”的行为，均难以成功。研究资料证明，作为人类最初利他形式的“亲缘利他”和人类超越血缘利他形式的互惠互利行为，在动物身上也同样存在。达尔文之所以在生前没有将他从生物学角度出发对道德的思考公诸于世,是慑于当时世俗的强大压力,而决非没有结论。这一结论性思考的价值指向,将引导人们从人的动物性层面去探究人类社会的伦理道德,以此重组社会学家的知识结构。这一命题正是达尔文学说真谛之所在,它揭示了一个人类认知自我的方向,那就是人类并没有超越自我。然而,这又是最难以为世俗所能接受的。有人将“爱”与“恨”喻之为人类情感不可或缺的两大主题。但要说起“爱”,克洛德·居丹的《引诱的自然史》认为始作俑者不是人类,而是雪衣藻。这种诞生于三四十亿年前的藻类植物,是一对很懂得触碰、抚摸、拥抱的细胞“情侣”。一旦当雪衣藻互相结合时,其体内的叶绿素会化作含羞的红色。长三角地区海域之所以会“赤潮”频起,全是发达的城市下水道为其提供了具有“富营养”的爱情之床。

## 第二节　社会主流正在挤压“边缘群体”

亚里士多德曾经说过:“公正不是道德的一部分,而是整个道德。”公正意味着公民平等享有社会一切权利,正是我国《宪法》第三十三条所规定:“任何公民享有宪法和法律规定的权利,同时必须履行宪法和法律规定的义务。”所谓“边缘群体”是指处于主流社会权利边缘位置上的人群。例如,务工农民成为城镇“边缘群体”,是指农民工被排除在城镇户籍居民享有的权利之外,成为身在城镇居住的“非城镇居民”。以我国为例,2 亿务工农民已成为城镇中的“边缘群体”,而留守农村务农的农民却正在成为全国的“边缘群体”。这种群体被边缘化的趋势,不仅与我国城市化的根本目标取向相背离,而且与破解城乡二元结构体制的价值指向不符。上海《东方早报》上的一篇“自由谈”深深地震撼了读者的心扉,文章说的是一位辗转数城打工不成的 24 岁学龄青年,在告别广东佛山前留下的堪与文学前辈比肩的字条:“终生役役而不见成功,苶然疲役而不知所向,讳穷不免,求通不得,无以树业,无以养亲,不亦悲乎!人谓之不死,奚益!”我国大思想家孔子曾教诲后人要“有教无类”。办学是为全人类而为,更况是才华出众之辈。我国堂堂的社会主义大学堂,怎么容不下一位24岁的风华正茂者,社会人生的大课堂又居然会拒纳这位才学不凡的弃学务工者,这岂不怪哉!其结论就在于上海《东方早报》的这篇文章的题目上,即《平民上升的渠道被塞》。正如社会学家孙立平所言,上世纪80年代时,中国的经济增长会带来自然而然的生活改善和社会进步,大家几乎都能从经济增长中“分一杯羹”。但到了90年代,经济增长不再具有普惠性,以至于形成了一种扭曲改革的机制——每次改革都是固定的既得利益阶层受惠,底层群众获益的机会日益减少(《中国青年报》2010年9月17日)。“文革”期间盛行的“龙生龙,凤生凤,老鼠生儿打地洞”的这种撕裂民族种群的“血统论”,又在新时期借尸还魂。据《南方日报》统计,全国有33.3%的公务员,其父母是公务员,它被《当代中国社会流动》(陆学艺)一书所证实。农民工被挤压,实质上是长期以来城乡二元结构体制的必然结果。这种结果已经开始衍生:

其一,大学生队伍中的“二元结构”。在大学这个系统之中,来自乡村的学子正在被边缘化,这种边缘化源于全社会对农村学生的歧视。据《广州日报》报道,目前我国城乡大学生比例分别占总量的82.3%和17.7%,而城乡总人口之比却是45%与55%之比。另据统计,至2008年秋季入学,我国普通高等院校的毛入学率为23%,它与30年前的0.04%弱的比例相比,可谓天壤之别。但令人忧虑的是,农村大学生占大学生总人数之比,从30年前的30%猛跌至今天的17.7%,大大超过了农村人口占比的跌幅,个中原委及其所传递出的信息令人不安。这里隐含的不良信息有二:① 我国高校在校生正在逐步走向“低智化”。23%的毛入学率并非按此比例在全国范围内选优,而只是在

45％的城镇人口中选拔出82.3％的比例来，而在55％农村人口中只选拔出17.7％的比例。可见我国城镇人口中符合学龄的高中生近乎快到人人有机会入选大学的程度。由此看来，我国高校在校生平均智商下降的趋势已难逃智商分布理论这只“如来佛手掌”。② 农村社会群体正在走向边缘化。这种边缘化趋势是我国政府行政成本逐年高企的必然结果，其作用链如下：当（以1978年至2003年间为例）政府行政成本增长87倍时，导致（以1978年至2005年间为例）大学学费上涨25倍。其作用原理是，我国政府行政成本占整个财政收入的1/4至1/3时，中央和省市政府再也无力对教育扩大投入，被迫将其中60％以上的投入下放到县级以下财政头上，而县级政府财政收入只占各级政府的20％，与其事权呈不对称之势，根本无力承担教育投入的任务。我国地方政府承担的过高的支出责任，已有悖国际惯例。其成因在于，在现行政府管理体制下，地方政府缺失讨价还价的谈判能力，最终成为不合理财政分配格局的被动接受者。加之以税收来源作为财政转移支付依据的决策，导致政策目标与政策效果相背离，进一步加剧了贫富地区之间的“马太效应”。

我国地方政府财权与事权相互背离的态势，其后果有二：首先，制约了地方财政用于生产性投资的能力。以这次应对2008年全球金融海啸的4万亿投资基础建设为例，截至2009年3月底，审计抽查的335个新增投资项目中，中央资金到位94％，而地方政府有些配套资金到位却只有48％；其次，导致我国财政对教育投入占GDP的比重呈逐年递减之势。例如2000年占4％，2002年占3.41％，2004年占2.79％，2005年占2.16％。由于政府财力支持不到位，其负担向社会转嫁是其必然选择。目前，我国学生家长所分摊的高等教育成本比例已高达45％（2005年），而国外家长负担比例一般仅为13％—15％。在高等教育成本向学生家长转嫁的同时，中小学教育的成本则在向教师转嫁。据《南方周末》2005年11月3日的一则报道称，甘肃渭源县

600余名乡村代课教师，月工资仅有40元至80元不等，其中拿40元的又占70%，部分教师已这样拿了20年。该县县委副书记李迎新出于责任感将含泪写成的《渭源县代课教师状况调研》呈省委和教育部，《甘肃日报》又全文加以刊载，竟然如泥牛入海，毫无反馈意见。

其二，财政支出管理中的二元结构。在我国财政支出总量中，教育的财政支出也已走向弱化。与教育的财政支持所占2%左右的比例相比较，我国政府行政支出所占比重竟在20%以上。也有人将我国每年公车消费、接待请客消费、出国消费和其他后勤服务消费合计归总计算，其费用占全国预算内外全部财政收入的30%。几组数字的对比，足见科教兴国大有失之目标与过程相脱离之虞。由此不难发现，问题的症结是过高的国家管理成本挤压了教育开支，对症的“药方”是清楚明白的，即应大大压缩国家行政成本，将财政收入本应作为教育投资的部分“回归”教育。要实现财政收入“回归”教育，必须纠正对教育地位的偏见。当然，教育的财政投资不足只是一个总量概念，并未反映出我国地区教育经费结构不均衡的实际状况。从整体判断，东部发达地区教育经费并不短缺，真正短缺的是中西部地区。

二战中的战败国纷纷通过教育实现赶超，其源在于充分认识到人是生产力的第一要素，而生产工具只是第二要素。因此，财政向教育倾斜是这些国家的国策。当财政不能“回归”教育的时候，其缺口必然会靠社会“分摊”来弥补。面对分摊的高等教育费用，由于我国城乡居民收入水平的平均比约为3∶1，因此其衍生的后果有二：一方面有将近50%的农村大学生只得靠“助学贷款”维持学业，以求学成还贷。然而，由于毕业生求职无望，导致还贷无力。据工商银行江西分行披露的部分数据为例，截止2008年底，该行有2 328万元助学贷款进入还款期，其中违约余额为1 053万元，违约率高达40.29%。另一方面又由于就业岗位受我国产业链低端分工、历年失业学生累积和强势群体子女庇荫性占位的三重挤压之下，陷于严重缺失状态。即便有幸跻身于就业大军，月薪能有1 000元左右已属“祖上积德”了，其收入根本难敌在校期间学杂费的庞大支出(年均1万元左右)。毕业之前的支出预期与毕业之后的收入预期同步恶化，致使相当部分学子望而却步，被迫放弃入学，进而沦为高等教育领地中的“边缘群体”。2009年我国考生大幅度锐减(其中上海同比减少16.4%，北京减少15.0%，浙江减少12.4%等)，主因便在于此，而非仅仅如教育部发言人所言是出于人口生育曲线规律作用所致。

其三，城镇廉租屋政策管理中的二元结构。进城务工群体走向边缘化的一个重要因素是农民的合法权益被剥夺，极其低廉的劳动报酬得不到保证，拖欠民工工资已成资方老板的一种常态。对此，各级政府几乎已经到了无能为力的境地。2003年10月，连国务院总理温家宝也被迫出面，为重庆农民熊德明讨薪了。而农民工被边缘化的另一个极其重要的因素是城镇廉租屋供应的户籍化。廉租屋制度实际上是通过建造城市贫民居住区的办法，达到对弱势群体实行财政转移支付之目的。城市贫民中的最困难者，莫过于处于边缘化的进城务工的农民。由于“文革”以前我国的住房福利制度没有覆盖广大农民，因此“农民列入另册”的固有观念不仅出现于失业率统计中，还存在于城镇户籍人口管理之中。因此，在廉租屋待遇享受者的统计中他们再度被列入“另册”。

细心观察历史的人们会发现，当年上海青帮三巨头的杜月笙、黄金荣、张啸林正是敏锐地预见到起始于1910年(时年上海人口128万人)，完成于1936年(时年上海人口381万人)的人口大迁移之不可逆转性的趋势，才借机出手维持上海棚户区的存在及其秩序管理的。在实施本应属于靠纳税人支撑的国家政府职能的过程中，青帮三巨头插手成了事实上的城市管理者之一，他们在乘势推动我国20世纪第一次城市化高潮中上海人口扩张之机，使自己崛起成为上海滩上能说一不二的枭雄。

历史是现实的殷鉴，当今人民政府决不能将始发于 20 世纪 90 年代的我国第二轮城市化高潮中的城市管理者地位拱手让给他人，其中最棘手的命题依然是外来民工在城市何处安身立命！尽管我国廉租屋的政策方案只能解决社会极少部分人（如 3%—5%的居民）的住房问题，对于 80%—90%买不起住房者并无实际作用。但是，既然外来人口不可逆转地成为“新当地人”，那么城市户籍的“红利”也理应让他们分享。其中更深远的意义还在于，农民工的第二代能否成为城市户籍“红利”的共享者，将决定他们与当地下一代居民和谐共处的程度。当然，廉租房向经济适用房并轨之后面临的问题，及其存在的合理性之争层出不穷。人们关注的重点集中在以下方面：① 价位的不合理，导致享受者无力购买而弃购。据报载，2007 年 7 月山东济南的 204 套经济适用房中有半数以上弃购；2008 年 8 月杭州第 1 期经济适用房有 20%遭弃购；2008 年 12 月广州首批经济适用房 1 170 套被弃购；2008 年度深圳市 388 套经济适用房遭弃购。② 存在腐败之嫌。由于经济适用房脱离了市场机制的运作轨道，必然会产生某种程度的“寻租”空间，诸如不讲效率，难以确保公平等。因此反对者断言，它本身是最大的腐败，甚至比“赌博还要坏”（茅于轼）。

## 第三节　群体泄愤要远离社会诉求方式

我国《宪法》第二条明文规定：“中华人民共和国的一切权力属于人民。”这种权力包括“人民依法通过多种途径和形式，管理国家事务”。其中毫无例外地也包含了民主监督政府的权力。《中国共产党章程》的总纲中对此作了相应的规定：“切实保障人民管理国家事务和社会事务，管理经济和文化事业的权利。尊重和保障人权。广开言路，建立健全民主选举、民主决策、民主管理、民主监督的制度和程序。”但是，由于部分地方政府官僚主义之风的抬头，堵塞了公民正当的利益诉求渠道，群体泄愤有取代社会诉求之势。人类社会与自然界存有诸多相似的规律性现象。能量积聚到一定程度会实现释放，其方式和烈度与其积聚的程度相关，如地热积聚的程度与地震烈度成正相关；又如情绪积聚程度与冲突烈度成正相关等。由于弱势群体所处社会地位的特殊性，其利益受侵犯的事件层出不穷，但由于利益诉求的传统渠道只有上访，且上访的实际效果已近乎于零。因此，人们的情绪正在日积月累，大有积重难返之势。当前，借助于互联网的技术平台，一个新型的利益诉求方式正在掀起，它既是对传统诉求方式的否定，更是对政府官僚主义行为的惩罚。

其一，社会利益诉求机制缺失的恶果。过去我们只是在国际传媒报道中看到的外国民众群体泄愤的暴力冲突事件，近年来在我国许多地区开始频繁出现，并呈现加速递增的趋势。据我国最高检察院公布，1994 年全国群体突发事件约 1 万起，2004 年则达到 7 万起。群体事件的出现，折射出我国社会诉求机制的缺陷，由于公民缺失事实上的利益代言人（人大代表和政协委员由于产生机制的不完善性，其与选民的关系多半为虚拟关系的形式），当国家权力对私权造成侵犯时，民众的怨恨往往只能在“沉默”中累积，一旦时机成熟（诸如官僚主义引发的事端），便会以“无直接利害关系”的群体泄愤形式进行报复。历史经验证明，凡与群众有直接利益冲突的事件，因事而起，政府一旦“息事”，便能“宁人”。当前，诸多冲突中大量的“追风”者与所参与的事件并无直接利益关系，属于“无事而生非”，使政府失去了“息事”的方向，也就加大了“宁人”的难度和成本。2009 年以来，我国地方政府的工作重点中，不得不将“维稳”作为第一责任。与之相对应，许多地区财政预算中，公共安全支出超出了社会保障与就业、教育、环保、科技创新、保障性住房等支出，导致社会稳定的成本达到了“天价”。据清华大学社会发展研究课题组的成果显示，2009 年全国“内保”费用达到5 140亿元,接近军事的5 321亿元开支,且其支出增幅高达47.5%。

美国著名的政治学专家曼瑟尔·奥尔森在《国家的兴起和衰落》中向人们警示,一个国家只要有较长时期的社会经济稳定,这个国家最重要的公共政策就会被特殊利益集团所操控。这种操控的实质,是强势群体在排斥弱势群体的情况下共谋瓜分社会发展所产生的效益。而面对弱势群体被侵权的结果,操控者往往又采取了“三部曲”加以应付:先是掩饰矛盾、报喜不报忧,为自己政绩遮羞,既欺压群众,又蒙骗上司;尔后是拒绝群众求见,将群众主动送上来的“告访”视作“刁民扰官”,从而导致内访变外访、下访变上访、个访变群访;最后当面对群体泄愤事件时,又谎报“军情”,将群访说成是“不明真相群众”的“破坏”活动,为动用警力弹压群众制造口实,进而为爆发更大规模的群体泄愤事件预先“埋了单”。中国社会科学院于建嵘教授2007年出版的《当代中国农民的维权抗争——湖南衡阳考察》一书详细记述了20世纪90年代至今的10年间衡阳县农民为农民减负问题与乡镇政府官员的抗争历程。作者的结论是,农民一次次地逐级上访,直至进京告御状的行为均系一种“体制内的政治参与”,而非暴力抗争。但是,如果连农民进京上访都被地方政府组织人马加以围追堵截的话,那么这种行为会有“滑向暴力抗争边缘”之虞,然而遗憾的是,这种“围追堵截”从来就没有停止过。据东北新闻网2009年8月21日消息,中央政法机关提出对进京上访量较大的地区派出“接访组”,其思路有利于使传统的“堵访”措施步出困境,进而朝着信访司法化方向迈进。

其二,危及社会和谐的官民关系。导致群体泄愤事件的官民关系恶化是源自公权力与私权力的对抗。转型经济的本质特征是利益的重新分配,其过程必然会出现政府部门利用手中权力资源,操控公共政策,作出有利于自身利益的分配决策,其结果是用“政策平等”的旗帜掩盖和粉饰民众被侵权的事实。事后又沿用官僚主义模式去对付缺失利益诉求代言人的民众,此风相沿成习之后,累积的情绪必然导致官民矛盾进入显化期。从我国最近几年事发概率的统计分析发现，应引起各级政府高度重视的官民矛盾对立的起因莫过于四种：

第一种是地方政府某些成员利用职权入股非法煤矿的开采，甘愿作为其违规操作的保护伞。美国是仅次于中国的采煤大国，2002 年至 2004 年间，死亡矿工分别仅为 27 人、30 人和 28 人，每百万吨煤死亡率一直在 0.03%以下。英国煤矿则已连续数年实现零死亡率。而我国年年大张旗鼓地实行安全总动员和工作大检查，其死亡率却始终在 1%以上。如果我国安全生产管理部门对小平同志“白猫黑猫”论点的推崇，不是出于“叶公好龙”的话，那么我国煤矿管理制度的创新点，应迅速从末端环节的管理前移到源头环节的管理，将轰轰烈烈的大呼隆式的“安全月”突击运动转向制度式的长效管理，即：① 立法先行；② 矿山安全监督独立；③ 矿工举报，维护自身安全；④ 严厉处罚，辅之以高额赔偿；⑤ 重视安全培训；⑥ 政府资金支持；⑦ 先进的矿山救护体系。其中重点是执法、培训与技术支持，这正是我国“安全月”活动所无能为力的。我国煤矿矿难事件之所以屡禁不止，其根本原因是少数官员靠煤敛财，致使监管流于“左手监管右手”。山西蒲县一煤炭局长郝鹏俊任期敛财 3.05 亿元，拥有北京、海南等地房产 35 处，其敛财手法是变换岗位坐标，即从国家矿产资源卫道者转变为私办煤矿违规作业的保护者。

第二种是官商在房地产市场形成利益一体化。这种利益一体化的前提是“三高”：① 中国房地产的高利润率。据知，国际上的房地产业利润率在 5%左右，我国企业平均利润率在 8%左右，而房地产业平均利润率可以达到 30%以上。仅以 2009 年为例，我国房地产商获取的利润高达 1 万多亿元。超高的利润率，促使房地产业蓬勃发展，成为地方政府经济“政绩”的基石；② 中国房地产开发的高税费率。由于房地产业的高税费率，导致地方政府的 40%财政收入靠房地产业；③ 中国房地产业的高行贿率。据报载，2007 年有一位房地产开发商抱怨道，楼盘开发成本只占房价的20%左右,而四成房地产利润要用于“为职能部门埋单”。另据一位房地产开发商曝光:运作完成一个能盈利两三亿元的项目,但前后为领导送的礼物、红包超亿元。许多政府官员对房地产业情有独钟,便不难理解了。因此,无论从2009年我国首富中有六成与房地产开发有关,还是从全国各大城市均以房地产业作为政府支柱产业的事实进行判断,均不难发现房地产开发既是暴利行业,又能起到“一石二鸟”之功,既富了地主(开发商),又满了地方政府腰包。

马克思说过,资本家为了暴利,可以冒上绞刑架的风险。而行贿可以获取稀缺资源土地,房地产开发商肯定不惜走险而为之。更何况我国房地产企业平均寿命仅为3.8年,此生彼死的竞争迫使他们会无所不用其极。行贿加大了房地产开成本,其结果必然是向消费者转嫁。欧美国家政府的地价、税费收入约占房价的20%左右。为严格控制房价,确保民生利益,在德国凡超过房价20%的暴利者可获刑。因此,在税收政策视野上发达国家严格控制将房地产业上升为支柱产业,旨在确定合理的税收房价比。我国地价和税费收入约占房价的50%—80%不等,原因在于地方政府财力的40%靠房地产业这个“支柱产业”,因此,房价越高,政府与开发商瓜分的“蛋糕”就越大,利益的共享使二者成为名副其实的利益共同体。

因此,在挽救楼市上,地方政府的主动性和紧迫性与中央相比,可谓有过之而无不及,其根本原因与传统的速度型考核指标体系有关,更与1994年以来推行的分税制导致地方政府财权与事权相背离有关。关联的程度,可从2009年全国70个城市土地出让金收入同比增幅超过100%的事实中略知一二。排在前20名的城市,其出让金总额高达6 210亿元(其中上海为最,高达821亿元),是2008年全国财政收入一半的1/10。这个数字本身说明了两个问题:① 在房价利益链中,政府是最大的“开发商”;② 通过房价的传导,出让金的最大受害者是购房百姓。这种趋于动机,还可从地方政府普遍消极执行《闲置土地处罚办法》的行为中可见一斑,正是这种行为怂恿了房地产开发商胆敢囤积土地,进而推动房价企高,最终将广大消费者逼上了“断供”的绝路。据浙江省政协的一份调查报告称,开发商靠延长工期获取厚利已是普遍现象。该省住宅平均工期已从2001年的3.02年延长到2009年的5.01年。学界某些人对于应用房价收入比来描绘高房价时,显然忽视了两个严峻的国情:一是在统计我国城镇人口人均可支配收入时,剔除了进城务工的农民工。基于这种传统的统计方案,学者们将房价收入比低估为6—7倍,而其实际数字为16倍以上(2007年,周天勇),远高于国际6.4的水平;二是在确定人均收入时,忽略了贫富差距悬殊的因素。据全国统计的7个收入阶层房价收入比情况时发现,最高收入户的房价收入比仅为2.64,而最低收入户的房价收入比却高达23.68,二者相差达9倍之多。即便是中等收入的房价收入比也达到8.23倍的无力购房程度,而中低收入户占全体居民的60%。于此可知,当贫富差距扩大至极限时,人均收入这个指标已失去其标本意义。

这种特定的社会利益结构,加剧了我国城市化进程的非理性化态势,其后果是导致全国城市失去了个性化。正如作家冯骥才所言,“全国600多座城市,没有个性,没有记忆,没有遗存,文化符号完全混乱”。著名艺术家陈丹青更是直言不讳地批评说,“现在的中国是人口、地理加上主权的新中国。文化的、哲学的、伦理的、生活方式的新中国,已经没有了。”据报载,20世纪90年代以来中央政府所在地的北京城,名人故居已被拆除1/3,甚至连鲁迅先生于1919年11月至1923年8月居住并先后写出过《阿Q正传》、《风波》、《故乡》、《社戏》等不朽作品的八道湾胡同11号院也正面临拆除。这里之所以成为人们回忆那段文学史的圣地,还在于它曾经是民国时期北京负有盛名的文化沙龙。当年,毛泽东、李大钊、蔡元培、郁达夫、钱玄同、胡适、沈尹默等名家都曾是这里的常客。但是,在某些人眼中,面对城市化的进程,它们存在的价值均显微不足道。城市化近乎疯狂的浪潮中,另一种图景是我国文物的颠沛。据国家文物局局长披露,我国第三次全国文物普查时发现,全国已有23 600余处上一次文物普查登记在册的文物消失了,而这一次普查新发现的文物多达55.03万处。以此足见,我国既是一个文物保有大国,但更是一个文物流失的大国。究其责任,文化界人士认为,这是“被大批无能的,或者是被开发商收买的,或者是趋炎附势的建筑师们弄得腐俗不堪”。在开发商行为导致我国城市建设失去内在生命力的同时,另有一支海外力量又不期而至。据英国*World Architecture*杂志公布的2002年全球规划设计事务所排行榜上,综合类前20名中至少有15家,单项总体规划类排名前10名中至少有7家,城市设计类排名前10名中至少有5家,均以各种不同形式参与了我国各个层次的城市规划与城市设计。他们在收取高出国内设计费用3—4倍,甚至是20倍的同时,将自己并不成熟的设计理念和产品进行毫无后顾之忧的异地尝试。这种“试验田”式的尝试,除央视新大楼(被美国著名华人科学家喻之为“多耗用了10倍经费”)、奥林匹克体育中心、国家游泳中心和“鸟巢”奥运场馆等之外,我国中等城市也在援例仿效,竟相为洋人设计师提供“试验田”。

我国专家对这些洋设计的批评,集中在安全隐患和高昂造价之上。以“鸟巢”设计为例,每平方米用钢达400至400公斤之上,其自重加设备等构成的永久性负重占总负重的比例竟高达80%,其安全系数令国人忧虑。专家预料,其华而不实的场馆必将导致后续无法利用。这一预言已不幸被言中,当今的“鸟巢”已人去馆空,观光者门可罗雀,原打算由国家足球队入驻的计划也因场馆实在太大而化为泡影。为追逐北京的“开放”新潮,广州市延聘建筑界“诺贝尔奖”之称的“普立兹克奖”获得者的英国女设计师扎哈·哈迪德,参与广州歌剧院设计招标,最终该设计师以2 900万元高价的“园润双砾”作品中标。这种被何祚庥院士批评为“求新、求大、求洋和求怪”的“四求”之风，已在神州大地城市设计建筑领域漫延。

第三种是股市的“黑庄”和“黑嘴”在制造“黑洞”。一方面是金融海啸导致广大投资者资产大幅缩水，另一方面却是极少数股市权贵“一夜致富”，手法是通过其特殊地位，利用信息不对称机会，靠时间差操纵市场获利。2007 年 4 月 22 日捷利公司达成收购中国中期投资公司持有的辽宁中期期货公司股权的意向之后，辽宁中期董事长邓军在 5 月 15 日信息公开之前通过其个人帐户购入捷利股份 2 万股，并在信息公开后卖出，获利 15 万，其副董事长获利 7.5 万元。北京首放及其法定代表人汪建中利用其在证券投资咨询业界的影响，通过“先行买入证券，后向公众推荐，再卖出证券”的手法，非法获利超过 1.25 亿元。因此，有人断言，在我国股市几乎所有造富神话的背后，大多有内幕交易和操纵市场者的身影。这种现象的反复出现，只能动摇百姓对股市的信心，进而导致社会对权贵及其幕后支持者的憎恨。

第四种是资本正在剥夺劳动的权利。劳动的流动规律是从低工资区流向高工资区，而资本投资的流向是从高工资区流向低工资区。这是一种纯粹的市场经济规律，但从政府职能判断，这里还有一个财富分配问题。各级政府和学术界未必能对此取得共识，因此社会只注意到了长三角和珠三角地区的“民工荒”，但未能注意到隐藏于“民工荒”背后的“民工权利之荒”。农民工的现状在于，他们以自己的辛勤劳动创造的财富留给了企业，自己拿到的仅是一小部分的报酬(即低工资)，但马克思、恩格斯时代工人阶级已经争取到的一系列权利(诸如组织工会权利、罢工权和社会保障权等等)民工都没享受到。其实，贸易保护主义政策盛行的发达国家，往往是劳工主张权利最成功的国家，因为二者是对应的。从此意义上判断，遵循市场规律提高劳动工资只是农民工的浅层目标，而要从根本上解决其困境，更在于满足他们应当享受的基本权利。要实现这一点，市场规律是靠不住的，而要靠"有形之手"的政府作为。否则,企业一旦产业升级,农民工还会被抛弃。由于基本生存条件受威胁,加之转型时期社会分配不公的扩大性趋势,以及基层干部管理作风的简单化,正在导致缺失民事行为能力者伤害社会事端的频生。据《南方周末》2010年6月2日载文称,中国精神病患者已上亿,重度患者1 600万。

其三,危及社会和谐的贫富关系。这层关系源自富裕者的炫富与贫困者的仇富。邓小平晚年时显然已经意识到我国贫富差距及其发展趋势的危害性,他警告说,这种状况任其发展必将出问题。这种"问题"既会体现在全社会边际消费倾向下降的经济性之上,又会体现在人们对现状不满的社会性之上。据2009年第26期《新民周刊》披露,在全国政协十一届常委第六次会议上,政协委员蔡继明援引一份国务院研究室、中共中央党校研究室等部门联合完成的调查报告称,截止2006年3月底,我国内地私人拥有财产超过5 000万者达27 310人,超过1亿元者达3 220人。与这份调查报告相呼应的是《中国商业发展报告(2009—2010)》,它透露:截至去年,中国奢侈品消费总额已增至94亿美元,全球占有率高达27.5%,仅次于日本名列全球第二,未来5年,有望名列第一(2010年6月9日《广州日报》)。这种凭借家庭背景的"权力资本",被《发展报告》的作者称作为"有着超级权力背景的超级富豪"。因有报告称,在我国亿万富翁中高干子女占91%。如此巨额财产既不需追究其来源的合法性,又不需定期公开申报,更不受"挥霍罪"的制约。

我国由于法律上至今不设"挥霍罪",因此,"吃的不买,买的不吃"是中国官场上特有的"风景线"。据《中国青年报》报道,北京高档(而非中低档)饭店用餐者,只有20—30%是个人消费,70%以上是公款报销的请客。这道风景线起码不是人人能见,除非你也是有钱的光顾者,所以它还不起炫富的作用。但另一道风景线是设计者唯恐人们不知而所为的,如某煤矿老板的女儿出嫁,租用10多辆超长林肯轿车排成长龙，用半天时间在都市大街“展示”。尽管这些富翁在招摇过市，但其心灵是脆弱的。据北京因私出入境中介机构协会的数据显示，2009年我国投资海外移民再起波澜：当年赴美投资移民的EB-5类签证的中国申报人数翻了一番。他们的国外身份既可以保护自己的灰色，甚至是黑色财产，又能便于在家乡继续“圈钱”，因为凭这些人“公关式”的经营本事，在海外真正的法治社会里是挣不到什么钱的。而在国内，正有着“子女在海外”的政府“命官”在等待他们去“合作”。

另一种值得令政府反思的现象是网上报料成为官民沟通的主渠道。从2008年以后的一年多时间里，由网络曝光而演变成全国性轰动事件最终求得公权机关解决的有：周久耕事件、林嘉祥事件、杭州的飙车撞人事件和南京醉驾肇事连死5人的恶性事件，以及从网络社区起步扩大影响范围的西丰县委书记派人进京抓记者事件、罗彩霞“顶替门”事件、邓玉娇抗暴自卫反击事件、赵作海蒙冤11年事件等。无独有偶。近年来，诽谤罪的制度漏洞类被公权操纵的事件，也是在网络正义力量的干预之下得以平反昭雪，诸如重庆彭水诗案、河南王帅帖案、山西稷山文案、山东曹县段磊网案、陕西徐梗荣跟帖案、甘肃王鹏案等。

从上述事件中引出的思考之一是，我国司法的弹性空间太大。这种弹性既为强势群体随意处罚弱势者提供了客观可能，又为网络媒体狙击这种处罚的随意性提供了机会。以邓玉娇案为例，其弹性竟然大到从被指控“故意杀人”，可能处以极刑，一下子放宽到“免予处罚”。弹性司法还为公权力对私权力的肆意侵犯提供了巨大的空间。河南商丘市柘城县老王集乡的赵作海事件，便是一桩极其典型的案例。赵作海蒙冤被判死缓，从1999年5月9日被拘起整整11年间被剥夺自由，法院判刑的全部证据靠的是当天公安部门的严刑逼供。然而在无任何实证的情况下，通过公检法三方联席会议的行政方式作出法律裁定。直到“死者”在被“杀害”的第九年“复活”之后，赵作海冤案才告平反。

由此可见,我国为数不少的地方侦查部门普遍存在“三大界限分不清”,即:有罪推定与无罪推定分不清,程序与实体分不清,公仆地位与主人地位分不清。

这种弹性司法折射出的信息是:国家司法权、行政权的旁落,彰显了公权力失去民众最起码的信任,这是法治社会最可悲之处。据《中国青年报》2009年3月17日调查显示,公众对有效举报方式的排名秩序为:网络曝光(35.8%)、传统媒体曝光(31.3%)、向纪委举报(17.2%)、向检察院举报(11.4%)、向上级政府机关举报(3.3%)、向公安部门举报(0.5%)。我国公安部门沦为最次举报方式,不禁令人们联想起重庆市打黑事件,并深为薄熙来同志的胆识喝彩!举报者将目光转向网络媒体既是人们法律信念动摇的结果,又是法律无力主持正义的信号。引出的思考之二是,法律不能有盲点。我国醉驾事件之所以屡禁不止,且呈愈演愈烈之势,一个重要的原因是法律出现了盲点。南京醉驾肇事的私企老板张明宝仅两年之内就有过80次违章记录,其中超速39起,这次违章不过只是其一辆车的“前科”。人们无视违章处罚,其源盖出于《刑法》规定,除因逃逸致人死亡者以外,最高刑期只有7年。而张某此次肇事,体内酒精含量数倍于醉酒标准,撞人后又拒不停车,直至被逼停车,其行为显然超越了普通的酒后肇事者行为。但张某的行为又不属“社会危害极大,主观恶性极大”的“危害公共安全罪”行为,因此使这一类行为处于法律“真空”的呵护之中。

# 第五章
# 走到十字路口的乡镇政府

乡镇政府作为我国政权的最基层机构，其管理体制的优化程度，事关我国社会和谐和经济稳定的程度。乡镇政府管理体制的优化，内涵乡镇政府职能定位和制度重新安排的价值取向。党的十一届三中全会之后，其行政体制经历了几个阶段的变迁：① 乡镇长负责制阶段。1982 年通过的《中华人民共和国宪法》，确定了废除人民公社体制后的乡村组织形式。宪法明文规定，乡、民族乡和镇是我国最基层的行政区域。乡镇行政区域内的行政工作由乡镇人民政府负责，乡镇人民政府实行乡长镇长负责制。乡镇长由乡镇人民代表大会选举产生。这个阶段实际上是人民公社建制废除之后的一个过渡阶段，更多的只是一种名称和形式的更换。

② 建立乡镇政权的阶段。1983 年 10 月，中共中央、国务院发出《关于实行政社分开建立乡政府的通知》，要求各级党政按照宪法的规定，建立乡政府，实行政社分开。同时，按乡建立党委，并视生产需要和群众意愿逐步建立经济组织。其使命是依法履职，领导经济、文化、社会建设，并做好各项公共服务。这个阶段乡镇政府走向规范化、规模化和政权化。至此，我国从中央到基层的五级政权体制已臻完善。

③ 小城镇发展阶段。2000 年根据中央一系列文件精神，全国乡镇

政府进行合并，其结果是乡镇数量减少、规模扩大、职能重组。我国乡镇政府现有的职能定位于这一阶段，它们分别是制定发展战略的职能，确定资源配置的职能，推动经济发展的职能，调整产业结构、提供生产服务的职能，加强乡镇企业建设的职能，执行上级指令、调节经济实体行为的职能，协调各地经济发展关系的职能，安排基础设施建设的职能，管理对外经济技术交流的职能，加强农村基层政权建设的职能等。

从我国乡镇政府发展阶段的分析中，我们不难看出，随着时间的推移，它不断地扩大与自身条件难以相适应政府职能，逐步从改革开放之前的“代理型政权经营者”地位转变为“谋利型政权经营者”的地位。从马克思主义的国家学说判断，我国乡镇政府显然背离了政府首先是个政治组织，要履行管理社会的政治职能这个主业。从履职的财政能力判断，全国有 80%以上乡镇政府的财政入不敷出，显然无力承担一级政府的职能。

## 第一节　有责缺权难得利

由于我国乡镇政府履职的困境及其产生的后果，在学术界形成了“保留派”与“撤销派”之争：主张保留的看到了由于县政府难以面对数百个村庄的有效管理，而乡镇政府起到了不可或缺作用的现实。但是，主张撤销的认为，长期以来乡镇建制事实上只是作县级政府的一个部门(即地区经济管理部门)而存在的，它并没有达到一级健全的政权机关之充分条件和充分功能。而在履职过程中，乡镇政府反而由于职能过宽、机构臃肿、入不敷出，导致“三乱”行为严重，农民负担加重。

其实，导致我国乡镇政府进入与民争利的恶性循环，是源自其财权与事权的背离。2007 年全国建制镇创造的财政收入为6 505.1亿元，占全国财政总收入的12.7%，其中54.1%上缴。财政支出4 143.0亿元，占全国财政总支出的8.3%，占全国总人口59%的乡镇人口竟分享不到10%的公共资源。2007年，乡村人均公用设施投资为142元，只相当于城市人均公用设施投资的7.5%。乡镇人均财政支出531元，相当于全国平均水平的14%。尤其是中西部的乡镇，人均财政支出分别为239元和242元，不及全国建制乡镇平均水平的一半。导致乡镇财政拮据的原因有三：

① 分税制将地方政府推向分税与包干的双重压力境地，导致层层逼税。1994年的分税制旨在强化中央政府宏观调控的财政力量和提高各级政府扩大税源的积极性，但其负面效应是在将事权分级下沉的同时，又将财权逐级上收。经过中央、省市、地市和县市四级的“抽税”和“放事”之后，到了乡镇政府则整天忙于争资金、跑贷款、还欠债、调矛盾、求和谐之中。

② 财政供养规模不断扩大，导致公共财政逐趋短缺。我国当前的财政供养规模已成古今中外之奇观。据资料显示(肖唐镖，2005)：与古人相比，汉代时期是一名官员由7 948人供养(即1∶7 948)，唐代是1∶3 927，明代是1∶2 299，清代是1∶911；而1949年是1∶294(也有数据是1∶600)，现在则是1∶30(或说1∶28)。与洋人相比，以1999年为例，我国是1∶30，印度尼西亚是1∶98，日本是1∶150，法国是1∶164，美国是1∶187。我国财政供养规模还在不断扩张，1978至1998年供养人员从2 015万人增至3 802万人，增幅是人口增幅的三倍。人们将官车、官费、官薪誉之为“官涛汹涌”。以江西某县的数据为例(肖唐镖，2005)，人口20来万，财政收入不过5 000多万元，但要供养当地70多个行政事业单位，700多个副科级干部，7 000多个财政供养人员，加上间接的供养及上解中央、省、市的税收，几乎达到全县十来个农民要养一个官。这个历来以世代种田为生的农业县，青壮年进城打工之后，单靠老弱的留守“部队”去“抚养”两级政府(乡县)的

70 多个局委办、1 000 多名干部、300 多位警察和 100 多辆不同级别的中高档轿车，其结果不得而知。殊不知，这些父母官在学习“三个代表”，讨论“党员先进性”，实践“科学发展观”时不知作何感想呢？

③ 权力资源配置错位，导致乡镇政府权限萎缩。在我国地方政府职能普遍无节制地扩张的同时，上级政府正在通过职能部门垂直管理的强化和行政执法权的上收，促使乡镇管理权限走向萎缩，导致权责利严重失衡。上级政府驻乡镇的派出机构日增，诸如土地所、工商所、国税所、地税所、派出所、司法所，甚至是法庭，导致乡镇失去执法保障。换言之，由于社会经济管理的责任主体（乡镇）与执法主体（上级派出机构）的错位，导致权责失衡。权责失衡的另一个原因是，乡镇的财权与事权的不对称。我国农村面大量广（人口占全国 59%）的环境卫生、社会治安、市场管理、文化教育、交通消防、信访接待等直面基层第一线的事务，已以责任制形式落到了乡镇政府的头上。但是，乡镇的财政支出仅占总支出的 8.3%。面对乡镇政府的实际困难，学界和政界提出过诸多的方案和建议，旨在扩权强镇。这些方案和建议的动机是良好的，旨在提高乡镇政府财权与事权的对称性。但是，人们显然疏忽了一个重要前提，那就是政府传统管理体制的价值取向已背离了市场化的基本指向。

## 第二节　量体裁衣的“定权强体”

乡镇政府权限定位比扩权更为重要。乡镇“定权强体”是提高工作效能的根本方向，其核心内容在于乡镇政府职能的转变。“定权”是“强体”的前提和保证，“强体”则是“定权”的结果。问题的关键在于必须准确领会“定权”的基本含义：“定权”具有双重概念，对于上级政府来说，应当给乡镇政府适当“放权”；而对于社会而言，乡镇则应该适当向其“让权”，将本该属于社会管理的权限回归社会。根据职能分工理论，政府权力配置体系是政府职能分工的对应体系。换言之，行政权力配置是政府职能演化的必然结果。从此意义上判断，“定权”应该是乡镇职能“放大”和“收缩”的双向行为。理解偏颇，便无法达到“强体”之目的。围绕我国乡镇政府管理体制的改革，存在两种探索性方案，一种是主张强化乡镇体制，亦即称之为“扩权强体”。旨在规范乡镇各级政权机构相互之间关系的同时，促使县级政权放权于乡镇，并主张将政府组织延伸至行政村，实行“乡治、村政、社有”；另一种是主张弱化乡镇体制。这种主张要求撤乡并镇，在确保国家基本行政职能下沉的同时，逐渐实现国家行政权力体制上移，达到乡镇社区自治之目的。近些年来，我国有1/3的乡镇被撤并，就是朝着“国家的行政权力将逐渐退出农村的政治领域，农村社会将最终完成从身份到契约的过渡，实现从传统的专制家族社会向现代民主的个体社会的转型”这一目标迈出的重要一步。为此，乡镇政府机构“定权强体”的指向应有以下三个方面：

首先，我国乡镇机构“定权强体”的方向是非行政化替代趋势。

随着市场化进程的加快，我国乡镇治理机制正在悄然发生变化。这种变化是：一是市民社会正在替代政府的部分职能。村一级法定自治组织的村委会，是农村公共事务的代理机构，是乡镇范围内最亲近村民的单元，由于信息传递完全、运行成本低廉、办事效率较高，其自治能力和自治空间随着农村综合改革的深化将会不断提升和扩张。因此，从改革发展趋势把握，乡镇“定权”指向之一是自身部分职能将逐渐被非盈利和非政府的村委会所替代。只不过其替代进程的快慢还会受到多种因素的制衡，但其方向已不可逆转。

二是市场组织正在替代政府组织的部分职能。乡镇政府部门职能是以“公共”为特征，旨在提供制度规则和提供公共品及准公共品。而农村市场组织（家庭、企业、集体和合作社等四类组织）追求的目标是效率，进而将在农村经济市场化进程中发挥着政府组织无法替代的作用。因此，从未来趋势判断，乡镇“定权”指向之二是自身部分发展经济的职能将会逐渐被市场组织的内在功能所取代。当然，其过程不会一蹴而就，但其趋势也已经明朗。

三是公共品的社会化生产方式正在替代政府生产方式。公共品或准公共品的生产需要政府提供资金，但并非要求政府直接去组织生产。其原因有二：① 效率考量。政府通过行政方式组织公共品或准公共品的生产，其资金效率远不如采用招投标和合同制等社会化方式组织生产高。② 职能考量。公共品或准公共品的社会化生产，有利于实现乡镇政府公共管理职能的社会化。因此，公共管理职能的社会化便是乡镇“扩权”指向之三。

其次，乡镇机构“定权强体”的途径是消除政府职能转变的障碍。

我国乡村组织按其经济性质差异正在分化为三种部门，即：① 私人品提供部门，这是以盈利为目的的市场部门，主要是企业组织、家庭组织、集体组织和合作组织；② 公共品提供部门，这是以促进社会利益为目的、且具有非盈利性质的政府部门(行政组织为主体)；③ 准公共品提供部门，这是介乎上述两种部门之间的、既非盈利利又非政府性的第三部门，主要是自治组织和事业组织。政府职能的转变，实际上是这三种部门之间职能的转移和替代过程。其过程实施的外部条件，则是我国农村经济市场化进程的加快和乡村经济组织体系的日趋完善。但从过程实施的内部条件而论，迫切需要优化上述三大部门的组织架构和职能配置：

其一是政府部门要走出因人设事的“怪圈”。我国传统的政府行政模式已陷于“全覆盖职能——特大型政府——无限止权力”的怪圈之中，其特点是“因事设人”和“养人找事”，以致“人”与“事”的扩张互为因果循环。与之相对应的实证是：我国乡镇政府普遍垄断性地全面控制着乡村事务，导致机构臃肿和人员超编，进一步培育了乡镇职能全覆盖的能力，并又以此证明机构和人员扩张的价值。究其基本原因是，我国各级政府长期以来偏离了政府经典职能的轨道，即负责经济调节、市场监管、社会管理和公共服务，而误入了“领导经济、管理社会”的轨道。从这种意义上判断，乡镇政府是难以脱离我国现行的政府职能体系，单独去优化自身职能配置的。

其二是第三部门亟待扶植和壮大。村委会作为农村的自治组织由于起步时间不长，积累不多，行政化趋势严重，与法定的组织职能要求相去甚远，难以分担政府行政组织的公共管理和服务职能，也就无法履行自身肩负的治理村庄公共事务的使命。这种状况的存在，又与乡镇政府过多介入村庄自治事务互为因果：村委会能力弱化既是乡镇政府职能扩张的结果，反过来又为乡镇政府职能进一步扩张提供依据。因此，规范乡镇政府与村委会的职能关系，全力恢复村委会的自治职能实乃当务之急。此外，作为第三部门的另一种组织——事业组织同样也面临着行政化的困惑。作为农村准公共品的教育、医疗卫生和农业技术推广的服务远远无法满足实际所需，其源均出于农村事业组织的薄弱。但在解决“事业单位薄弱”问题的做法上，往往又容易陷入“互为因果”的循环之中。由于事业部门的职能是政府部门职能分流的产物，容易被人们误解为“政府职能”：当准公共品无法满足需要时，人们会产生“政府职能缺位”的错觉；当要强化农村事业部门职能时，人们又会误以为要强化政府部门的职能；当要大力扶植农村事业部门时，政府行政组织又会轻车熟路地去控制事业组织的人权、财权和事权，使之走向行政化。

其三是努力发育市场部门。乡村企业组织整体实力的薄弱，集体经济组织的名不副实，家庭组织功能的严重缺陷，已使农村市场部门无力承担起发展乡村经济的职能，也就难以提供乡村公共品，更无法联合起来提供社区公共品。农村第三部门和农村市场部门之所以难以选择性地替代乡镇政府行政机构的部分职能，原因在于乡镇政府行政组织的庞大超越了其本职职能配置的实际需要,客观上抑制了上述两大部门职能的实现,但反过来又为乡镇政府职能的进一步扩张提供了依据。为此,乡镇政府改革的根本出路在于其自身的“觉醒”和“瘦身”。

最后,我国乡镇机构“定权强体”的保障是干部管理体制的创新。

正确路线确定之后,干部素质是决定因素,而干部的素质高低很大程度上取决于传统干部管理体制的创新程度。现有干部管理体制的弊端,正是其必须创新的重点。综合起来判断,其要有三:

其一是干部选拔机制创新。选拔机制的优劣,体现在干部选拔过程的透明度、干部选拔方式的公共选择度和干部选拔面的广泛度之上。为此,乡镇领导干部选拔过程必须建立如下机制:① 全额定向民主推荐制,其做法是公开领导职数,组织党员代表和群众代表民主推荐,在分层统计分析的基础上把握群众公认度,以充分尊重群众意愿;② 实行考察预告制,要提前向群众公开考察的对象、项目、时间以及考察组成员等相关信息,目的是保障干部群众的知情权、选择权、参与权和监督权;③ 实行公示制,对拟提拔的干部在全县(区)范围内公示10天,以掌握群众反馈信息。2009年下半年,浙江省嘉兴市秀洲区王江泾镇党委书记的民主选举得出的经验,开启了我国农村基层政权党组织干部制度创新的先河,其意义不亚于“小岗村示范”对社会,尤其是对干部队伍产生的震荡。

其二是干部考核管理机制创新。内容有:① 建立年度目标考核制度。做法是先下发乡镇班子年度工作目标考核体系,其体系在现有政府职能定位的条件下,内容暂且可包括经济建设、社会发展、党的建设等主要方面(待条件成熟后再按职能转变方向设定指标)。年初签订责任书,年底统一安排上下相结合的考核。② 健全干部管理制度。通过建立相关管理制度,规范乡镇班子的理论学习、党委议事、决策管理、财务开支、政务方式、廉洁自律、工作纪律等项事宜。③ 推行政务公开制度。建立政务公开责任制、预审制、评议制、投诉制等相关制度，向群众公开办事依据、办事程序、办事结果及其相关收费标准。④ 建立上级领导定点联系制度。目的是指导基层业务、考核干部、协调工作。

其三是干部定级机制创新。应在试点基础上试行“低职高配”制度，目的是通过职级分离的机制，使乡镇一级的经济系统的稳定性与决策系统的稳定性相协调。其人选的确定必须符合“低职高配”的若干条件：① 能力要求。任职对象必须是能力强、工作有建树，经考核合格者。② 岗位要求。确实有必要保持相对连续稳定任职的乡镇。其评判标准是工作需要、群众接受、个人愿意、领导批准的正职优秀干部。③ 任期要求。凡“低职高配”者自批准日起，一般应连续在原岗位上任职时间不少于5年。

# 第六章

# 海洋不能成为"被遗忘的角落"

30多亿年之前，海洋就有了生命，随后这些生命开始登上陆地，使大地披上了绿装。又过了漫长的岁月，大约在300万到500万年之前，地球诞生了人类。因此，是海洋孕育了地球生命，也孕育了人类文明。1992年联合国环境和发展大会通过的《21世纪议程》，将海洋定位于人类生命支持系统的重要组成部分和社会经济可持续发展的宝贵财富。也许是历史的机缘，我作为大会主席的《第一届国际环境与经济发展学术研讨会》于同年4月14日在上海举行，在有22个国家的专家出席的盛会上，我发表了《促进环境与经济技术社会协调发展是全人类的一项基本任务》的论文。我在文中指出"人类之所以同其他生物不同，就在于它具有两种属性。除了它们还带有原来体系所具有的生物学上的动物性之外，那就是人类同时还具有高于一切其他生物的社会属性。人类在地球上的出现，是自然界物质演化过程中的最重要事件，它标志着一种智慧生物有目的地作用于自然过程的开始。"我的言外之音是，人类在解决全球人口激增、资源匮乏和环境恶化的同时，有计划地拓展资源配置领域，以及保护赖于生存的地球，将成为人类社会属性的觉醒和可持续发展的明智选择，其中包括浩瀚海洋价值的经济性利用。

## 第一节 切莫穿新鞋走老路

海洋开发是国家GDP“异地”扩张的自然选择，即从传统的大陆地区产出走向海洋产出。但是，如果传统的分配制度不创新，则海洋开发取得的成果往往会与民生关系不大。原因是，传统的分配制度决定了我国经济高增长产生的“新收入”，更多地流向了企业及其资本，而非寻常百姓家庭。原因在于，这种分配制度背后的发展模式，固守了物本主义的价值观。为此，海洋开发的前提条件之一是要转变传统发展模式及与之相联系的一切制度，否则这种开发必将陷于“穿新鞋走老路”而与初衷相背。

一是传统发展模式背离了《共产党宣言》的基本精神。《共产党宣言》最本质的精神是提出了“两大解放”，即人的解放和生产力的解放。从人的解放角度判断，其最终目的是要提高人的生活水平，忠实于以人为本。但是，我国传统发展模式在资源配置上，执行的是物本主义而非人本主义，资本排斥劳动倾向日盛；在国民待遇上，奉行的是洋本主义，而非土本主义。在国内80个行业中，洋资可以进入62个行业，而内资只能进入41个行业；在持续发展上，维护的是当代人类利益，而排斥了未来人类利益。在这种指导思想之下，我国的分配率（工资总额占GDP的比重）极其低下，通常说来市场化国家的这个比例为54%—68%，如美国为58.31%（2000年），德国为53.84%，英国为55.27%，我国则为12%—16%。在GDP来源的构成中，美国70%来自私人消费，我国则只有35%来自居民消费，且我国的资产（如矿产、土地、国有企业等）70%掌握在国家手中，而非民间，这就势必障碍了从生产主导型经济向消费主导型经济的转化。而这种转化，正是我国当前经济转型之必须。原因是，30年前我国主要矛盾是私人产品短缺，其对策是发展生产主导型的经济，途径是投资与贸易，第二产业成为主力。而 30 年后的今天，我国面临的主要矛盾是公共产品的短缺，而非私人产品，其对策只能是发展消费主导型的经济，而非生产主导型经济，其途径是推动居民消费，主导产业将是第三产业，而不是第二产业。如果这种转化遇到障碍，则其后果不言而喻。因此，坚持物本主义的传统模式，其排斥人本主义的最终结果却会反过来动摇了物本主义理念。

这种动摇是从我国高进低出的对外贸易开始的。由于我国的对外贸易实质上是一种基于勒紧国内百姓裤腰带去补贴外国消费者的行为模式，因此其产品颇受全球消费市场青睐。据统计，全球 70％的鞋、70％的玩具，以及 50％的手机、彩电、空调等产品的配件均来自中国的出口。由于价格实在便宜，中国已有近千种产品居全球销量第一。但是，这种便宜是以损害国内百姓权益为代价的，其途径是通过节省国内的社会支出，来人为(而非市场行为)地降低出口产品的价格。以社会支出(均用于民生)占 GDP 比重为例，瑞典占 32％，法国占 29％，日澳加等国占 18％以上，美国为 17％，中国则仅 5.8％。与发达国家相比，中国在社会开支占 GDP 比重上节省了 11％—24％，若以年 GDP30 万亿元规模计，我国每年从社会支出中节省下 3 万—7 万亿元人民币补贴给了外国消费者，而自己吞下的苦果是全社会公共产品的严重短缺，三座民生大山高筑。这种模式假如被海洋开发所沿用，则其开发所得的不当分配将面临更严重的后果。

这是《共产党宣言》提出的第一个解放，即人的解放。《共产党宣言》提出的第二个解放，则是生产力的解放。这个解放的前提，绝对不能以牺牲资源、环境的可持续发展为代价，否则还不如不去解放。遗憾的是，我国许多地区，尤其是发达的长三角地区，其生产力的解放正是背离了解放的初衷。作为具有全国经济标本意义的长三角经济，其高速增长的代价有三，即土地透支；低价劳动和侵权产品；生态环境严重恶化。据此可引出三点启示：① 我国沿海地区未来发展的资源性空间不再是土地“一枝独秀”，而是海陆并举；② 未来发展的资源配置手段不再是政策“一枝独秀”，而是政策与制度同步创新；③ 未来发展模式的选择不再是增量型“一枝独秀”，而是效益与增量并重。

二是经济规划不能脱离经济规律。我国海洋开发作为长三角地区区域规划和“十二五”规划的重要内容之一被提出，足以证明海洋开发之迫切性。但是，我国以往经济规划之最大的失误，莫过于目标管理与过程管理之背离，规划愿景与经济规律之失衡。凡系短期行为严重的国度，其特征是重有形要素投入，轻无形要素投入；重浅层开发，轻深层开发；重政绩工程，轻民生工程 。我国之所以重陆域开发，轻海洋开发，除二者开发条件差异之外，一个很重要的因素是陆域开发投入要求不高，开发难度相对小，收效相对快，而海洋开发与之相比较而言，投入要求高，开发难度大，收效慢。这是由海洋资源开发的经济规律所决定。如果漠视经济规律、追求急功近利，缺乏“前人栽树，后人乘凉”的奉献精神去管理海洋开发，则其结果不会如愿。从经济规律视角认知当前我国社会经济矛盾及其海洋开发，应当正确判断如下关系：

第一，经济复苏与汇率变动的关系。当前，政府和企业都在为经济复苏而雀跃，却又都在为汇率无常而忧虑。通常说来，扩张性财政政策见效之后，国民收入的增长，导致短期利率水平回升，引致资本流入增加，资本流出减少。这种情况下，处于复苏尚未到位的发达国家资本必然会进入先行复苏的国家进行套利，因为逐利资本母体国家的利率水平相对不高，本国投资又缺少方向，便萌生利用利差进行套利的冲动，从而增加被套利国家汇率的升值压力。但是，一个国家汇率升值，伤及的主要是劳动密集型产业的出口，而非资本密集型产业。因此，它又是导致这个国家的产业从劳动密集型向资本密集型升级的助推器。当前，无论是对于陆域地区城市，还是对于岛屿城市的产业而言，我国汇率升值压力均是产业升级的一个机遇。

第二，劳动生产率与工资水平。令我国各级政府普遍犯愁的问题是低工资水平所引发的内需萎缩。但是，很少有人想到过，工资水平与一个国家的劳动生产率水平相联系，如不能从提高劳动生产率水平去讨论工资水平，那便是一种空谈。美国(1998)平均工资水平是中国的47倍多，但创造同样多的GDP增加值，美国的劳动力成本只是中国的1.3倍，而不是13倍，更不是47倍。之于韩国和日本的劳动力成本比中国还低。可见，不比贡献是无法比较工资水平的。那么中国的劳动生产率水平为何如此之低呢？原因主要在于教育投入、科技投入和制度创新严重滞后，海洋开发的障碍也同样是这些难题。

第三，能源效率与对外依赖。工业经济的本质是能源经济。因此，能源及能源价格问题又是国内时尚的话题之一，其根源并非仅仅在于我国能源结构的问题，而主要还在于能源效率问题。由于能源利用效率不高，导致供求关系效率性失衡，以至于不断地通过提高对外依赖度来满足能源内需。根据我国能源与产出之间的关系判断，国际能源署估计，到2020年我国石油的外部依赖率将高达75%，而1995年时这个比率仅为7.5%。问题的严重性在于，能源的高依度是发生在国际能源安全的高威胁基础之上，诸如乌克兰天然气供应量被削减，索马里海岸油轮被劫持，尼日利亚石油管道爆炸，墨西哥湾石油钻机被飓风摧毁……。能源的高依赖率还诱致国际油价的大幅上涨，进而正在倒逼我国这种“低价格高需求”的制造业走向高成本，直至沦为“夕阳产业”之虞。我国的著名品牌企业海尔集团，也因国际高油价的倒逼而被迫走到贴牌生产来维持生计的田地。我国海洋权益的最终实现，离不开海洋能源的开发，其前提也无法规避能源效率问题。

第四，外资规模与国民财富。我国自对外开放以来，一直奉行外资规模论英雄的非理性考核指标，且迄今尚未从根本上实行转变。但是，外资毕竟不是内资，其无法转化为当地国家的国民财富，而它消耗的是受资国赖以可持续发展的宝贵的稀缺资源，损害的是生态环境，遭报复的则是巨大的反倾销浪潮。全球洋人照例将中国土地上50%的外资企业的出口规模，计在“秋后算账”的反倾销清单上。当外资成为国内投资的主导性力量时，政府有没有想过，任何一个主权国家引进的外资，只是对国内投资缺口的一种补充，而切不可喧宾夺主。国内投资缺口的计算，等于国内投资需求减去国内储蓄。这个缺口在我国庞大的国内储蓄面前，绝对不会像现在这么大，甚至大到全党全民动员去争抢的程度。但愿未来海洋开发时不要走这条老路。

第五，经济效率与WTO收益。WTO是一种效率性的收益，国内经济效率低的国家，其最迫切的任务不是何时加入WTO，而是如何尽快通过制度安排和产业升级来提高自身效率。原因是，在WTO成员国之间，效益是从效率低的国家净流向效率高的国家，而不是相反。换言之，低效率的国家，加入WTO之后，其效益和资源将处于净流出的状态，而决不是净流入。而提高国内效率的途径有二：① 对于经济效率而言，要靠市场化程度来提高。这里的市场化，不仅仅是指商品的市场化程度，更重要的是要素市场化程度；② 对于技术效率而言，要靠科技进步去推动产业的升级。离开了效率的提升，海洋资源也会外流。

第六，海岛发展与资源利用。我国面积在500平方公里以上的岛屿共有6 900个，岸线长度达12 919公里。从其中有人居住的433个岛屿的资料分析可知，其共性问题有三：① 产业结构单一，二、三产业发展滞后。原因是海岛价值普遍处于非经济利用阶段，加之资源条件约束和交易成本居高不下，导致二、三产业难以发展；② 基础设施落后，城市化率低。原因是建设成本高，投资费用大；③ 技术要素替代劳动要素的水平低。原因是人才留不住，人力资本存量规模普遍小，影响了产业升级。

据海外岛屿发展的成功经验显示(资料来自作者对加拿大爱德华王子岛、美国长岛和塞浦路斯岛的研究)，其特点如下：① 产业结构多样化，符合多样性导致稳定性的原则。世界岛屿中，大凡以农业和渔业为主的产业结构，经济都十分落后。而成功发展的岛屿基本上是渔业、加工业、设备制造业、旅游业和海洋产业并重。② 产业发展有序地走向升级。经济起飞阶段，这些岛屿以工商业为主业，旨在解决当地居民的就业和收入，随后二、三产业比例发生变化，最终建立起以服务业为主导的产业体系。③ 产业发展与生态环境保护相协调。这种协调体现在产业脱贫、规划引领和强化退出管理之上，前者解决了脱贫管理与治污的关系，中者解决了规划管理与治污关系，后者解决了产业管理与治污关系。④ 主动接受周边大都市的经济辐射。如美国长岛的发展主要得益于纽约的经济辐射和产业互动。

据以上六大关系的分析，从经济规律角度我们可以得出如下结论：

① 发展中国家的经济扩张主要不在于发展领域的拓展，而在于发展模式的转换。若海洋开发沿用陆域开发的发展模式，其前景堪忧；

② 扩大内需的根本出路是通过劳动生产率的提升来增加居民的实际收入；

③ 外资不能成为国内投资的主体力量，其局限性不能被忽视；

④ WTO不是天上掉下来的馅饼，从中获利离不开制度创新；

⑤ 海岛的出路在于改变海岛价值的非经济利用。

三是过程管理比目标管理更重要。诚如前述，我国先后制定过的一系列“五年规划”，之所以其执行结果会偏离目标初衷，最根本的原因是制定者存在“重目标管理、轻过程管理”的倾向。这种倾向可见诸于社会和谐的目标管理与分配制度改革的过程管理，低碳经济的目标管理与发展模式转变的过程管理，反腐倡廉的目标管理与反贪立法及其制度建设的过程管理等等。凡此种种，无不证明离开了过程管理的支撑，目标管理注定会落空，它毫无价值可言。以国务院批准的长三角地区区域规划而言，其内容基本上是一种目标管理，而其执行效果仍受制于过程管理。区域规划的价值指向大致有三：① 解决市场无法解决的经济外部性问题;② 整合区域资源,防止重复投资;③ 协调区域发展过程中出现的矛盾。要实现这一目标,其过程管理的核心举措是建立权威的协调机构,这一机构必须具有规划决策权和投资决策权,否则区域规划中的价值指向根本无法实现。然而,从现阶段判断长三角区域根本不具备条件建立这样的机构。同样道理,我国海域管理也会遇到区域互动问题。

从长三角区域空间开发的总体规划分析,其目标十分明确,即优化海上贸易集疏运体系和优化产业区位布局。但其过程管理仍是悬念,因为从优化海上贸易集疏运体系的视角判断,面临的最大难题是通过什么手段去构筑以上海为中心,宁波(舟山)和苏州为两翼的集中箱干线港,以连云港、南通、南京、镇江和温州为支线港的规模化集装箱码头?这一难题就是与规划目标相对应的过程管理,它正是规划最终要付诸实施的生命线,离开了它,长三角地区 12 个大小港口仍将处于无序的竞争之中,根本无力构成分工合理、互为补充的集疏运体系。又据长三角地区产业基础和资源禀赋的特征考量,其整体产业发展方向是服务业个性化、制造业高级化、临港经济产业化和海洋资源利用经济化。如果海洋开发作为目标定位的话,被赋予“海洋开发实验区”功能地位的浙江省舟山市,其面临的过程管理中首要难题是海洋管理,其中包括海洋组织管理、海洋立法管理、海洋规划管理和海洋投资管理等。海洋管理不能到位,海洋资源开发则免谈,海洋资源的利用更只是纸上谈兵。因此,从吸取我国陆域开发教训的角度考量,海洋开发规划的重点更要放在过程管理的设定上。

## 第二节　海洋弱国的觉醒

有数据显示,我国从 1840 年的鸦片战争起至 1900 年八国联军进犯北京止的年月里，被洋人从海上入侵达 470 次，入侵兵力达 50 万之众，被迫签订卖国条约 50 多个。这一惨痛的历史唤醒国人：作为海洋弱国的地位，其海岸线越长，被海盗入侵的机会就越多。因此，海洋资源大国而同时又是海洋经济弱国的中国，必将成为全球海盗觊觎的目标。这里指的“海盗”，已经不是一般意义上袭击商船的原始盗贼，而是指蚕食我国领海上的“海盗国”。在弱肉强食的时代如此，在相对和平的环境里也未必不是如此。解放之后，我国领土主权基本独立，但领海主权未必如愿。到目前为止，我国拥有主权的 300 万平方公里的海域中，管辖的范围仅有 200 万平方公里，另有 100 万平方公里无力管辖。以南海海域为例，在 46 个主权岛屿中，我国大陆只控制 6 个，台湾控制 1 个(岛最大，叫太平岛)，外国控制其中 39 个岛屿。在我国拥有的海域中，尚有 50%的海域的主权尚有争议。争议的依据是国际海洋法公约，其弹性之大可使各国主权岛屿延伸到毗邻 1 500 平方公里海域，还允许附带 43 万平方公里的专属经济区。日本近年来之所以敢于单方面划分 200 海里专属经济区，其行为不是毫无法律出典。在国际海洋法的影响下，据日本媒体报道，日本政府计划将 25 个“离岛”“国有财产化”，以作为划定大陆架面积和确保海底资源的“据点”。这些岛屿中包括与我国存在主权争议的钓鱼岛。由于海洋管理力量十分薄弱，以至于我国海洋产出率只及 GDP 总量的 4%左右，而发达国家的这个比重已高达 15%—30%不等。

海洋管理落后必然导致海域治理水平低下。由于污染源头控制不力，海水富营养比上世纪 60 年代增长 7 倍以上，长江每年向东海排污已超过 300 万吨。这里，还没有包括船舶污染及其溢油事故等。加之长江因工程所需的蓄水、交替性进入枯水期，以及海平面的上升等因素的综合影响，咸水入侵频仍，导致华北、长三角等平原的耕地走向碱性化。由于章法淡漠，非理性的过度捕捞和生态严重恶化，导致天然养殖场遭破坏，鱼类资源锐减。以上海崇明岛的河蟹为例，1981 年时每年产量高达2万吨，现如今每年只产200吨左右，锐减100倍。此外，海洋灾害也日趋严重，除每年夏季风暴潮三聚头时沿海城乡遭袭击之外，近来海上赤潮显现多发之势。

蕴藏在海洋管理弱化的背后，则是海洋资源的巨大潜力。首先，据已探明的储量分析，我国海洋的石油资源达150亿—200亿吨，约占全国储量的22%左右；天然气达6.2万亿立方米，约占全国储量的24%左右。如能从海洋提取氢($H_2$)的同位素，用于核聚变反应，则我国的能源前景将相当可观。由此可见，海洋能源开发的潜力，对于我国煤炭一枝独秀(一次能源消费中占70%)，水电核电比重不大，石油天然气短缺的能源格局而言，将是一大福音。其次，我国对外贸易的不断发展，已将海上贸易推向历史的新高，其占GDP的比重高达50%左右。因此，作为世界重要通道的海洋，其地位必将与日俱增；最后，海上探秘的价值不可小视。除已知的海洋历史文化之外，鲜为人知的北纬30度线之谜已成全球学者乐此不疲的研究对象，其中不乏海上之谜。诸如百慕大三角、玛雅文明遗址、埃及大金字塔和狮身人面像、巴比伦"空中花园"，中国的钱江潮、江西的庐山、四川峨嵋山等均位于北纬30度。此外，中国的长江、埃及的尼罗河，美国的密西西比河，伊拉克的幼发拉底河均于北纬30度附近流归大海。在探秘北纬30度之谜的同时，海底文明(诸如海底建筑、海底声光和海洋怪兽)也不断被发现。海洋的资源、海洋的文明和海底之谜交织一起，令世人遐想和向往。于是有人断言，生命起源于海洋，到21世纪中后期地球人口达80亿时，人类必将重回海洋。这种"回"决不是简单的远涉重洋，而是向海洋索取人类之所需。

1992年联合国环境与发展大会通过的《21世纪议程》，是全球海洋开发的重要里程碑。在此之后，世人对海洋价值的共识提到了一个崭新的高度，海洋不仅是人类生命的支持系统的重组成部分，而且是可持续发展的宝贵财富。在《21世纪议程》的感召和要素资源约束的双重作用之下，我国海洋资源将在21世纪内进入全面开发。据相关专家判断，我国21世纪的海洋开发分两步走：第一阶段的时间段设定在2020年之前，作为海洋开发的准备阶段，也称初步实施阶段，其主要计划内容是以我国东部沿海省市为主体，集中于海洋资源开发和制度创新，其中包括产权制度、投资机制、海洋法律、科研机制和管理体制等的创新。第二阶段的时间段从2020年起至2050年，作为海洋开发的全面实施阶段，主要任务是对海洋资源和海洋能源集中进行规模性的开发，旨在建成海洋强国。具体指标是：海洋经济产值将占GDP总量的1/4，承载起全国1/4人口的养育能力，并力争到本世纪末海洋经济产值的占比达到1/3。

## 第三节　下海涉洋前的“热身”准备

我国海洋开发第一阶段的使命是制度创新，而成功进行海洋开发的实践证明，这些制度主要涉及管理制度、法律制度、产权制度、投融资制度及税收制度等。这些制度实施的重要保障条件，又离不开理念转变和人才培养。作为海洋开发必须具备的条件，其完善程度将直接决定我国海洋开发的效能。

首先是海洋开发的制度建设。这里着重阐述的是海洋管理的组织制度建设，因为这是海洋开发最基本的先决条件。大凡成功实施海洋开发的国家，都会有一个权威性的机构对海上一切人财物实施统一管理，或是有一个具有协调能力的机构对全国海上活动进行卓有成效的协调管理。换言之，海上活动必须有统一的号令，这种号令或是来于“统一”的机构，或是来自“协调”的机构。而我国由于条块分割壁垒森严，组织关系上“分开容易合拢难”，往往是政出多门，无所适从。因此，我国海洋开发最大的制度障碍莫过于“不统一”或“难协调”。我国于1950年起便成立了国家海洋局，但并没有能力对海洋开发实施统一的管理，尤其是疏于海洋资源开发、保护的管理，原因是这些管理权限至今仍然分散于国土资源部、交通部、国家发改委、环保总局、总参和各级地方政府的手中，以至于国家海洋局成为名义上的管理机构，或是一个归口统计的单位。从海洋开发的实际需要出发，其制度设计的方案有二：一是将分散于国家相关职能部门和地方政府手中有涉海洋资源开发和保护的职权集中归口于国家海洋局，由国家海洋局直接对中央政府负责；二是成立国务院海洋开发领导小组（或办公室），负责协调各相关职能部门有关海洋开发和保护方面的业务，并负有海洋事务最高的决策权限。

其次是海洋开发的规划体系建设。即便有了海洋开发的统一管理或协调的机构，改变了多头管理的状况，但还是改变不了规划分散化、利益偏好部门化的倾向。由于我国海洋开发起步晚，海洋资源的零星局部开发处于缺失宏观性和综合性规划的约束之下进行。这种缺失状态的替代品是行业规划、地方规划和专项规划为主，其规划的价值指向是重本位，轻国家；重局部，轻全局；重项目，轻产业，进而呈现出部门化、地方化和项目化的规划倾向。再加上海上作业的分散性，进一步弱化了主管部门对海洋规划的规范性和有效性监督。因此，建立完善的海洋规划体系之要有三：① 突出规划的宏观性、全局性和综合性；② 体现有利于维护和确保海洋资源开发权益的国家性和整体性；③ 建立规划执行的有效监督机制。

再次是探索海洋产业升级的路径。综观我国海洋产业升级的现状，其主要遇到的障碍有四：① 高新技术投入严重不足；② 投融资渠道单一；③ 技术引进消化不力；④ 人才培养滞后。从而导致我国海洋资源的利用，多数仍以捕捞、制盐等资源型产业为主。为此，我国海洋产业升级的路径，必须严格遵循制度创新带动技术创新，技术消化能力决定技术引进规模，融资方式决定投资力度，人才规划带动产业规划,而不是相反。

最后是树立现代海洋观念。一个国家的海洋观念决定其海洋开发实践。《联合国海洋公约法》将全世界海洋中 1.09 亿平方公里的近海被沿海国家划分为管辖海域,将 2.5 亿平方公里海域划成为公海和国际海底区域之后,铸成了世人海洋国家战略意识、海洋国土意识和海洋富国意识。我国自郑和下西洋之后的 5 个多世纪中,长期奉行闭关锁国之策,重陆轻海,视外贸为“弊政”。因此,现代海洋理念的确立对于中国人而言,可谓任重道远。这些理念主要是:

其一,海洋价值观。海洋事业的发展水平,基本上与一个国家的海洋价值观相对称。我国面临的价值观转变,是要从传统的海洋“本体”观念(即渔盐之利和舟楫之便),转向海洋的三大价值观之上。它们分别是: ① 世界重要通道。我国外贸总量已占 GDP 的 50%,我国经马六甲海峡通过的石油占进口石油总量的 70%,全球在马六甲海峡通过的船只中 60%是中国船。② 生命支持系统的重要组成部分。全球水资源总量共 138.6 亿亿立方米,其中淡水仅有 3.5 亿亿立方米,而淡水中能利用的只占 0.34%(99.66%是冰川和常年积雪等,无法利用)。因此,海水淡化是未来没有选择的选择。③ 持续发展的宝贵财富。我国土地比例结构是: 山地占 33%,高原占 26%,盆地占 19%,丘陵占 10%,平原仅占 10%,海洋资源利用已是势在必然。

其二,海洋政治观。海洋政治是国际政治与国际关系的重要组织部分,是指主权国家之间的海洋权益之争。我国奉行的“近海防御,搁置主权,共同开发,坚持和平协商”的原则,体现了和平性、开放性、兼容性和灵活性。

其三,海洋权益观。海洋权益涉及一个国家对海洋的利用和控制。随着《联合国海洋法公约》的实施,国际纠纷频仍。以我国海域为例,黄海面临与朝、韩海上划界问题;东海又面临与日本海上划界问题(更有钓鱼岛的归属、资源开发和海上安全冲突等问题);南海形势更为复杂,除在专属经济区内与美国存在海洋自由利用(包括海域及其上空)的分歧和对立之外,我国与东盟多个国家之间存在岛屿归属和海域划界争议,其解决纠纷的难度更大。至于公海面临的问题更是具有综合、交错的特点,这里既有外大陆架的设定对原为公海的测量和航行等权益的影响,又有海上通道(包括海盗行为)的安全问题,还有海域天灾人祸引致环境污染问题等。所有这些纷争的背后,印证了古罗马西塞罗的名言:“谁能控制海洋,谁就能控制世界!”

其四,海洋国土观。现代意义的国土概念是立体的,它涵盖了领空、领土、领海。《联合国海洋法公约》将海洋国土范围扩大至“特定法律制度限制”的其他管辖海域,从而使主权岛屿扩展至毗邻区、大陆架和专属经济区域。由此而突破的“近海防御”、“近海开发”的视野,更新了国人的传统思维,这必将成为海洋开发实施准备阶段举国上下的海洋“科普”和海洋“法普”教育的重要内容。

# 第七章
# 终于找到了上海的发展坐标

一个国家的历史机遇可遇而不可求，重大历史机遇则更是难遇难得，世博会便是其例。国人期盼已久的上海世博会，终于2010年10月31日圆满划上句号。上海世博会约有242个国家和国际组织参展，仅展馆就包括42个外国及国际组织自建馆、42个外国及国际组织租赁馆、11个联合馆、18个企业馆等100多个展馆，这还不包括中国馆里的各省市馆、主题馆等公共展馆。此外，世博会期间，园区每天还将有近百场演出活动。

## 第一节　世博"看点"中蕴藏着商机

据上海媒体提示的12类观赏指南，上海世博会分别有：

① 外观形态欣赏。其中有红色斗冠造型的中国馆，在九宫格的平台上可以饱览黄浦江景色，有飞碟造型的文化中心，有音乐盒式的新加坡馆，有紫蚕岛之称的日本馆，有韩文外墙的韩国馆，有月亮船造型的、造价十数亿元的沙特馆，有沙丘造型的阿联酋馆，有悬浮城市之誉的德国馆，有外墙会变色的澳大利亚馆，有冰壶外形的芬兰馆，有快乐

街之称的荷兰馆，有蒲公英形态的英国馆，有竹篮子造型的西班牙馆，有北欧森林之称的挪威馆，有“会动的森林”之誉的匈牙利馆，有呈剪纸之状的波兰馆，有塔楼造型的卢森堡馆，有塑料盘之概的拉脱维亚馆，有青苹果之称的罗马尼亚馆，如刀锋之城的意大利馆，凡尔赛花园气质的法国馆，有书架式的斯洛文尼亚馆，有中国瓷之誉的奥地利馆，如风筝森林的墨西哥馆，鸟巢般的巴西馆，充满非洲风光的非洲联合国，圆柱体形的民营企业联合馆，形似麦垛的万科馆等。

② 夜景观赏。诸如台湾馆的“山水心灯”，土耳其馆的“古老村落”，瑞士馆的“随风发光”，俄罗斯馆的“小人国”，摩洛哥馆 的“地中海”，挪威馆的“北极光”，塞尔维亚馆的 LED 外墙，上海企业联合国的“魔方”，中国石油馆的“油立方”，中国电网馆的“魔盒”，中国信息通信馆的“流光溢彩”，韩国企业联合馆的“水波盘旋”，罗阿案例馆的“光明之城”等。

③ 都市观赏。这里的看点有，城市人馆的“六个家庭”，城市生命馆的“五个广场”，朝鲜馆的“人民乐园”，韩国馆的“微缩首尔”，公共交通国际联合馆的“公交生活”，国际信息发展网馆的“名牌动态”，美国馆的“美国肖像”，爱尔兰馆的“都柏林大街”，欧登塞案例馆的“骑车生活”，摩洛哥馆的“F1 大赛”，希腊馆的“城市广场”，智利馆的“深井”，鹿特丹馆的“水上生活”等。

④ 人文历史鉴赏。这里的看点有，城市足迹馆的“城市起源”，西安案例馆的“长安”，印度馆的“5 000 年文明史”，乌兹别克斯坦馆的“布哈拉古城”，巴基斯坦馆的“拉哈尔古堡”，尼泊尔馆加德满都的“文明辉煌”，阿曼馆的“辛巴达航海记”，土耳其馆的“8 500 年历史”，危地马拉馆的“玛雅金字塔”，秘鲁馆的“印加古城”，古巴馆的“雪茄文化”，马尔他馆的“8 000 年历史”，利比亚馆的“古罗马建筑”，塞浦路斯馆的“彩色花叶玻璃地板”，贝宁馆的“象牙雕”，埃塞俄比亚馆的“哈勒尔古城”，震旦馆的“玉文化”。

⑤ 自然风光欣赏。这里有，中国海南馆的“天涯海角”，马尔代夫馆的“印度洋海岛”，太平洋联合馆的“太平洋海岛”，马拉维馆的“马拉维湖”，坦桑尼亚馆的“乞力马扎罗山”，哥伦比牙馆的“加勒比海”，加勒比共同体联合馆的“加勒比风光”，加拿大馆的“会变的瀑布”，冰岛馆的“凉夏”，奥地利馆的“阿尔卑斯山”，瑞士馆的“阿尔卑斯山”。

⑥ 科技借鉴。这里的展点有，城市未来馆的“未来生活”，城市地球馆的“空中看地球”，台湾馆的“投影外墙”，广东馆的“会变的树”，日本馆的“万能相机”，以色列馆的“胶囊体检”，德国馆的“能量球”，意大利馆的“透明水泥”，塞尔维亚馆的“时间机器”，匈牙利馆的“不倒翁”，中国民营企业馆的“机器高潮秀”，上海企业联合馆的“新家电”，日本产业馆的“最舒适厕所”，思科馆的“2020 年生活”，万科馆的“2049 年生活”，可口可乐馆的“凝冰机”等。

⑦ 低碳生活扫描。这里的低碳景点有，日本馆的“会呼吸的生命体”，沙特馆的“无门无窗有阳光”，新加坡馆的“开缝降温”，瑞士馆的“大豆纤维幕墙”，美国馆的“屋顶城市农场”，智利馆的“U 型玻璃”，中国电网馆的“向日葵”，上汽通用汽车馆的“空气发电汽车”，上海企业联合馆的“隐形布置”，日本产业馆的“低管道”，韩国企业联合馆的“环保袋外墙”，万科馆的“麦秸盖楼”，伦敦案例馆的“零碳屋”，上海案例馆的“零能耗住宅”，汉堡案例馆的“被动屋”，阿尔隆斯案例馆的“太阳能酿啤酒”，马尔默案例馆的“零排放社区”等。

⑧ 奇珍异宝赏析。展出的精品有，中国国家馆的“清明上河图”，城市足迹馆的“300 多件中外文物展品”，约旦馆的“卡兹尼宝库”，阿富汗馆的“拉希米宝藏”，苏丹馆的“古画”，土耳其馆的“第一份两国协议”，法国馆的 7 件“国宝”，比利时一欧盟馆的“钻石”，埃及馆的“法老文物”，墨西哥馆的“玛雅文物”，丹麦馆的“小美人鱼”，卢森堡馆的“金色少女像”，捷克馆的“幸运浮雕”，震旦馆的“玉山子”，中国民营企业

馆的“水晶墙”等。

⑨ 电影观赏。其中颇有创意的是，中国国家馆的“真人电影”，吉林馆的“长白山电影”，澳门馆的“时光隧道”，台湾馆的“360 度心灵剧场”，沙特馆的“最大 IMAX 电影”，阿联酋馆的“超大屏幕”，新西兰馆的“指环王特技电影”，世界气象馆的“风雨雷电电影”，摩纳哥馆的“影像合成电影”，立陶宛馆的“360 度花蕾剧场”，美国馆的“四维电影”，上汽通用汽车馆的“动感电影”，中国电网馆的“沉浸式剧场”，中国航空馆的“乘飞船看电影”，中国石油馆的“4D 影院”，台北案例馆的“俯瞰台北”，巴塞尔、日内瓦、苏黎世共同城市案例馆的“360 度水幕”等。

⑩ 美食品赏。世界各地美食有，巴基斯坦馆的“烤肉”，泰国馆的“草药料理”，印度馆的“集市”，非洲联合馆的“非洲美食”，哥斯达黎加馆的“咖啡”，古巴馆的“哈瓦那鸡尾酒”，法国馆的“米其林大餐”，西班牙馆的“火腿”，挪威馆的“三文鱼”，阿根廷馆的“烤肉”，日本产业馆的“日本料理”等。

⑪ 互动体验。游客可以进入互动体验的有，台湾馆的“点天灯”，苏丹馆的“染花纹”，芬兰馆的“圣诞老人邮局”，卢森堡馆的“换上海欧元”，乌克兰馆的“学做彩蛋”，瑞士馆的“乘缆车”，法国馆的“法兰西婚礼”，波兰馆的“年轻派对”，南非馆的“看 3D 世界杯”，上汽通用汽车馆的“给 20 年后写封信”，中国航空馆的“驾飞机”，中国信息通信馆的“手机充电”，韩国企业联合馆的“天天下雪”，可口可乐馆的“快乐工坊”等。

⑫ 演出欣赏。世博会期间每天的演出活动中，有《欢乐盛装大巡游》(5 月 1 日—10 月 31 日)，世博第一秀《城市之窗》(5 月 1 日—10 月 31 日)，《CHA》(5 月 1 日—6 月 30 日)，《育乐湾》(7—15 岁儿童为主要对象)，《首尔 SACHOOM 舞蹈表现》(5 月 1 日—6 月 30 日)，《南非世界杯舞蹈表现》(5 月 1 日—7 月 31 日)，《安哥拉秀》(5 月1 日—

8 月 31 日),《露露讲故事》(5 月 1 日—10 月 31 日),《奥地利馆音乐会》等。

从看点中,参观者可以捕捉到世界科技进步的机遇,产业升级的机遇,低碳经济建设的机遇,城市公共服务和管理的机遇,历史文脉传承的机遇,提升旅游存量资源商品转化率的机遇,以及城市生产、生活领域合理配置生态空间的机遇等。这些机遇,对于举办城市上海而言,正是自己未来发展的坐标定位。

世博会颇受世人青睐的发展机遇和背景,除激发历史文化资源商品转化率提升之外,还在于进入经济全球化时代之后,经济力量强弱的对比将被分解为三大层面:国家与国家之间综合竞争力的对比,主要取决于综合要素生产率水平;城市群与城市群之间经济实力的对比,主要取决于城市间互动效率高低;企业与企业之间发展潜力的对比,主要取决于企业供应链优势强弱。而所有这些对比的平台,均系建立在国际产品、技术共同展示和深度交流的基础之上。上海世博会,正是这种基础性的平台。据此角度分析,我国地方政府应从正确把握上海 2010 年世博会与区域互动的关系中,争取辐射效应和强化互动效应。

## 第二节　世博特征决定发展机遇

据历届成功世博会的经验分析,其效应具有三大特性:一是功能性。申博成功靠的是 5 分钟片长的宣传片,其展示的是申办国及其承办城市的形态推荐。投票者的主要判断依据是投票对象的形态描述,其特点是短时间的、平面的和外在的印象。而办博成功的要素是为期长达半年的城市功能展示,其中包括城市管理水平、社会道德水准、相关机构运作效率、服务设施配套程度及其法律保障环境优劣等。因此，功能展示的特点是长时间的、立体的、内在的印象。从此意义上分析，世博效应的最终体现在于功能而非在于形态。

二是波浪性。世博效应实际上是一种波浪效应的展示。从时间维度上判断，世博投资是一种对于未来的投资，其效应是长期性的。以日本几届世博会为例，其效应的延续往往长达10年甚至更长的时间。其中，1990年的日本大阪世博会结束后，经过10年发展终于形成著名的“关西经济带”。1992年的塞维利亚世博会的乘数效应是彻底扭转了西班牙南弱北强的经济格局。从空间维度上判断，世博投资是一种对相关行业的投资，其效应是扩散的，几乎可以波及10多个行业。从世博会的前向关联性收入，即直接效应判断，它涉及票房收入、广告收入、中介咨询收入、金融服务收入、旅馆餐饮收入、文艺演出收入、商检海关收入、交通通信收入和医疗服务收入等。从世博会后向关联性收入，也称为乘数效应分析，它包括了投资贸易收入、旅游收入、城际通信和交通收入、举办城市世博场馆后续利用收入等。但由于我国各级政府长期以来为“短期行为”和“本位主义”思维所困，往往习惯于从半年会期的期限和会展业一个行业（至多是生活性服务业）的狭隘空间去评估世博会的投资效益，从而疏于对其波浪效应的关注。

三是互动性。单一城市孤立地产生的效益已不敌城市在互动过程中产生的效益，这已成共识。经济全球化的成功之处，就在于它充分利用了各地资源禀赋条件的差异性，促使企业资源在生产流程分解之后走向虚拟整合，进而降低了整体交易成本。世博会作为全球性经济交流的大平台，很有可能在举办地上海逐步形成新的国际采购中心，则必然会以企业资源异地整合为其最终成果之一。从这个意义上理解，城市单枪匹马、孤军作战办博的时代已经走向历史的尽头。周边城市可以利用“同城效应”优势，借助国际商务区政策资源，努力培育区域性供应商的集聚区。

## 第三节　效应的外溢性决定效益的共享性

世博会的正面效应具有外溢性，其原因有二：① 由世博会申办主体的层次性所决定。世博会申办主体是国家，城市只是承办主体，后者必须服从前者的意志，并体现和服务于前者。据此，其效应的共享应当是全国性的。② 由市场化运作机制所决定。我国市场化进程已达临界状态(69%)，区域之间互动的物理性边界已大为淡化。在这种情况下，世博正面效应的外溢性程度将明显提高。世博会的正面效应主要可以归结为四大方面：

其一，产品展示效应。利用世博会这个国际展示平台，各地有机会向世界展示自己的优势产品、技术和文化。但这种展示必须有利于体现城市、区域和国家整体优势，严格防止各地产品、技术和文化展示过程中的无序竞争行为。其保障手段是区域互动和协调，这对于产业同构度、文化资源相似性相对较高的长三角地区来说尤为必要。周边地区可以从世博会国际先进企业和参展国展示的新技术、新工艺、新材料、新能源和新理念的比对中，寻找到自身资本结构差异和技术结构差异。

其二，投资贸易效应。产品展示的衍生效应必然是投资和贸易机会，这对于产品技术结构同构度相对较大的长三角地区来说，又存在一个地区整体效益与城市局部利益关系的协调问题。当直面外商谈判时，我们既要注意维护辖区企业利益，积极争取进入国际市场机会，但又要切忌自相杀伐，以免让外人“渔翁得利”。周边地区参与竞争的重点应当从单纯的市场份额竞争，走向净化商业环境、培育有效市场之争，要以交易机会、交易成本和交易行为的优势去吸引新一轮高端产业链的外资。

其三，产业组织效应。投资贸易机会派生的长期合作效应，将有可能在国内外企业之间分解和重组生产流程，构建起跨越城市、地区，甚至是国界的供应链关系，既能降低产业发展的整体商务成本，又能提高产业分工的专业化系数，还能增强区域经济互动的强度。获取这个效应的立足点，应当放在纠正和克服我国沿海城市长期以来形成的企业之间关联度“外高内低”的扭曲性局面。

其四，旅游消费效应。上述三大效应的延伸均会引发旅游消费，它与长达半年期限的会展互为因果。会展参观者与旅游者身份兼顾，已是历届世博会的常态，而世博会之所以能维持长达半年之久，与周边地区短期旅游的交替进行不无关系。根据预测和历史经验，7 000 万世博人流(人流量的决定因素甚多，诸如本市、本国参观者比重、宣传促销广告力度、世博场馆产品的吸引力及举办城市所在国家的人口规模等)中将有 30%—35%转化为旅游者。而又据 1999 年上海统计，每 1 元钱旅游消费收入会带动 6 元总消费。因此，各地区旅游局应当借构建长三角地区旅游大格局之机，实现旅游资源整合开发，旅游产品统一推荐，旅游消费者权益共同维护，旅游配套服务共同提供。

## 第四节　效应的关联性决定风险的共担性

世博会的负面效应具有关联性，因而往往不是单靠承办地一个城市所能消化。这些负面效应主要有：其一，商务成本的上扬。商务成本对于城市而言，是指各种商业机构与组织，在企业运行必须负担的该地区所能提供的外部要素与环境的租用成本，其显性部分主要是指生产要素的成本，其隐性部分主要是指制度性成本。商务成本的高低是相对于效率而言的，换言之，商务成本变动之后，地区将会留住那些要素资源配置效率高的经济主体，而将淘汰那些配置效率低的经济主体。商务成本上扬的应对之策曾经有过两种方略：一种是提高要素资源配置效率，以产生某种意义上的降低商务成本之作用；另一种是诸如上海市曾经误导过的“173 计划”，试图背离客观规律去强行改变经济快速发展中的要素资源趋利性原则。显然，这后一种对策无法持久，而前一种对策才是沿海城市功能定位的价值指向。世博会的筹备，必然要在短时间内进行大规模的投资建设，进而对当地土地、资金、原材料等生产要素产生大量的需求，又由于动迁规模决定了对房地产的被动式需求激增，从而导致要素价格和商品价格的上扬。这种上扬，还会波及毗邻地区。

为应对这种情势，上海市政府采取了两大对策：

首先是努力降低隐性商务成本。通过强化制度安排，提高管理和服务水平，提升城市运作效率，实现要素配置成本的下降，以适应发达国家参展国对举办地区“法律与行政管理”、“具体运作过程设计”和“组织系统效率”三大问题的关注。其中由世博志愿者队伍组成的服务队，不失为明智之举。这种发端于北京奥运会的为超大型国际交流活动服务的志愿者形式，它既有助于凝聚民族公众力量为国争荣，又有助于激发基于代沟影响的“啃老族”青年献身公益事业的精神，更有助于缓解世博服务资源相对的短缺。因此，这一非政府组织形式的新生事物初露了我国市民社会之端倪。更为难能可贵的是，志愿者队伍是一支融合海内外和市内外的“联合国”队伍，人数多达十数万之众，其中为世博园区服务的志愿者达 7.7 万人，为城市站点服务的志愿者达 10 万人。志愿者之中不乏来自高等院校的大学生，他们年轻奋发、懂外语、有专业，并具有一定的社会组织能力，以有幸为世博奉献力量为荣。我从报载的部分高校首批世博园区志愿者卸任前发出的 101 封家书中，感悟到在志愿者身上散发出的历史责任感、社会使命感和个人荣誉感的气息。对此，我为自己的女儿朱哲青，以及其同校的 99 位志愿者能跻身服务世博大潮而感到由衷的骄傲。因为，他们奉献的是节假日休息,但得到的却是中华民族历史上一次前无古人的世界盛会之光辉印记,真可谓“无私即大私”。无怪乎,国际展览局秘书长洛塞泰斯一语中的:“上海世博会的成功,取决于上海市民的参与”。

其次是加快向周边地区转移那些要素资源配置效率相对较低的中低档产业。除努力降低隐性商务成本之外,上海正在通过长三角地区24个城市以及更为边缘地区城市的协调互动,逐步采取重建产业链关系等多种途径,向外转移上海地区的生产环节型企业,实现供应链整体商务成本的下降,以缓解商务成本上扬对上海的压力,而长三角地区是其互动的首选之地。

其二,消费品价格指数的上扬。世博会产生的负面效应之二,是推动消费价格指数据的变动。多数学者认为,大型博览会的经济影响主要是由消费支出推动产生的,它包括了博览会的参观者、当地居民的引致消费和当地政府的消费支出。7 000 多万人流在短期内的消费,形成阶段性的供求失衡状态而导致价格上扬。另一方面,世博会的轰动效应和市场预期也会驱动产品价格的短期膨胀。我在上海毗邻的嘉兴市场发现,其果蔬价格由于上海市场保障性集团采购的挤压,而涨幅惊人。据研究资料证明,举办城市通货膨胀或者物品和服务价格的过度上涨,是世博会最重要的负面经济影响因素之一。上海市政府面临的对策主要有:首先是优化商品和服务结构,适时推出高档商品和个性化服务,借势推进现代服务业的发展;其次是通过与长三角地区周边城市互动,在进一步淡化物理性边界的基础上,实现商品进沪,服务外包。其中,世博会客源高峰时,上海向长三角江浙地区 1 000 家星级旅馆,外包10万旅客的接待任务。这也是周边城市推进商业商贸和物流业发展的一次机会。

其三,社会运行成本上扬。世博会具有巨大的“配置效应”,(Distibution Effects)其主要体现在社会运行成本之上:① 导致动迁成本上扬。为使世博会效益获得上海市民广泛的分享,动迁安置补偿是否到位是重要指标之一。为此,上海市政府下足了工夫,提高了补偿的标准,但增加了动迁成本。② 导致交通运行成本上扬。上海城市交通在短期内的拥堵将在所难免,交通事故上升,治安矛盾凸显也在意料之中。为支付交通运行成本,上海市政府的对策在拓展下述空间:首先是管理效率空间。交通效率七分源自路状,三分来自管理,这已为 2006 年上海整治交通拥堵管理的成功举措所证明。世博会期间车辆实行峰谷调度或错位运行,是其必然选择。其次是地下交通空间。根据世博会举办之前的地下交通建设规划判断,此间会有大量的地面人流可以转入地下,这是最有价值的后续利用性投资。上海地铁二号线延伸,实现了虹桥、浦东两大机场的连接,便是其必然结果。至世博会举办前夕,上海已拥有 11 条轨交线,总长度达 420 公里,日均客流量 478 万人次(最高峰值达 568 万人次),中心城区实现居民出门 500 公尺内有轨交,50%市民出行已首选轨交。再次是公交优先空间。政府会采取有效举措限制非营业性车辆的运行,降低在沪车辆密度,提高公交车辆的运行效率。最后是外来车辆管理空间。上海作为区域经济的核心城市,外省市车辆日多,这是城市功能集聚的重要标志,但由于缺失规范、科学的管理,加重了市区交通运输甚至是外来输入性的恶性治安的压力。上海通过城际联席会议制度,建立起上海世博会期间外来车辆运行管理和治安联防共治的制度,基本方向是将公交优先、严格安检和通行证管理的原则,扩大运用到城际交通体系之中,既畅通为世博会配套服务的城际交通,又能减轻上海主城区交通运输和安全的压力,还有助于构筑长三角地区交通长效运营管理的大平台。

世博特征决定其正负效应具有强烈的辐射性和传导性,这正是上海周边城市,尤其是具有"同城效应"的城市把握机遇、乘势发展的"近水楼台"。如前所述,国际上任何一次世博会均有其公开主题(为申博而选用)和内部主题(为承办城市发展所用)。内部主题旨在解决举办城市发展进程中的战略矛盾和问题。与之相对应,争取世博效应的周边城市也应设定其未来发展所需的主题，以达到主动、积极地争取世博辐射效应之目的。例如，作为具有同城效应的嘉兴市，应结合自身设定的功能目标，诸如建设国际商务区、形成 1640 网络型城市体系、推动产业转型升级和建成宜居城市的定位，努力实现经济社会发展的“五大对称”：一是要素资源配置重心与发展模式转变相对称；二是产业结构升级与产业组织创新相对称；三是市场有效性培育与国际商务区功能定位相对称；四是江南文化名城与旅游资源商品转化率相对称；五是江南水乡原生态保护与宜居城市环境相对称。

# 第八章 学术民主化是创新型社会的灵魂

学术民主化与政治民主化、经济民主化是一种共荣并存的关系。一个成功的国度是经济位于国际分工链中高端位置的国家，而这种分工取决于这个国家的创新能力，包括制度创新和技术创新；而技术创新成功的国家，往往是学术民主气氛浓厚的国家，而它又往往与决策民主化相联系。当前，我国学术民主化的主要障碍是学术研究走向行政化。一个国家的科学技术活动过程离不开政府的财政支持、减免税、技术转移、采购支持、标准制定、折旧计划、教育资助、技术评价等政策的推动。而这些政策力度的倾斜，又受政府执政偏好及其短期政绩所驱动，因而难免在价值取向、发展重心和技术标准上与科研教育机构之间出现差距。因此，捕捉机遇、投政府所好、争取政策支持成为学术研究机构无法回避的选择。

## 第一节 国力比较的参照坐标要坐正

与发达国家比对实力旨在寻找差距，激励国人奋起直追，这已成为国人的时尚。但比对时决不能忽略制度安排的坐标，因为国家与国家之间技术创新和产业发展的差异,往往是制度创新差异的结果。学术研究行政化是国家扩张的另一种形式,其本质仍然可以归之于国家制度取代社会制度的一种行为。这本身就是一种制度安排。与之相对应的高校在校学生的"低智化"趋势,则是教育有失公正的结果,其本质是社会强势群体对弱势群体的一种制度性侵权。我国大陆地区诺贝尔奖得主未能实现零之突破,原因固然诸多,但它与政府行政力量有意无意地干预学术研究和高等教育不无关系,这种弊端可归之于政府职能错位。由于无法忘怀的民族伤痛,国人习惯于与日本国比对经济发展,但比对的参照坐标从未走出过误区,这种误区又折射出国人的思维理念和决策意识。正确的比对应是:

一是人均国民收入比对,而非国民收入(GDP)总量比对。根据这一原则,我国怎能与日本人均 GDP42 480 美元(2008 年)的经济水平相提并论呢?尽管 CCTV《经济半小时》于 2009 年 5 月 17 日公布了某位学者关于"中国 GDP 规模就会超过日本"的预测,国人恐怕还是未必兴奋得起来,原因是人们未能从 GDP 总量规模的扩张中感受到国力与国际社会比对的变化。发达国家与我国国民的价值观之间最大的反差有二:第一是重视价格水平,轻视总量水平。因为一国的综合国力取决于产品和劳务的价格水平,即附加值;第二是重视国民的危机意识,而不重视国民的自豪意识。二者的价值偏好对应地印证了一句老话,叫做"虚心使人进步,骄傲使人落后"。当 20 世纪 80 年代日本国产品犹如潮水般进入美国之时,一场美日互争"危机"的较量(而非互争"自豪")开始了。美国立即将 GDP 跃居全球第二的日本称之为"日本第一",并断言 21 世纪是"日本世纪",毫不犹豫地将"皇冠"仍给日本,目的旨在激励本国人民的危机感。但日本决不领美国这份令自己百姓"麻痹"的情,反而迅速拍摄了《日本沉没》的反思性影片作为回应。相比之下,我国举国上下近几年来一直陶醉在"21 世纪是中国世纪"和"金融海啸之后靠中国经济拯救世界"的不切实际的造势之中,且大有越演越烈之势。发达国家与我国对 GDP 偏好的差异，正是折射出技术创新驱动力的差异。这是因为，GDP 的附加值和民族的危机意识正是国家技术创新的源动力。

求大求荣的价值观，不断地误导国人接受国际上“口是心非”者的捧杀。如媒体竟将“山姆大叔”旨在鼓动中国为华尔街两肋插刀的战略性吹捧也全单照收不误。岂不知，这种慷慨吹捧的背后是“只许欧美放火，不许中国点灯”。欧美等发达国家在封锁对我武器出口、拒售铁矿石以及禁止购买我国“联想”电脑的同时，却于 2009 年 6 月 23 日就中国限制稀有金属出口问题向 WTO 提起诉讼，根本原因在于稀有金属系美国军火工业的财源保障，中国减少出口，意味着其财路有可能中断。为此，美国贸易代表柯克以“中国是全球稀有金属出口国”为由，向 WTO 告歪状。其逻辑是，封锁中国是“美国国家安全需要”，而中国减少出口却是危及“美国安全”。国际捧杀的背后，是我国与发达国家之间旷日持久的贸易摩擦史，仅以 2009 年 1—8 月为例，先后有 17 个国家对我发起贸易救济调查 79 起，其中反倾销 50 起，反补贴 9 起、保障措施 13 起，特保 7 起。面对这些摩擦，国人及媒体所表现出那种茫然、愤懑和束手无策之态，折射出理念上的两大误区。误区之一是对 WTO 规则的法定效力估计过高，岂不知这些规则只是“富人俱乐部”的游戏规则；二是国人的思维习惯和理念仍未与“WTO 世界”接轨。以始于 2009 年 4 月 20 日美国钢铁工人联合会提出，奥巴马最终裁定于 2009 年 9 月 11 日的轮胎特保案为例，折射出中国人思维逻辑的反常规性。国人之所以会将最后希望寄于“与中国关系比布什总统友好”的奥巴马总统的否决权，这是因为中国人在长期的社会政治生活氛围中所形成的理念与美国人不同，即一厢情愿地认为，只要“搞定”总统，就等于“摆平”一切。因此，在特保案提出到裁定的长达 4 个月时间里，我国商务部的反应只是停留在“对原产于美国的部分进口汽车产品和肉鸡产品启动了反倾销和反补贴立案审查程序”而已，之所以没有“以牙还牙”(如对美国肉鸡产品立即进行反倾销调查等),源自“一厢情愿”的期望。这种“一厢情愿”使国人不想去面对奥巴马为争取国内医改案的通过,而不惜动用贸易战去换取国内工会支持的现实。

经济的盲目比对,还会延伸到价格政策的盲目比对。例如,我国在能源价格政策上的决策管理之所以会自觉不自觉地与美国进行比对,并以此作为能源定价的依据,其源盖出自盲目崇拜导致的“追星”现象。2009年入夏以来,为油价问题国内专家开展了“舌战”,核心指证是我国油价与美国比高低,而全然忽略了石油是一种利用代价高昂的资源,因此,价格高低并非完全取决于供求机制,还有一个环境容量的因素。美国以占全球4.6%的人口,消耗着全球25%的能源。有人算过,人均原油消耗量美国人是欧洲人的4倍。这种无视《京都议定书》的高耗放排行为,是基于美国长期以来实行的超低油价政策(在全球155个国家的排名中,美国汽油价格排行第111名)的结果。而作为人均石油开采量只有世界平均值的1/10,而碳排放量已居全球第1位的中国,怎能与美国去盲目比油价呢?

二是幸福指数比对。国人的“幸福”概念经历了几个阶段的变迁,即从吃饱穿暖的翻身幸福感,到吃好穿好的小康幸福感,再到出国旅游的现代幸福感。但均局限于小家庭式的生活型幸福感。其实,反映幸福指标的体系是综合型的,包括社会、文化、生态等一系列指数,其主要内涵是贫富差距(基尼系数)、生态环境和历史文化传承等指标的比对。这一指数将幸福的含义从狭义进化到广义,从个体提升到整体,从效率性走向公平性,从短期走向长远。就公平性而论,我国大陆基尼系数已踩上国际警戒线,据世界银行版本称,2006年中国(大陆)4%的人口掌握了70%的财富,已经超越了美国5%的人口掌握60%财富的水平。若论环境指标,只要意识到我国大陆地区迄今为止仍有1/5的城市生活在严重污染的环境之中,便不敢贸然与他人比肩了。至于历史文化传承的指标，更有愧对前人之虑。原因是从20世纪80年代以来的20多年间，我国在旧城改造中对文物性建筑的破坏，胜过“破旧立新”的十年“文革”岁月。从此意义上判断，我国传统的幸福评估指标体系亟待创新，与之相对应的考核指标体系也应如是。

三是国家综合生产率水平比较。我国迄今为止的经济增长动力机制仍以大量消耗有形资源的投入拉动为主，而非创新要素推动，足见综合生产率水平之低下。正因为如此，国际大宗货物期货市场的定价几乎被我国进口商的采购行为所左右。综合生产率水平实际上由一个国家创新力量（包括技术进步、制度安排创新和税收政策创新等）所决定，其中技术创新的地位更为世人所共识。我国是一个人多地少的资源结构国家，按照全球化的游戏规则，只允许除人口之外的经济要素实行流动，导致作为劳动力资源极其丰富的我国处于权利有失公正的地位。发达国家一方面利用其制度安排的和技术创新的优势，打着经济全球化的旗帜，名正言顺地从我国转移他们所需要的资源，主要方式是安排我们生产那些廉价的、低技术含量的、污染型的产品供他们享用，另一方面又通过发签证的途径大量地选择技术和资本移民，从而成功地完成了智力资本和物质资本的跨国转移，进而将我国只经过初级加工的人力资本所有者和未实现原始资本积累的货币资本所有者拒之于美利坚合众国国门之外。这就是国家之间综合生产率水平落差所致。

按作用程序分析，一个国家的政治民主决定经济民主，经济民主决定学术民主，进而决定决策民主化。国力比较偏离符合国际公认的坐标系，彰显了我国国民经济与社会发展评估的指标体系走向了政府政绩化，即偏离了决策民主化，同时它又通过行政干预手段误导了我国学术研究和技术创新的价值指向，即短期目标取代了长远目标，实用研究代替了基础研究、浮躁之风取代了严谨学风。

## 第二节 没有制度创新不会有技术创新

国家制度的不断扩张而得不到有效制衡，必然有碍于学术研究的繁荣和技术进步。仍遵循国人乐与日本国比对的习惯，我们不妨探求一下该国是如何开创诺贝尔奖百年历史之先河的。2008 年全球有幸获得诺贝尔奖殊荣的 9 名科学家中，日本人囊括了 4 名。该国从 1949 年实现诺奖零的突破至今，已先后有 13 位科学家获奖，其中 2000—2002 年的 3 年中竟又有 4 人获奖，而时隔 5 年之后的 2008 年的 1 年中竟有 4 人获奖。这种奇特的“日本现象”给我国的重要启示有二：

一是研发经费是国力厚积薄发之本。日本国自 1990 年以来研发经费占 GDP 的比重一直遥居世界第一位，这才是科教兴国战略精粹之所在，人们在这个国度里处处会感受到“科技领先”。我国是一个容易满足于表面轰轰烈烈的国度，由于世纪之交的美国需求的强力拉动，客观上释放了我国产能过剩的压力，源源不绝的海外订单推迟了我国产业结构失衡性危机的爆发。但危机只是“推迟”而已，并非“克服”。问题在于，这种“推迟”客观上对我国的发展战略起到了极其有害的麻醉作用，政府普遍疏于产业结构优化和疏于科技创新的投入，便是其集中体现。同样的思维逻辑也曾在“老大哥”前苏联身上发生过作用，正是由于滚滚的石油推迟了前苏联经济危机的到来，导致苏联时任决策者未能利用石油庞大的收入去更新本国固定资产、调整工业结构和实现科技进步。当时，苏联的石油比矿泉水还便宜，既为国库导入源源不绝的“石油美元”，又率先在社会主义国家实现了小汽车家庭化。但当时的苏联显然忽视了一个严峻的事实，即它与美国之间的综合国力差距在日益扩大。原因在于前苏联靠资源致富的局面终究难以持久，而美国靠创新领先必然会经久不衰。中国与前苏联的教训是共同的，即重有形资源出卖，轻无形资源配置，其粗放型的经济模式严重弱化了研发经费的投入。

二是学术研究不受非学术干扰是确保独立研究之要。据悉，日本研究工作者没有各种上级部门和本单位行政部门组织安排的总结、评比、考核、排名、表彰、聘评、学习、讨论、会议等行政事务的干扰。与之相反，我国政府对科技活动的操控能力空前提升，而其管理手段依然是传统的“立项—申报—评标—研究—评审—评奖—归档”之过程，每个环节的掌门人全是机关行政人员。日本国正因为取消了这一系列行政行为的环节，科技进步才有了环境保障，终于使日本从1960年人均国民收入395美元的水平，仅花27年的时间，于1987年达到人均17 142美元，超过了美国。而我国自改革开放起已经历了30个年头，但至今与美国的差距仍然令人望“洋”兴叹，其源盖出于我国的研发投入在“资金资源配置平衡表”里没有“领先”，而是“断后”。这种现象与学术行政化决策不无关系。

## 第三节　要正确解读院士制度

我国大陆地区由于诺奖未能实现零的突破，国人用了“三招”来慰藉民族自尊，而没有在基础研究上狠下工夫：一是在海外华裔获奖者身上做文章。其目的是安抚民族因无诺奖而失落的情绪，以肤色自豪取代国家自豪。其做法有，或是聘请诺奖得主兼职讲学，或是邀请探亲访故，再是回归故里养老送终。二是制造无价值或不实信息。媒体热衷于渲染（有的甚至是编造）某位国人与诺奖失之交臂的间不容发场面，以激励江东父老。三是构筑院士神坛。由于诺奖得主的缺失，为有效控制“山中无老虎”后“猴子称霸王”的格局，国人开始了新的学术制度“创新”，将外国的“学会”（诸如英国皇家学会、第三世界科学学会、国际宇航科学学会等),译成“学院”(诸如英国皇家学院、第三世界或发展中国家科学院、国际宇航学院等),同时顺手将其“会员”更名为“院士”。这就是“中国科学院”(后衍生出“中国工程院”)之来历,有了“科学院”,也就不愁没有“院士”岗位了。在学界眼里,院士衔头者无形之中成就为中国特色的诺奖候备人才了。其实,“院士”一职,虽非学术职称,但在学界它无疑成为事实上的最高学术职称了,因而在许多场合院士的发声可起一言九鼎之效,其制度性地位犹如学术神坛。换言之,在学术自由的天地里从此有了执掌乾坤的掌门人,它成为有些地方政府利用行政手段影响学术研究的一只“白手套”。院士制度与政府权力之间的特殊关系正在衍生出诸多新的现象,例如行政意志学术化、学术成果关系化、学界管理官本化等。为向上级争取项目与经费,院士到处兼职已成学界一道新的“风景线”。从 2010 年上半年结束的全国两院院士大会的结果来看,年长的院士兼任了几个职位,甚至七八个学院院长,根本无暇顾及学术研究,还收取高额薪水(丘成桐,2010 年)。俄罗斯和台湾等少数沿用院士制度的国家和地区,也已深感它对科技创新和技术进步之束缚而开始自省。这种制度值得质疑之处还在于其设立的法律依据和资格认定的主体条件。这种由国家设立和国家认定、属于学术领域最高终身荣誉的制度扭曲了三大关系,即:国家制度与社会制度的关系、行政权与立法权的关系、学术与非学术的关系。

## 第四节 行政权力与学术地位不要“联姻”

我国行政权力与学术地位的特殊关系,决定了学术被政治豢养。这种关系可从唯一获得“菲尔兹奖”的华裔数学家丘成桐先生的直言中得到印证。他说:“在中国还有一个奇特的现象是,先当校长再当院士，而不是先当院士再当校长”。据2009年12月公布的新增两院院士名单中，35名中国科学院院士有80%是高校或研究院所的现职官员；48名中国工程院院士有85%是现任官员；60岁以下的中国工程院院士中，除台湾云林科技大学的杨永斌教授之外，其余均拥有带“长”的头衔。无独有偶，我国第五届高等学校教学“名师奖”的100名获奖者名单中，90%为行政职务者占据。2010年岁末公布的国家重点基础研究计划(973计划)的首席科学家中七成以上的头衔带“长”。此外，我国最大的博士群体集中在官场，便是学政一家、学为政用的证明。在这种逻辑程序的支配之下，国内高等院校成为一个官本位的庞大系统。中央政府的职能部门人为地设定了“副部级大学”、“正厅级大学”和“县处级大学”，其中厦门大学的校长甚至官晋部长衔。学校定级举措，使高校成为官场的延伸之地，旨在有利于调配和安置我国行政管理干部队伍，一个规模上万学生的大学，仅副处长以上的干部就可容纳200人左右，科长级以下的党政后勤的管理干部多达千人之众，从而使教师成为其“少数族群”。个别大学正副校长20多人，甚至将无正式学历的政工专职干部也拉入其中。这些“官”执掌着我国高校内部学术评价，成果认定，利益分配，职称评定等事关学术前程的生杀大权。这与日本学者“不受非学术干预”的现状相比，便可知道诺奖为何与中国大陆天文数字般的学者群体无缘了。

学术的世俗观念是学术行政化的另一种版本。为保持学术的尊严、独立和严谨，美国哈佛大学在建校350周年之际，断然拒绝了一位总统校友希望获得母校名誉博士的意愿。与之形成鲜明对照的是，我国上海某重点大学于2004年10月13日竟然给予该校一位四年级学生(世界级著名田径运动员)“硕博”连读的奖励(《文汇报》2004年10月14日)，开启了我国重点大学以学历奖励代替物质奖励之先河。争创第一流大学的重心从功能建设转向形态建设，是办学体制行政化的又一标志。中国国内大学在争创第一流大学的运动中，逐步走向校舍

“星级化”。在名牌大学中三层楼的食堂也会安装两部电梯，为某项教学评估竟可以不惜耗资数千万元。教学经费扭曲性的支出结构，纯系决策行政化的产物。与此相对照的是世界名校牛津大学，这是一所900年历史的世界一流大学。1993年秋我赴该校出席一次由国际先驱论坛报举行的学术年会时，仔细光顾校舍后发现，全部建筑几乎没有翻新过，教室设施陈旧如故。但据报载，该校建校以来的9个世纪里产生过7个国家的11位国王，6位英国国王，47位诺贝尔奖得主，19个国家的53位总统和首相(包括25位英国首相)，12位圣人，86位大主教和18位红衣主教。

有人将未来的第三次世界大战，归之为没有硝烟的人才争夺战。据报道，改革开放30年里我国出去攻读学位和做访问学者的共140万人之众，而归国者只占三成。其根本原因之一是行政权力主导一切的体制正在荒费我国的人才资源。原因之二是人才追求安逸的生存环境，导致我国教育体制在无偿地为世界培育人才，而这些人才又以“外人”的身份在境内服务并赚取高额内币。据美国《侨报》报道，2008年共有8万中国人获得美国绿卡，4万中国人入籍美国，终使中国成为赴美外国移民的主要输出国之一。

此外，近几年来，在我国大学的校际竞赛中从国外导入了并不成熟的排行榜模式，有可能演化成公共关系网的活动渠道。原因是它背离了作为“官方评价补充”的一种市场化评价的“柏林原则”，使之变相成为“亚官方”性质的评估。教育部学位中心的2007—2009年度学科评估便给人以一种是由官方出面评估的误导。为应付这类评估，各校使尽招数，运用多种手段去争取名次，其中诸如为评估机构提供办公场地，或出资资助及其他非阳光的手段。其实，排行榜评选过程所采信的资料是不透明的，且高校之间门类、规模、性质等差异性颇大，根本难以用统一的标准去简单衡量比对，更重要的是评比组织者又无法通过权威的、有效的办法去实行“同行评审”。因此，其排名结果的精确性、客观性和公正性堪忧。这种事实上的有偿“服务”，加重了被排名者的负担，客观上使“出资多少”与“排名先后”之间形成一定的相关性，其评比结果与高校发展的导向起到南辕北辙之效：致使培养的学生日益走向标准化而缺失个性化；科研工作演化成“导师层层发包制”，导致研究成果不是似曾相识，就是模棱两可，既没有实际价值，又能经久而“不衰”。因此，当这种排行榜传入我国之前，国外高校早已掀起过一轮抨击的浪潮。1996 年 9 月 23 日，时任美国斯坦福大学校长 Cerhard Casper 致信给每年发布排行榜的《美国新闻与世界报道》编辑说：“作为一个排名领先大学的校长，我想我有资格对你说，这个排名的许多部分，尤其是它华而不实的形式和虚假的精确度，完全起了误导的作用”。这一呼声表明，大学排行榜的副作用远大于其正面效应，它是学术评估非学术化的一种典型。

## 第五节　高等教育的乱象不可小视

著名教育家、武汉大学前校长刘道玉不无忧虑地将中国高等教育现状归之于一个字，即“乱”(《南方周末》2009 年 2 月 28 日)。笔者且将他对高等教育的批评归纳如下：

一是自学考试乱。自 1983 年我国推广自学考试以来，作为获取大专文凭的补充渠道，在大学低入学率(1.4%)年代起过积极的作用，30 年间参考学生累计 4 800 万，850 万考生获取大专以上文凭。但当进入了大学高入学率时代之后，被称为全国“第一考”之自学考试由于舞弊现象日盛而沦为“通向获取大专学历文凭的走私通道”，它既于考生成才无益，又于净化社会风气不利。由于我国法律体系中迄今没有制订《考试法》，因此政府一直沿用行政处罚和道德规范去约束考场舞弊行为，以致每年高校统考舞弊手段日趋高科技化，呈现“道高一尺，魔高一丈"之势，以致2009年有近1100名高考生因犯有高中非应届毕业生报考、利用通讯工具作弊、由他人代考或替他人考试等作弊行为，而被取消录取资格及其下一年度报名资格。吉林省松原县作为连续两年出过全省理科高考状元的地方，其大规模的高考"替考"丑闻终于暴露。

二是博士研究生培养乱。从1990年起，我国的高校博士研究生教育开始背离"为高校和科研部门充实人才"的国际通则，逐渐通过"招商"式的扩张行为，向富有的官员和企业老板出售博士帽，从而使我国研究生教育异化为权钱交易的资源配置地。正因为存在以盈利为根本目标的权钱交易，"打了假"便意味着交易成本的上扬，因此我国博士研究生零淘汰率是其必然结果，而西方发达国家的淘汰率始终保持在30%左右水平。在博士研究生培养具有巨大利润空间背景的诱惑下，争夺博士资格授予权是各高校奋力拼搏的主攻方向，以致各级政府的党校也不甘示弱，更有甚者连"烹饪博士"竟然也开始在高等学府登台亮相。以至于全国拥有授予博士学位资格的大学高达365所，超过了全球研究型大学众多的美国(253所)。因此，在刘道玉校长看来，中国博士授予资格的大学起码超出了一半，而每位博导每年招生能力最多1—2名。因此，高校绝不能像上海有些大学的博导那样，一届招它10来名，一个热门专业的导师竟能带上二三十名博士生。据周光礼教授的抽样调查显示，46%的博导指导的学生在7人以上，最高竟达47人之多；有13%的博士生每月与导师的交流少于一次，有的则从未交流过。无怪乎，平素在马路上遇到自己的学生向他致礼时，有些导师竟会"笑问客是谁"。由于博士生规模超越了单体授课能力，因此指导学生时只能靠大班形式，采用"批量生产"的办法对数十名博士生进行"集体加工"。有人将这种乱象讥之为"一把茶壶三十个杯"，哪个杯子也吃不饱。

三是高校乱办"二级学院"和分校。至2008年5月，我国30个省市共有二级学院(亦称独立学院)326 所。这种与大学既无隶属关系,却又受制于大学的不独立的“独立学院”,其中多数实质上是私人投资者与大学之间一种资源整合方式的“联营”,即重点大学以品牌资源入股与投资者合股,进而共分红利。当然,也有二级学院办学质量上乘,其要求甚至不亚于重点大学的标准,但毕竟凤毛麟角。至于大学(北京甚至只是某些大学的附属中学)在外地办的分校,它有别于美国等发达国家大学的独立分校,实质上多半为商业性的一种合作行为。其前提往往是当地政府通过签署协议,提供土地(多则数千亩)给学校无偿使用为代价,对方则在当地借用社会资源设点招生。但分校运作的效能、质量和预期的效果,则几乎无人问津,因为异地管理的难度和运作成本是母体学校领导所始料不及的。

高校工商管理专业招生泛滥,实际上是我国高校办分校的另一种形式,因为其教学体系的设置早已背离了被移植国家(如美国)办学的初衷。发达国家的工商管理专业招收的对象是企业高管,或是其他技术类专业学生选修的第二专业,而我国高校管理学院招生时唯一考量标准是收取高额培训费(一般为几万至二十万元人民币左右),根本不问你是什么职业,甚至也不问生源的学历。由于暴利的驱使,导致我国工商管理专业的毕业生呈现严重的供求失衡之态势,进而迫使不少大学将工商管理专业列入 2010 年的减招计划。这种供过于求局面的形成,除盲目扩招之外,还有师资力量严重滞后于扩招速度之故,当然更有某些高校推出“王婆卖瓜”式的媒体广告宣传的因素。因此,我国应届大学毕业生毕业后失业人数最多的十大本科专业门类中,工商管理位居第六。在这种商业化浪潮冲刷高校的态势下,我国著名高校学者的货币价值堪与商业巨贾比肩,千万富翁在热门高校已不鲜见。相比之下,我国著名学术泰斗胡适博士可谓寒酸至极了,因为他离开人世之际全部遗产除书籍和手稿之外,据说仅余 135 美元。

四是大学乱办出版社和学报。刘道玉校长认为,我国近年来学界剽窃、抄袭现象与日俱增，且几乎遍布每个重点大学，其涉及面之广从校长、院士、博导、教授直至博士等无所不包，其根本原因在于学界流行的浮躁风气所致。在这种风气主导之下，高校从项目获取、立项论证、论文撰写，成果(论文)评审等无不可以通融造假。据《中国青年报》报道，我国武汉查获的一家论文代写、代发公司的枪手已遍布全国10余个省市，与之建立长期合作关系的学术期刊多达300余家，而购买论文的主体是中小学教师和高校学生。该公司实行明码标价、标准化操作，从职称论文到高校毕业论文，无论是经济学，医学、法学或是文学，几乎无所不为、无所不能，俨然形成一种新兴行业。重规模管理，轻质量管理的经济发展模式侵蚀高校的学术建设之后，我国在未曾实现诺贝尔奖和一级学科世界大奖零的突破情况下，其“学术论文”总量据说已超过德国和日本，跃居世界第二位了。媒体在传播这一消息时，真不知是惊喜，还是嘲讽？造假的学术研究方式，犹如制造业复制式的标准化生产流水线，所以其“高产”也不足为奇了！但“高产”之中不乏废品，即“学术垃圾”，而众多的高校出版社和学报正是这个生产流水线中“垃圾”产品较为集中的环节。正因为如此，刘道玉校长才会大声疾呼要“砍掉它三分之二”。

# 第九章
# 城市更新不能“破相”

诚如国家的定义有145种之多，但并没有妨碍各国以自己的政纲去治国，也正如人们对“美”的本质迄今没有公认的定义，也没有影响过世人对美的追求一样，城市也不会因为其难以下确切的定义而影响城市的继往开来。法国地理学家潘什美尔的一番感言，至今令人遐想不已，他说：“城市现象是一个很难下定义的现实。城市既是一种景观、一片经济空间、一种人口密度，也是一种生活中心和劳动中心，更具体一点说，也可能是一种气氛、一种特征、或者一个灵魂。”在人们普遍关注城市更新的情势下，千万不能忽视城市定义的不确定性所折射出的城市内涵的复杂性和多元性。作为城市管理者的政府，应当正确面对和处理好城市发展的各种关系。

## 第一节　众口难调的城市“写生”

城市定义的多样性与城市发展以人为本之间关系，是城市更新的第一篇文章。城市定义的多样性，正是人们对城市功能期望值多样性的体现。有人认为，“城市的本质是在一定地域内集中的经济实体、社会实体和物质实体这三者的有机统一”；也有人认为，“城市是人类为着自己的生存与发展的需要，经过创造性的劳动，加以利用和改造的物质环境”；还有人认为，“城市是人类社会生产劳动分工以后，一种相对于乡村而言更人性化了的社会载体”；更有人认为，“凡从事非农业工作的人口集中居住之地，就是城市”；甚至有人认为，“凡以第二产业和第三产业人口为主的集中居住地，就是城市”等等，不一而足。人们对城市定义认知上的差异，一方面体现了认知主体所从事不同业务领域的专业属性及其视角特性，另一方面又说明了城市作为文明的载体，其包容的功能面之宽泛性。因此，对现代城市功能价值的认知必须具有多元性视角，决不能以一概全，原因是城市作为载体它涵盖了文化、教育、科技、经济、社会、城建等多重领域，每个领域又会有其技术层面、制度层面、甚至是理念的层面。人类生态学就是将城市作为一个完整的生态系统来看待和研究的，从这一视角出发，城市发展的任何一项重大决策都必须基于多样性的价值体系。这样的决策观，才会导致城市发展的可持续性，而不至于产生城市的畸形形态——“城市病”。原因是它符合了人类生态学的一个基本原理，即多样性导致稳定性和连续性。

城市发展价值指向的多样性，必须基于以人为本的理念之上。当前，城市发展的价值指向背离以人为本之势日趋严重。中心城区建筑密度的经济属性正在取代公共属性，马路越修越宽，楼房越盖越高，居民越搬越远。在全球楼宇最高的城市中，我国占了四成；按 200 米以上高度的楼宇数比较，纽约 35 座，位居第一，以下分别为：香港 30 座，迪拜 25 座，上海 21 座，芝加哥 17 座，深圳 13 座，东京 11 座，休斯敦 10 座，新加坡 10 座(2008)。在 10 层以上高层建筑已经超万的上海，2010 年 11 月 15 日的大火再现了“高楼之殇”，烧醒了国人对“海恩法则”的记忆：每起严重事故的背后，必然平均有 29 起轻微事故、300 起未遂先兆和 1 000 起事故隐患。更唤醒了国人对混乱的上海建筑市场的关注和对城市空中消防设施的呼唤！也激起了百姓对财产保险理念的反思，以上海人为例，对家庭财产的投保率不足10%，而英美等发达国家的家庭财产投保率高达80%以上。按照马斯格雷夫提出的财政三大职能判断，城市规划领域基本上属于为“满足公共需要”所设定的“公共产品”范畴，它既有助于提高政府的社会管理和统治能力，又能使城市公民能非排他性地共享。但严酷的事实是，我国城市改造发展的进程往往建筑在“两大侵犯”的基础之上：一是城市空间及土地的经济利益最大化，对城市生活空间环境价值人性化的侵犯；二是短期的经济价值目标指向，对政府长远的公共价值目标指向的侵犯。其本质是资本套利的空间与公民生存的空间之争，其结果使高容积率的高层建筑不断吞食人们生存的绿色世界。这场争斗中，作为公共利益维护者地位的政府，通过城市规划手段无情地站到了公共利益加害者的一边。上海世博会申办者的高度智慧，凝聚在主题“城市让生活更美好”之上。我国之所以能在全球举办权激烈角逐中获胜，是源自申办主题迎合了全球的时代潮流，即城市之本是人，而不是物。那么，城市怎样让人的生活更美好呢？这就取决于人类对自我认知的水平，因为它才是城市一切行为的前提。如前所述，马克思在《费尔巴哈论纲》中指出：“人的本质并不是单个人所固有的抽象物。实际上，它是一切社会关系的总和。”马克思尖锐地指出了人的社会特质，这正是全部意义所在。换言之，城市要让人生活得更美好，就必须想方设法去优化这“一切社会关系”。当前，从就业、收入和居位水平判断，人们生活得并不十分美好，原因不是没有城市，也不是没有马路和公共交通，而是社会关系出现恶化势头。这其中包括劳动关系（本质是人与自然的社会关系）、分配关系（本质是人与人之间的社会关系）或交换关系（城乡之间的社会关系）等。一个城市的硬件设施无法优化人们生活赖以“美好”的一切社会关系。因此，不能对城市形态变迁在满足人们生活更美好中的地位和作用，产生不切实际的崇拜，因为城市价值的有效性体现,很大程度上还要取决于城市功能的正确定位及与之配套的制度安排。

## 第二节 条块分割之下的城市整体

城市行政区划管理体制的条块性与城市功能规划整体性的关系,是城市更新的第二篇重新文章。我国财政包干体制强化了条块管理体制的分散性,从严格意义上来说,城市规划的主体是市级政府,而不应是区县级政府,当两级政府同时作为规划主体之后,必然会导致下列结果:一是增加市、区两级规划协调的难度。由于规划主体的多元性,必然导致城市区域范围内出现功能边界与管理边界错位、决策主体与利益主体背离、功能实现时序与投资计划时序不一的现象。其中尤以主城区中央商务建设的混乱为最;二是盈利机制导致城市土地合理利用政策归于失效。土地要素进入市场是我国经济转型以来,发生的最重要事件之一,它将公有制体制条件下的土地“无偿划拨”使用模式,转变为“有偿转让”的利用模式。但由于传统行政区划的财政性边界的作用,强化了财政包干制度之下孕育的盈利机制,从而使“主动引导土地利用和开发”的方向被开发商的利益偏好所左右;三是公共资源配置的传统方式加剧了城乡之间的二元对立。财政包干体制进一步激活了地方政府“政绩工程”的驱动力,但囿于地方财权与事权的严重背离,迫使其将拮据的可支配财力用于城市集中搞形象建设,以至于公共资源在城乡之间进行严重的失衡性配置,致使城乡二元结构趋于强化。

诸多事实证明,我国城乡基本建设投资的二元结构体制,在新一轮城市化高潮中并未得到收敛,许多城市在城乡二元结构道路上反而越走越远。其实,城市与乡村在各自发展中日益暴露的弊端,对城乡双方均是一种伤害，诸如，城乡交通资源配置的失衡不仅妨碍农民出行，也影响城市要素向农村扩散的效率。又如，由于城乡医疗资源配置失衡，在导致农村缺医少药的同时，也导致城市看病难。而这种双向作用的弊病又不可能在城乡各自封闭的系统内加以克服，而必须在双方互动、合作甚至是“联姻”中缓解，其方向就是破解城乡二元结构体制。这种破解，既有无形的制度创新，诸如户籍制度（从户籍证制度过渡到居住证制度），社会保障制度、经济交换制度和财政制度创新之外，还有一个十分重要的措施便是公共资源配置格局在城乡之间进行无歧视式的调整。其调整结果，必然要将城市的重大基础设施建设项目逐步地分流一部分到农村。要做到这一点，首先要从城市规划过程的创新开始，即改变公共规划资源的配置方式，使之从个别选择（即领导拍板，俗称“条子”规划）走向公共选择，即听证会制度。从这个意义上评说，随着城乡二元结构体制破解进程的加快（浙江已先行在城乡统筹发展上开展试点），传统的集中于城市大规模投资建设的路子将走向历史的尽头。换言之，我国传统的城乡不对称投资规划将作出必要的调整。

## 第三节 月亮走，我也走

城市产业结构变迁与城市空间结构变迁的关系，是城市更新的第三篇文章。城市产业结构变迁与城市空间结构变迁的关系可谓是“月亮走，我也走”。首先，产业结构调整是城市空间结构演化的直接动力。分析城市发展演变的内在机制，就不难发现它是产业发展重心的转移所引发的空间结构的相应变化的过程，同时它又是催生各个时期城市空间结构理论模式形成的助推器。由于科技的进步，产业在不同发展阶段所呈现出的不同产业特征，会对区位空间具有不同的配套需求。例如,当城市产业处于劳动密集型发展阶段时,其主要生产要素是劳动力,它可以“就地取材”(劳动力分散布局),因而其产业在空间结构上形成了“相对分散”之布局。当城市产业进入资本密集型发展阶段时,此类产业对资本需求的规律,决定产业的产品链和生产链具有较强的关联度和依赖性,诸如对金融机构的配套需求,导致产业集聚在人口相对密集的区位,其空间布局不会分散,而是呈现“相对集中”的态势。当城市产业发育到技术密集型阶段时,产业的技术链迫使其聚居于高等院校、科研院所等技术要素高度集中的区域,从而在城市空间结构上呈现出“高度集中”的态势。

著名学者韦伯的《工业区位论》一书,从微观企业区位选择的行为分析中,发现企业是否相互靠近(即集聚布局)取决于其收益与成本之间关系的对比。很显然,企业(尤其是高新技术企业)集中布局于大城市比分散孤单布局于中小城市更有利可图,这是一种以效益为导向的规律,而不是政府行政力量所能左右。我国长期以来把城市空间结构常常看成是城市地理学、城市规划学的核心研究内容之一,有大量的研究文献为证,诸如《中国城市形态》、《中国城市:模式与演进》、《历史文化各领域的规划结构》、《中国城市边缘区空间结构特征及发展》、《汽车时代的空间结构》、《城市问题和城市结构》、《城市结构活性》、《城市空间结构的扩散演变:理论与实证》等等。这些研究本身颇具价值,但关于产业结构变动对城镇空间结构相关性的研究似乎太少。就这一点而言,我国城市研究工作者应当更多地借鉴一些国外的研究成果为我所用,他们很注重研究产业结构与城市空间结构的关系,其集中点是放在产业集聚理论和产业区位理论之上。产业区位理论创造人屠能的代表作《孤立国农业和国民经济的关系》所推导的以城市为中心的农业产业圈,被人誉之为“屠能圈”。他们将城市空间理论引入到经济学领域加以观察和研究,这是一种全新的视野。它对于丰富城市空间学说,充分体现我国城市更新的多元性价值不无借鉴。

## 第四节 温故才能知新

城市传承与城市发展的关系，是城市更新的第四篇文章。历史是城市轨迹的记录，它不可中断，也不会中断。城市失去“过去”和迷失“未来”是两种不同方式的“历史中断”。城市传承与城市发展的关系，是“温故而知新”的关系，只有“温故”才能“知新”，因为历史往往是现实的殷鉴，即所谓“前事不忘，后事之师”便是此意。在我国城市化的进程中，城市的传承与发展均有诸多不足和缺陷，但相比较而言，传承的不足远甚于发展的缺憾。上海田子坊，一个极其普通的旧区改造模式，竟能成为享誉全国的样板，这从一个侧面证明了我国城市发展过程中失去记忆的城市可谓俯拾皆是了。北京“四合院”、天津“小洋楼”和上海“石库门”消亡的趋势，是对我国城市传承现状的一种警示性呼唤。它是一个国家经济发展模式泛化的悲剧，因为，工业化模式的本质是一种生产过程的标准化，而标准化的前提是消灭个性，即抹杀差异。当这种发展模式导入全球城市化之后，首当其冲的是城市个性化建筑的退出，而个性化建筑多半为历史性的存遗，它是人类对城市历史记忆的基因。它们的消失，使城市失去个性化，从而呈现雷同感。著名学者萧伯纳深刻地指出过，人类文化的一半是被未受教育者所摧残，另一半却为饱受教育者所摧残。英国建筑学会作过估算，20世纪70年代全球旧城改造中被这两类人所破坏的具有文物性质的建筑，超过了“二战”的炮火。而这个时期正值全球制造业大规模向次发达或不发达国家和地区的低成本市场转移的鼎盛时期。随着产业的转移，发展模式必然配套前行，其结果则是毋庸置疑了。中国改革开放的时序始于20世纪70年代末，其产业转移高潮出现在20世纪80年代的中后期，由于产业结构对城市空间结构作用规律所致（如上海为适应产业结构变迁的“退二进三”等举措),有人估算我国20世纪80年代旧城改造对文物性建筑的破坏,竟然超过了“文化大革命”的破“四旧”。城市产业变迁对城市空间结构变迁的影响之甚,于此可见一斑!

观点已阐明,但言犹未尽,总感到还有一个更大的话题如喉哽异物,不吐不快。如前所述,世界上的知识有两种,一种是理性知识,它与科学相联系,可用文字表述,便能通过书本传授,故早登大雅之堂。但很少有人相信,这个大千世界上竟还有另一种知识,叫做直觉知识。因为,它与宗教相联系,无文字可以表述,便只能意会不得言传,因而迄今为止鲜为人识,更无登上大雅之堂的资格。其实,这第二种知识早在公元前6世纪已经在我国老祖宗文化中出现,只不过当时的西方哲人并未看得明白,因而相遇不相知,结果竟失之交臂2 000多年。西方物理学界屈尊问津“东方神秘主义”色彩的直觉知识,是统治物理学界200年的牛顿力学大厦被颠覆的结果。人们用传统的线性思维去认知这个非线性的世界,简直犹如有人试图用一张平面的纸张去包一个球体一样费力和扭曲。这个世界,甚至是一个国家,乃至是一座城市,我们对之的认识不正是如此吗?因为论文表述的用语是“确定性的”,但表述的对象却永远是“不确定性的”,所以人们的认知结果永远是“近似的”,即渐近渐远,永无止境。至此,我想起儿时祖母的一句口头禅,叫做“满口的饭好吃,满口的话尽量不要去说”。成人之后,我才知道祖母的教训源自于圣人的经典。西方哲学巨匠苏格拉底说过:“我所知道的一切,就是什么也不知道”。东方哲学巨人老子异地同声道:“知不知,为上。”说的都是一个意思,即在这个世界面前我们都是一批“探索者”而已。

# 第十章
# 公权力不能被肢解

我国《宪法》第二十七条规定："一切国家机关实行精简的原则，实行工作责任制，实行工作人员的培训和考核制度，不断提高工作质量和工作效率，反对官行主义。"此规定从制度、效率和作风等多重角度对公权力的行使提出了规范性的要求。为实现这一目标，《中国共产党章程》在《总纲》中严肃要求"党在任何时候都把群众利益放在第一位，同群众同甘共苦，保持最密切的联系，坚持权为民所用、情为民所系、利为民所谋，不允许任何党员脱离群众，凌驾于群众之上。"《总纲》还将执政党的党风提高到事关党的生命之高度："我们党的最大政治优势是密切联系群众，党执政后的最大危险是脱离群众。党风问题、党同人民群众联系问题是关系党生死存亡的问题。"由于行政资源禀赋的原因，公权力部门往往会打着公共利益代表的旗号，去侵犯公共利益，这实是易如反掌之举，"寻租"是其常用的手段。当前，我国公权力部门化趋势为政府少数人员寻租提供了名正言顺的空间。政府的公权力是人民赋予的，以制定和推行公共政策为例，其政策设定目标与执行效果之间的落差，也折射出这种政策资源配置过程中公权力有背人民利益的地位、作用和效力。在经济领域，政府制定的经济政策旨在规范市场经济健康有序地发展。但是，由于经济主体受追求利益最大化的驱动,在通常情况下与政府之间是非合作性的。由于政策是弹性的,法律才是刚性的,因此经济政策更多的只是为经济主体的经济行为设定了“底线”和一个“边界”,而非直接干预。于是,讨价还价式的博弈便成为政策执行过程中的主旋律。博弈的结果往往取决于政府公权力有效性的程度,即公权力的整合性、协调性和权威性。但是,由于条块分割体制的作用,使公权力的整体功能被无情地肢解了。

## 第一节 人财物糊涂账是公权力部门化的结果

公权力部门化必然导致公权力的分散化和公权力的人格化,公权力的分散化弱化了公权力作为政府管理国家事务的能力。以我国当前面临的治水困境为例,2009 年 7 月安徽巢湖、云南滇池上蓝藻又卷土重来,而十几年的治理和数十亿乃至上百亿的投入,至今收效甚微。原因就在于公权力的部门化导致利益主体分散林立,使公权力犹如散沙一盘。迄今为止,我国没有一个权威部门能担当得起指导制订国家水战略和政策、审批水资源开发、分配和利用的长期规划,以及协调所有涉水部门以避免政出多门之弊等职责来,原因在于这些整体性职责被肢解在我国水利部、环保部、农业部、城乡建设部、国土资源部等各个部门之中。公权力部门化导致的公权力人格化,并正在强化公权力的寻租行为。公权力的部门化固然是权力资源配置的客观需要,但其实施结果必然伴随公权力的分散化和人格化。由于对政府权力缺失有效的制衡和监管,人们对繁多的政府机构、公务员队伍及其内部资产运作的基本概况,几乎无人说得清楚,它犹如一本“糊涂账”。诸如,各级政府的公务员、协管员和其他借调人员究竟有几多?分别开支有多少?正式工资之外的“外快”补贴有多少名目?政府机构占了多少地,盖了多少房，出租给企业有多少，其收入有多少？又有多少机构动用财政开支外借办公用房？如果有谁能说清楚全国31个省级政府单位、331个地级政府单位、2 109个县级政府单位和4 474个乡镇政府这本总账，那简直可以获世界菲尔兹数学大奖了。为何讲不清？因为这些人财物的规模实在太庞大，又实在太分散了。就以政府收入为例，其中既有土地出让及新增建设用地有偿使用费、税收收入、行政性收费、烟草专卖收入，又有海关税、矿产权拍卖、彩票收入等，其总计有多少，可谓众说纷纭。中央党校周天勇教授估计2008年这个数字大体为9万亿元，如果将国企收入计入，则2009年这个数字不会少于10万亿元，可见国家行政成本之巨。

既庞大又分散的人财物管理，必然为非法获利者提供方便之门。例如，国有资产的部门化辅之以国家权力的部门化，使有的政府部门当起"二房东"出租办公用房赚起了"外快"，而有的政府部门依然"寄人篱下"，向外租借办公房。那么为何不可以统一调剂使用？原因在于公权力部门化导致"诸侯"独立，盈亏自负了。有了"盈亏"要"自负"，其出路便是规避国家财务制度。据新华社报道，安徽省安庆市宜秀区杨桥派出所，因办公楼落成为举办庆典，向企业、区属机关、镇政府、村委会等100多处发出了请柬，旨在弥补财政投入之不足。于是乎，前来送礼包的人群排起了"长龙"。为此，杨桥派出所派专人收礼并开具收据，共计款项高达11.8万元。这里引人思考的问题有二：一是作为国家机器的公安部门的可支配财政预算之不足，其原因是什么？应靠什么渠道去解决？二是利用公权力向社会明目张胆收取的预算外收入该由谁、按什么制度去管理？杨桥派出所弥补可支配预算不足的新招，在全国政府机构中可能只是冰山之一角。

发请柬来募集资金只是"小儿科"的玩意儿，而真正动格的是政府举债。由于我国缺失政府举债管理的相关立法，导致举债主体与还债主体相分离的体制性弊病，以致地方政府隐性债务高企。据2004年财政部财科所公布的测算，我国公共债务占 GDP 的比重，远远超过政府表面债务公布的 20%比例，已高达 91.18%。又据国务院发展研究中心估算，包括公开发行的债券、政府背书的各种隐性债务，诸如银行潜在的坏账风险、社保空账、养老金缺口及公立高校债务和政府粮食收储的亏损等等，地方政府债务已在 1 万亿元之上。这一庞大的债务危机在信贷大规模扩张和土地价格走向新高的掩盖下，成为笼中之鸟和头悬之剑，它迟早是国家心头之患。这个“笼”和这把“剑”的制造商就是至 2009 年 5 月末各省市区合计设立的 8 221 家融资平台公司(其中县市级平台 4 907 家)。据中国银监会主席刘明康介绍，至 2009 年末，地方政府融资平台贷款余额高达 7.38 万亿元，同比增长 70.4%。与地方政府财力对比，其债务率高达 97.8%，而部分城市平台公司债务率超过 200%，这种现状正在促使财政资金信贷化。这种举债的风险有二：① 道德风险。地方政府许多融资平台迫于债务压力，开始出现资本金不实、资本金抽逃和管理混乱，严重干扰我国金融秩序。② 社会风险。在信贷扩张中，政府出于地区经济“上行”之需，被迫为大型投资项目背书，导致政府项目过多，一旦投资失败，由于政府信用被企业利用，其结果必然是政府承担财务风险。为维护自身信用，地方政府完全有可能被迫走上公共服务项目商业化之路，其中包括高价出售土地和大幅度提高城市公共服务费用价格，诸如水电煤和交通费用的涨价(舍此已别无他途)，进而为经济复苏支付高昂的社会代价，既对社会和谐平添阻力，又为政府未来行政潜伏信用危机。

更令人忧虑的是，既然融资平台中的 75%与土地挂钩(既可用土 地抵押，又能以土地作为未来的收益来源)，剩下的 25%由财政承担。那么，还债的希望早已寄托在地价上涨的预期之上，这又与楼市宏观调控的目标指向相左。因此，各地之所以迟迟没能出台楼市调控细则，或是出了一些隔靴搔痒的细则，也就早已在意料之中了。

## 第二节 “问题资金”不能成为政府预算管理的“常客”

《中国共产党章程》的总纲针对党内腐败现象,提出了“建立健全惩治和预防腐败体系,坚持不懈地反对腐败,加强党风建设和廉政建设。”定期预算审计,便是预防腐败体系的重要组成部分。据 2006 年被审计的 60 个中央部门显示,有 23 个部门未按规定细化预算或预算编制不完整,12 个部门擅自调整预算及其金额。中央部门所属的二、三级单位隐瞒收入、私设账外账等问题金额高达 37 亿元。又据国家审计署的 2010 年第 6 号审计公告显示,被审计的 11 个省区地方各级政府中,土地出让收入变相减免 19.61 亿元,改变用途 56.91 亿元,土地出让收入管理中有 674.8 亿元不规范、9.18 亿元未纳入国库管理;改变资金用途的有 20.94 亿元,虚报新增耕地的有1.35万亩,项目重复申报涉及资金 9 018.9 万元,未经审批已占用集体土地 3.9 万亩。

至于各级地方政府部门的“问题金额”简直无法面对。因此有人直言,政府要管好社会,其前提是要先管好自己,真是一语中的。以郝庄这个小小的税务所为例,它是全国上万个税务所中的一个,全体人员只有 4 名税务干部,办公楼竟要占地 15 亩,人均办公面积 1 000 平方米,内建两幢独立别墅,外带 1 万平方米的豪华园林,且具皇家风范,堪与故宫比肩,敢与苏州拙政园齐眉。休闲、垂钓、娱乐一应齐全,投资高达上百万元之巨。如此豪园显然不为提高征税效能而建,也不全为 4 名税务干部享用,而成为大批“高级税务主管”聚会之处,它成为当前我国时尚的高级公务员与企业高层领导社交性质的“会所”。另据报道,山西省繁峙县一科级反贪局长,凭借矿产大县涉案数量巨大的机会,充分利用我国特有的反贪工作“自立、自负、自捕、自诉、自撤”的办案机制，大发“矿难财”，竟然在任职期间敛财2亿人民币。

小小的乡税务所和科级反贪局拥有如此巨大而又独立的公权力，可见京都省城大部门的权力之无边了。难怪撤掉“驻京办”，还是断不了“跑部钱进”之路。我国税制改革之后，地方政府陷于财权与事权相背离的窘境，为此中央政府为实现特定的政策目标(诸如社会保障、环境建设、抗灾救灾、扶贫帮困等)，每年都要通过财政转移支付或是中央投资项目的手段来支持地方政府。但由于转移支付标准的确定和中央投资项目布点的选择、具体实施过程甚至是实施结果，均缺失一定的透明性、规范性和科学性，从而为寻租者提供了空间。全国1万个“驻京办”就是程度不同地肩负着争取转移支付或是中央投资项目等“公关”的使命，他们一迈腿就用高级豪华汽车(如山东潍坊市驻京办竟有奔驰2辆、凯迪拉克2辆、林肯2辆)代步。有人以每个“驻京办”年均活动经费约100万元估计，全国每年驻京办活动经费高达100亿左右。每年春节之后的第一个工作周，是办事处外出采购高级礼品的峰值期。当然，“驻京办”是双向服务的，它既要为京城大部分的公关对象服务，又得为当地父母官进京(私访时往往携亲带友)服务，因此开销不菲。这是一种规律性的现象，原因在于转移支付或是中央投资项目作为一种稀缺资源，其获得和配置必然要面对“供方市场”，而供方“朝南坐”也是自然的。由于山东潍坊的驻京办比较“显眼”，因此潍坊市政府决定撤销其驻京、驻沪、驻深圳等11家办事处。但是驻京办仅仅是我国公权力部门化的形态性产物，而其功能性产物则是隐蔽的，它已经深深地镌刻在国人的思维理念和行为方式之中而难以“撤销”。因此，被撤销的一批办事处以另一种形式变相存在，便不足为奇了。

## 第三节　公务员的行为正在影响国家行为

权为民所用、情为民所系、利为民所谋是国家公务员行为的最高准则。换言之，公务员的行为必须受制于并服务于人民的利益和国家的行为。但是，我国公务员的个人行为正在干扰，以致左右国家行为。表现之一是收入分配改革方案出台难。《关于加强收入分配调节的指导意见及实施细则》的制订始于2004年，2007—2009年先后6次征求意见，2010年曾上报国务院退回再修改。但出台步履维艰，起草过程透明度低，且“该方案很可能最后要以失望告终”(《中国经济周刊》2010年第34期)。其根本原因在于，参与改革方案制定的部门本身就是分配制度改革的最大阻力。其逻辑过程是，公务员利益偏好决定政府部门的利益偏好，政府部门的利益偏好决定分配改革方案的利益偏好。

表现之二是公共场所禁烟难。我国之所以会出现“琵琶别抱”的禁烟政策，且至今无法彻底执行公共场所禁烟立法，相当部分原因是政府对烟草税收效应的追捧和公务员对香烟的偏好，以至于我国签署《烟草控制框架公约》5周年的今天，政府对公共场所和工作场所100%禁烟的国际承诺化为泡影。烟草是世界上导致人类第二大死因的杀手，其死亡人数占全球成人死亡数的10%，而被动吸烟者吸入的毒气与吸烟者本人相比，其多种致癌物质和有毒化学物质的浓度更高。据专家测定，“二手烟”中含有数千种已知的化学物质，其中至少超过200种是已知的致癌或有毒物质。这就是发达国家和地区(如我国香港)立法禁止在公共场所吸烟的根本原因，它体现了“以人为本”和“以多数人为本”的立法思想。公共场所禁烟旨在保护我国5.4亿被动吸收“二手烟”毒雾者的健康。我国目前之所以还难以执行此法，一个重要原因在于强势群体普遍在吸烟，这令政府执法者处于左右为难的境地。据《中国青年报》2009年6月1日报道，浙江省卫生厅副厅长马伟杭在第22个世界无烟日披露，根据2008年省疾控中心的吸烟人群比例调查显示，医生的吸烟率为19.27%，教师为15.02%，而公务员则高达33.21%。公务员吸烟的原因除职业特点之外，还有一个新的行贿动向在起作用，即行贿者正在以高级烟票取代钞票。据浙江省反映，此状在发达地区早已泛滥成灾。试想，让瘾君子及其偏好者去制定并执行禁烟法规，其结果不难而知。为规避社会监督，官员开会时甚至改抽无牌号的“裸体烟”，生怕被认出高级香烟的牌子，可见其“烟瘾”念头之甚。

表现之三是实事求是的传统遭破坏。由于各级公务员出自对政绩的偏好，长期以来虚报、瞒报、伪造、篡改统计资料的违法行为司空见惯。仅2008年全国就立案查处统计违法案子1.73万起，以至于整个国家陷于“数字出干部，干部出数字”的恶性循环之中。据国家统计局长李德水披露，某年各省市上报的全年GDP汇总数据，竟比国家统计局公布的GDP增速高出3.9个百分点，其总量差距高达26 582亿元。实事求是的作风遭受践踏的另一种现象是，下级对上级的指令可以阳奉阴违和瞒天过海。河南省郑县在2003年7月时共有5 000多名教师，但据省里下达的文件要求，该县只有4 202名教师编制，除去自然淘汰的还有252名教师属于编外。为拒执行上级指令，有人便暗度陈仓，实行编外离岗，即人不用上班照拿工资，且不影响提档晋级，被称为白领(即白拿的意思)工资的“白领”。无独有偶，前一个时期上级推行“车改”后，对策高手便来了个“显性改革隐性复原”。辽阳市某区进行车改时两个一把手均取消了专车，但每人每年悄悄地补发8万元“车贴”。地方政府有阳奉阴违之法，普通百姓自然会有“上有政策，下有对策”之计。

表现之四是官商勾结行为走向深化。由于公务员新一轮“经商下海”手法，已从传统的离职“下海”转向了兼职“下海”，即通过向企业入股走不下海的“下海”之路，进而导致官商勾结从“分体式”走向“一体化”。这种一体化趋势，正在淡化政府对经济行为的约束力。上海莲花河畔景苑倒塌楼盘的爆料中，人们发现开发商上海梅都房地产开发有限公司的多名股东与闵行区梅陇镇政府机构的官员竟是“同名同姓”(《每日经济新闻》2008 年 6 月 30 日)。由于官商关系的深化，以至于我国城镇建设领域的商业贿赂犯罪案件占商业贿赂犯罪案件总量的 40%左右。又据最高检反贪污贿赂总局公布，2009 年 1—6 月我国城镇建设领域商业贿赂犯罪案件共 2 495 件，涉案 2 724 人，占总量的 39.75%。

表现之五是垄断企业成本向全社会转嫁。公务员的庞大支出成本通过高税收率向全社会转嫁的惯性思维，导致垄断企业将上涨的油价也向社会公众转嫁。这种转嫁的本质是政府与民争利的另一种表现形式。明明是航油消耗效率低下是造成中国航空公司单位航油成本高企的根本原因，却非要将主要原因归之为国际油价的上涨，从而为申请重开燃油附加费寻找口实，进而又为自己成本管理不力物色“替罪羊”。有资料显示，中国主要航空公司的单位成本，高出国泰航空公司 13%至 40%，这才是问题的要害。中国航空公司不从自身管理上去找原因，而一味打消费者的主意，这无疑是与政府公务员不在自身管理成本上找根源，而一味在提高全社会税率上找出路，如出一辙。

表现之六是污染治罪与环境恶化严重不对称。据《刑法》条款规定，“重大环境事故污染罪”最高处罚为“三年以上七年以下有期徒刑”，这种偏软的治污条款，其威慑力之弱已为我国严峻的环境态势所证实。这种轻罚与我国地方政府官员普遍追求粗放型增长模式不无关系。原因在于，污染治罪是粗放型增长模式之“天敌”。因此，污染治罪轻刑化早在人们意料之中的事。据前任国家环保总局副局长汪纪戎透露，“到 2005 年底，全国以破坏环境罪定案的只有 3 起”。《刑法》修订于1997年，至2005年底的9年间环境罪定案只有3起，也就是说平均每3年只定案1起。这一治罪力度与“近5年间全国查处环境违法企业12余万家次”和“每年因环境污染造成的损失约占GDP的10%”之环境形势相比较，其治罪概率，真可谓是“不怕一万，更不怕万一”了。难怪各地政府对于环境恶化的担责，已有恃无恐了。其实，只要政府有决心，肯从源头整治入手，污染完全是可控的。据2010年7月上海市环境监测中心连续13天公布的上海世博会期间空气质量的多种因素的综合评定结果，证明这是上海有史以来空气质量最佳的13天。上海市环境监测中心分析，好空气的主要原因除了上海是海洋性气候，7月至9月夏季气象条件较好，有利于污染物的扩散外，更是由于上海采取的多项环保措施得力，使污染物平均浓度降低，这些措施包括：已完成所有1 000余万千瓦燃煤电厂机组脱硫设施建设，关停了73万千瓦中小燃煤机组，淘汰了3 000余家高污染、高能耗、技术工艺落后的企业和生产工艺；累计对近6 000台燃煤设施实施了清洁能源替代和技术改造，完成了420多座加油站油气回收工作；建立了728平方公里“扬尘控制区”，提前实施了国Ⅳ机动车排放标准，完成了8 000多辆公交车和40 000多辆出租车的更新；依托长三角区域环境合作机制和江浙两省实施区域大气污染联合防治，落实了世博园区300公里半径范围内电厂等高污染源以及钢铁、化工、建材等重点行业污染控制措施；对机动车污染排放实施统一标志管理，并实现重点污染源排防和环境空气质量监测数据的共享；夏季空气污染的源头之一，秸秆焚烧的问题也得到解决。

# 第十一章

# 科技锣鼓要敲在产业升级的“点”上

产业升级呼唤科技发展，而科技进步要与产业升级相适应。政府科技活动的管理重点是知识产权保护和制订科技政策，旨在促进科技成果转化为生产力。这种转化有赖于二者互动机制的形成，这就是科技踩“点”的路径。我国正是由于缺失这种互动机制，导致产业平台、技术平台和教育平台的相互脱离，以致科技成果转化率只能维持在15%左右，而产业化率仅为5%左右。

## 第一节　互动的基础已露端倪

科技发展与产业结构升级的关系要从随机互动走向机制互动，而这种长效机制的构建需要两大基础，即制度性基础和需求性基础，前者决定了二者互动中的市场地位，后者则决定了二者互动中的要素地位。由于长期以来缺失这两大基础的有效支撑，我国产业升级的动力更多地停留在有形要素的投入之上，而非真正依靠创新推动，因而其升级的代价、效率和前景均堪忧。政府职能部门应当清醒地看到，随着时间的推移，互动机制构建的两大基础出现了优化的趋势，其源盖出自两大背景：一是我国发展战略的自主决策机制正在加速三大转变的进程。这三大转变分别是：政府职能的转变、资源配置方式的转变和经济增长模式的转变。其转变的价值指向是产业结构升级将由地方政府利益偏好为导向(即“政府经济”)，转向以市场效率为导向(即“市场经济”)，进而为形成科技发展与产业升级的互动机制创造了制度性条件。二是我国发展战略的倒逼机制正在加快三大关系的调整。我国发展战略的倒逼机制出现过三次：第一次是20世纪90年代的开放倒逼改革的进程，其矛头直指我国资源配置方式的非市场模式；第二次是本世纪初叶的要素资源(尤其是土地要素)短缺倒逼了我国经济增长的粗放型模式；第三次是这次震撼全球的华尔街金融海啸，倒逼了我国的出口主导的依赖型经济模式。由于经济全球化的负面性放大了金融海啸的连锁效应，使国人从“依赖型经济”和对“WTO万能”神话的迷恋之中醒悟过来，正在调整政府与市场、消费与积累、内需与外需之间的关系，逐步构筑由“自主经济”替代“打工经济”的行动框架，进而为科技发展与产业升级的互动机制创造了需求性条件，原因是“打工经济”对技术要素的需求远不如“自主经济”。

据上判断，科技发展与产业升级互动机制的构建有四大关键词：一是互动机制的基石是产业平台、技术平台和教育平台的协调。产业升级是技术升级的必然结果，其基础是低技术的普及和国民教育的发达，就这两大指标而言，在全国范围内北京最好，上海次之。二是互动机制的前提是政府、市场、企业的互动。这三者互动的效率取决于政府职能转变的进程和公共权力结构变迁的程度，面对这一目标我国可谓任重而道远。因为，通常说来一个强政府对市场的不当干预具有惯性。三是互动机制的保障是建设有效市场。有效市场的特征有三：① 企业进退市场成本低。唯有进退市场成本降低，才能扩张市场竞争主体的规模，增加市场的交易机会，有利于企业的新陈代谢。就全国而言，中小型企业进退市场的成本普遍高于大型企业，这是市场有效性弱化的主要原因。② 市场对称性强。市场对称(权益对称和信息对称)有利于优胜劣汰机制的形成,但国有经济比重大的地区往往弱化了这种对称性,其折射出国有经济改造的方向。③ 法制严明。我国法制建设的难点不在立法,而在于执法,各地均是如此。从此意义上评说,政府决不能将"法治社会"停留在"法制社会"。

## 第二节　难以割舍的同根关系

科技发展是指基于技术结构升级的科技进步,产业结构调整的本质则是产业技术含量结构的变化。由此可见,科技发展和产业升级的同根性关联是通过技术变量来实现的。其同根性的认知有三个方面:

一是相互作用的途径。这种作用表现为通过技术创新,导致不同产业(行业)之间的效益对比发生变化,从而改变了资源的流向,进而使一部分产业走向扩张,而另一部分产业趋于萎缩。其途径有三:① 推动传统产业的改造。这种改造过程是用新技术改造传统产品、传统工艺、传统材料和生产流程的过程,从而激发了产业的效能。② 促进新兴产业的形成。这是一个新技术产业化的过程,也是吸引并配置其他弱势产业资源的过程。③ 淘汰落后产业。当资源从落后产业流向新兴产业和被改造后的传统产业之后,其萎缩和退出市场是必然的结果。

二是相互作用的机理。通过技术的扩散和渗透,放大了产业的先发性效应、差异性效应和规模性效应,进而提升了产业的竞争力。其体现的是:① 技术结构决定产业结构。技术结构是构成产业结构的基础,它决定着企业的生产函数和产出水平。② 技术关联决定产业关联。技术关联是产业关联的核心要素,它决定了产业分工的深度、产业融合的程度和产业组织的形式。③ 技术周期决定产业周期。技术周期决定着产业的生命周期,进而决定了产业可持续发展的能力。④ 技术进步决定产业效能。技术手段改变着企业综合生产率水平,进而决定企业效能。

三是相互作用的启示。从人类历史上三次产业革命的实践判断,其规律显示:① 工业经济发展以能源技术革命为先导。工业经济的本质是动力经济,其发展的历程实际上是新旧能源替代的过程。当第一次产业革命使煤炭取代木材作为经济主导能源之后,便诞生了火车,大大提升了运能。于是,钢铁工业、采掘业、纺织业及机械制造业应运而生。当时代步入第二次产业革命时,石油取代了煤气的能源主导地位,导致石化、航空、汽车等新兴产业的崛起。② 产业升级是产业边界淡化的结果。产业边界的淡化促进了边缘产业的降生,其溶合剂是传统模拟技术的数字化。数字技术作为一种关联性和替代性的技术,她推动了一大批诸如光学电子、航空电子、生物能源、基因工程等新型产业的萌生。

这些启示借鉴到产业创新与发展上,将有如下启迪:① 关于创新战略。要集中有限的创新资源在重大领域进行攻关,目标是实现整个产业的创新。诸如我国已经掌握了 3G 通讯的技术标准,便有条件也应该为提升整个通讯产业进入攻关。总之,创新战略要从具体的项目和产品的创新走向产业创新。② 关于创新策略。要注重关联技术和共性技术的开发,目标是从技术上淡化、模糊以至打通产业的边界和壁垒,以适应全球产业融合化、集群化和生态化趋势。③ 关于创新周期。要遵循技术生命周期规律,使产业形成“生产一代,研发一代,储存一代”的格局,以适应产业持续发展的需要。④ 关于创新资源。要从制度和体制上促进创新资源在全社会的合理流动,降低创新资源的交易成本,提升共享率和配置水平,以顺应社会化程度提高之需。

## 第三节　作用的载体是企业

历史证明：国家的创新始于企业的创新，国家的竞争力源于企业的竞争力，国家的财力来自企业的财力，科技进步对产业升级作用的载体也是企业。其依据可从下述分析中获知：

一是我国企业失去技术支撑的后果和代价。由于长期以来我国企业并没有作为创新主体，企业的技术积累能力极其低下，因而形成技术和经济对外“双依赖”的不正常局面。据国家工商联数据，全国没有申请技术专利的企业占99%。尽管2005年我国发明专利申请量已居全球第4位，但其半数系外国人在华申请，其专利主要集中在高新技术领域，尤其是移动通讯和无线传输技术的申请量外国人占90%以上。此外，我国没有自已商标的企业占60%以上；拥有自主知识产权核心技术的企业只占万分之三左右。另据《上海统计年鉴(2007—2008)》显示，上海工业企业中平均每个企业被授予专利为1.1项；申请专利为2.10项；技术开发为0.81项；科技成果仅为0.16项。

由于企业创新能力低下，我国已成为国际高新技术及设备市场中最大的买家。我国大型民航科技100%靠进口；我国高端医疗设备、半导体及集成电器制造设备和光纤通讯制造设备基本靠进口；我国石化装备80%靠进口；我国数控机床和先进纺织设备70%靠进口；我国彩电、手机的关键技术50%掌握在外国人手中。

二是我国企业失去技术支撑的原因分析。企业创新不力是失去技术支撑的主因，其成因大致有以下几种：① 创新成本居高。由于市场对知识产权保护不尽如人意，侵权违法成本过低，导致企业创新具有明显的外部性，提升了创新成本，进而压抑了企业创新的积极性。② 创新资源短缺。由于资本市场的不完善性和财政资金资助对象的定向性，对中小企业的信用歧视仍未消除，导致广大中小企业融资普遍困难，形成创新主体地位与创新资源短缺不对称的局面。据统计，我国70%的技术创新、65%的国内发明专利和80%以上的新产品，来自中小企业。而67.5%的中小企业主要靠金融机构的贷款融资，企业的权益性融资只占33.3%，债权融资仅占1.8%。③ 信息资源共享障碍。由于信息不对称，据统计，我国约有35.9%的企业缺失科技成果信息，另有31.5%的企业缺失市场需求信息(2003)。又由于信息需求方的劣势地位所致，导致创新主体对自身局部利益和眼前短期利益的非理性追求。④ 企业家素质薄弱。由于我国缺少知识型的企业家队伍，弱化了企业对产品生命周期的关注，往往在产品生命周期鼎盛阶段丧失危机感，形成企业发展周期盛衰交替。⑤ 治理结构缺陷。由于企业治理结构的缺陷，降低了企业创新动力。在大量技术项目引进中，企业往往不注意自身技术积累，而只注重形成生产能力，使技术引进背离了企业自我配套消化的能力。⑥ 传统考核指标体系误导。我国以考核速度为主的国民经济与社会发展的考核指标体系，导致企业普遍偏离综合生产率的提升，而去追求粗放型、资源消耗型的经济增长模式，不屑于创新模式。

## 第四节　多样性导致稳定性

这里的多样性体是指要从系统视角构建技术进步与产业升级之间的互动关系。互动机制的系统视角包括政府、市场和企业这三大层面：

一是政府视角。经济转型期间的政府仍然掌控着大量的行政资源，尤其是对创新资源的配置仍然处于举足轻重的地位。但由于我国条块分割的体制将公权力分散化、部门化，甚至是人格化了。为此，从政府视角考量,互动机制体现在两大层面:① 体制层面。在体制层面,必须解决整体功能被肢解的问题,途径是成立独立的生产力管理机构,将现有的经济、科技、教育等职能部门的相关资源整合起来,旨在改变产业平台、技术平台和教育平台相脱离的状态。② 政策层面。政策层面应解决政策不配套和政策不连续问题,途径是形成完善的统一政策体系,包括产业技术政策、知识产权政策、财税金融政策、政府采购政策和市场规范的政策等。政策制定理念的整体性和政策制定者的协同性,将在很大程度上决定政策的配套性和一致性。

二是市场视角。市场是一个完整的体系,它由若干关系密切、互为依存的要素市场、产品市场组成,彼此缺一不可。从市场视角分析,其层面有二:① 市场形态层面。应逐步使地区人才市场、技术交易市场、产权交易市场、资本要素市场之间形成内在互动关系。② 市场功能层面。包括形成规范的竞争机制,以利于优胜劣汰;有效的价格机制,减少政府对价格管理的短期行为,以利于经济增长的集约化;健全的中介组织,以利于创新资源的社会化配置;严明的执法机构,以彰显法制的有效性。

三是企业视角。企业作为创新主体地位的确立,受制于企业运行的体制、机制和资源分配:① 治理结构层面。企业治理结构要改变“一股独大”的局面,才能强化企业的创新动力。据中国科技战略研究证明,企业创新动力与企业治理结构相关。② 自主机制层面。要逐步实现企业经营自主权与资本自主权相匹配,以利于企业从资本市场有效地获得创新所必需的资金资源。③ 创新平台层面。从某种程度上判断,一个国家技术创新主要来源企业内部的创新需求,如果企业运行机制合理,其创新动力源自追求垄断利润而进行的内生性活动。例如,韩国在经济起飞的1988—1998年间,将创新平台设在企业内部,使企业内部研究机构从47家扩张至4 000余家,研发投入稳定地保持在占全国研发总投入的80%以上,从而奠定了在国际市场上韩国企业的竞争地位。④ 创新投入层面。数据证明，企业研发投入占销售额之比达 2.5%时，企业只能勉强维持生存；只有当达到 5%以上比例时方能具竞争能力。刚进入 21 世纪时，长三角地区的研发销售比中，上海为 2.1%，江苏为 1.7%，浙江为 1.4 %，均未达到维持生存的比例。

# 第十二章

# 劣势转变“金不换”

一个国家的危机涵盖了政治、社会、经济以及生态安全的危机。但本章集中关注的则是经济危机。跌宕起伏的世界经济史证明“成亦金融，败亦金融”。金融是国民经济的命脉，但它也能陷国家于灭顶之灾。从金融危机发生的过程判断，危机发生前受灾国家的经济往往会出现一系列的先兆，诸如美国的次贷恶化、金融杠杆失控，泰国的经济增长倒行、收支逆差扩大等。待到危机发生，一系列金融指标急剧恶化，诸如利率、证券价格、汇率、房地产价格以及金融机构破产数量等。面对危机，考验的是政府危机管理能力，若政府宏观政策失当，则令危机加剧。1997年东南亚金融风暴中，泰国政府犯下的“坚守固定汇率”和“借巨额资金给金融投机者”这两大错误，致使该国危机雪上加霜。从历次金融危机的教训中引出的启迪，将成为政府在加强金融危机管理中的一笔“金不换”的重要财富，其主要启迪是：① 金融的先天不稳定性决定了不能失之放纵。② 政府信用不能无限扩张，信用货币的膨胀速度必须限定在合理的边界之内。欧洲的主权债务危机，便是深刻的教训。因此，国家不能过度向外拆借外债，企业也不可向银行过度借贷，因为二者后果将会导致两大危机，即偿债危机和银行支付危机。③ 经济过热的后果是降低资源配置效率、引发资产泡沫、酝酿不良资产。④ 必须严格防范国际“热钱”的炒作和控制外国资本的过度导入，以免冲击国内金融市场。

## 第一节 要静心解读金融海啸

发端于 2008 年的全球金融海啸，是继 20 世纪 30 年代经济大萧条之后，最大的一次全球性危机，读懂它的内涵，将是一笔丰厚的危机管理财富。针对 20 世纪 30 年代经济大萧条，两位伟人的预言令人回味。从胡佛总统手中接过萧条阴影之下美国白宫宝座的罗斯福，在评价当时美国社会局势时警告说：“最大的恐惧莫过于恐惧本身。”言话外之音是：萧条并不足以恐惧，而人们对萧条的恐惧所引发社会预期的恶化，才是最大的恐惧。这里必须指出的是，罗斯福总统所言的“恐惧”，并不指表露于媒体文章和政府官员的言辞之中，而是指潜藏于广大消费者和投资家心中的“预期”。与此同时，另一位世界巨人丘吉尔对美国政府应对危机的能力作出了评估，他说：“当所有的办法都使尽之后，美国总是还有新的办法”。丘吉尔对美国的信心，在于他准确认知了美国政府的危机管理能力和美国社会的创新能力。后来的事实都无不证明了丘吉尔判断的正确性，美国社会反思危机所积累的全美 40% 创新成果，便是最有力的佐证。两位历史巨人的名言，虽已事隔 70 个春秋，但仍然不失其先知者的光芒。值得作为我国设计应对金融海啸之策的殷鉴是，改善社会预期与激励社会创新相联手，是化“危”为“机”的关键。静心而不是粗心解读金融海啸，我们可以得到如下启迪：

一是中国发展的转机不在于奥运会或是世博会，而是金融海啸。我国经济运行所表现出来的问题，本质上是结构矛盾、体制缺陷和增长方式粗放的综合反映，即决定发展水平的关键不在于经济总量多寡，而在于发展模式优劣。奥运会与世博会只是局部地区投资和消费的一次性扩张，而金融海啸的进程是三大过程的集结，即经济结构优化的过程，落后元素（涵盖模式、机制、政策、企业）淘汰的过程和经济行为规范的过程。危机是一个复合性的概念，完整表述为“危险的机会”，“危险”是表征，“机会”是本质。智者看到的是“机会”，愚者面前只有“危险”。综观人类文明史，人类社会的每一次巨大进步，往往是对重大危机（或是灾祸）深刻反思的结果。正是20世纪30年代的经济大萧条，孕育了“罗斯福新政”，孕育了美国40%的创新成果，孕育了“布雷顿森林体系”。

我国对传统发展模式的反思始于20世纪90年代的“两大根本转变”，但由于传统的国民经济与社会发展考核指标体系价值指向的扭曲，我国全要素生产率与总要素投入的贡献份额比，要从1996年的0.342增长到1，将长达48年之久。显然，这种缓慢的转变机制是难以仰仗一届奥运会或是世博会得以改变的，而只能寄希望于一种强大的倒逼力量。

二是不同功能之间只有互补关系而非替代关系。源自18世纪初叶古典经济学家反对重商主义经济思潮和与之相适应的国际干预主义经济政策所形成的经济自由主义思潮，主宰了整个19世纪各国市场经济理论体系，直至被20世纪30年代经济大萧条时期崛起的凯恩斯主义所取代。从此，历史便步入了经济自由主义与凯恩斯主义轮流坐庄式的交替兴衰时代，它使全球经济陷于交替振荡的历史过程之中。我们从最近浩如烟海的金融文献中判断，这种新一轮交替借助于华尔街风云将重启尘封。经济自由主义与凯恩斯主义之争所折射出的“无形之手”（市场）和“有形之手”（政府）之关系，只是一种互补关系，而不存在替代关系。事实证明，金融海啸并非全是市场创新之罪，也有政府有失监管之责。在西方主流精英经济学家关于“没有监管的管理是最佳的管理”思想鼓噪之下，华尔街很多复杂的证券化产品通常不需要体现在银行的资产负债表之中，并能通过场外交易转手，进而有效地规避了监管。与此相对应，应对金融海啸的“救火”行动，也无法全凭政府投资之手，还得借助于市场效率之臂。

凯恩斯主义的财政政策之所以为各国政府所青睐，根本原因在于其短期见效的特性符合各国执政政府短期执政目标之偏好。但是，据我国历次财政政策实施的效果判断，保增长目标的政策措施必须与优化产业结构、深化制度创新和清偿民生欠账相结合，方能奏效。

三是转变劣势比重复优势更重要。100 年之前的古典经济学认为，转变劣势产生的效应往往甚于重复优势。据此思想，应对金融海啸必须确立三大理念：

理念之一是转机管理重于风险管理。以人体抗病作比，注射退烧剂是病险管理之先，旨在控制并发症，但非治本。治本之法是消炎，旨在从根本上消除病“灶”，使病体转化为康体，这才是转机管理。4 万亿元投资计划的目标是防止经济下行，实乃“防止风险放大”之策。但不借机从根子上“下药”，非但推动经济上行目标无法巩固，而且经济再度下行恐只是时间问题。“下药”之要如下：

① 转变投资体制。由于投资体制的缺陷，我国投资效率低下，资本产出率逐年走低。从效果系数判断，1978 年为 37.1 元(即投 100 元产出 37.1 元，下同)，2000 年为 29 元，2006 年为 24.5 元，2007 年为 26 元。又由于投资的盲目性，导致产能利用率低下。据有关部门对我国第三次工业普查的 285 种主要工业品的调查，在考量库存的条件下，全国主要工业产品实际平均生产能力利用率仅为 51.9%，其中小型电子计算机生产能力利用率仅为 3.5%。

② 转变反腐机制。我国反腐倡廉固然取得了可喜的成效，但与形势发展要求相比仍有诸多不足，关键是未能在机制上从随机(靠举报)反贪走向制度反贪。反贪不彻底必将从非经济因素层面弱化保增长措施，据资料证明，我国贪污造成的直接经济损失年均占 GDP 总量的比

重分别是：20世纪90年代后半期为13.6%—16.9%；1999年至2001年为14.5%—14.9%。

③ 转变社会诚信机制。许多有竞争实力的民营企业家之所以不愿将投资和贸易的主战场转向国内，其一个十分重要的原因是国内市场诚信度缺失严重，大大提高了企业经营的风险成本。据资料显示，我国经济活动中，有50%的经济合同带有欺诈性。又据统计，前几年我国合同交易只占整个经济交易量的1/3左右，且平均合同履约率仅占半数。至于知识产权侵权行为更是司空见惯，屡见不鲜。

理念之二是内忧管理重于外患管理。事物作用机理是“外因通过内因起作用”，正如俗语所言：苍蝇不叮无缝之蛋。我国银行业务受创新能力之限，其为金融海啸拖累的部分均是过去为追求“固定收益”的美元债权资产，其损失再大也难以与西方列强所能比肩；外需萎缩导致出口受阻的损失也决不会是一个天文数字。而我们必须全力应对的倒是国内的三个“两高一低”之顽症，其导致的损失将难以估量，具体体现是：

首先，经济高增长，外汇高储备，就业低增长。它显示的内在含义是：① 我国经济高速增长的主动力，源自外需出口，而非内需拉动，其依赖性高、盈利率低；② 我国政府对经济运行主体的政策天平是向资本密集型企业倾斜，而非劳动密集型企业。

其次，高投资率、高储蓄率、低消费率。我国投资率和储蓄率之高均位居全球之冠，而消费率之低则断全球之后，彰显的问题有二：① 消费与积累关系严重扭曲，降低了抗全球经济波动的能力，导致经济良性循环能力趋于弱化；② 财富分配呈两头大中间小之势，最具消费能力的中产阶层在我国尚未形成。

最后，高能(物)耗率、高污染率、低产出率。我国制造业“代工”企业的性质决定了“三最”，即附加值最低、资源消耗最烈、环境污染最重。我国2万亿美元左右的外汇储备中不乏贸易顺差的贡献，但由于国际分工的低端地位，使我国的加工性收益只占全部收益中的10%。换言之，我国贸易顺差为洋人所作的贡献是自己辛苦所得的9倍。然而，以此换来的则是我国80%江河湖泊的断流枯萎，2/3国土的沙漠化、绝大部分森林的消失和近100%土壤的板结。另有1/3国土为酸雨笼罩，4亿人口呼吸着严重污染的空气，1 500万人患上了呼吸道顽症，还拥有了全球污染最严重的20座城市中的16座。

理念之三是长痛管理重于短痛管理。我国保增长措施的最终目标是刺激内需，而我国当前最大的威胁正莫过于内需不足，其中尤以消费需求为最。其实这只是一种表面现象，其根源是体制性缺陷在起作用。据国家统计局资料，2008年第三季度我国消费者信心指数为93.8，比上季度回落0.3个百分点，它是当年连续三个季度的信心回落。此外，第三季度全国企业家信心指数为123.8，分别比二季度和上年同期回落11.0点和19.2点。与之相对应的是全国城乡居民储蓄余额从2003年至2007年间的创纪录地逐年上升，以致高居城乡居民金融资产总额的70%。形成鲜明对照的是另一组统计数字：1993—2003年间我国国内市场最终消费率平均为59.5%，其中2004年为54.3%，2005年只为45%，而同期世界平均水平竟高达78%。

数据证明：群众不消费并非手中无钱，而是消费倾向受制约，其制约因素是：① 国民财富成倒金字塔占有，进而导致消费倾向下降。我国现状是，穷人虽有需求但消费不起（以8亿农民为主体），富人虽消费得起但无需求。② 社会保障机制不健全，导致消费者支出预期的恶化。社会保障机制要解决的问题有三，即保障标准低、保障覆盖面小、保障立法不完善。因此，它使城乡居民的消费具有后顾之忧，必然导致全社会储蓄倾向上扬，为敷不时之需。③ 长期维持的低工资制度，上扬了高剩余价值率，抑制了社会总需求。社会提供的商品和劳动是要靠人们用工资去消费的，但由于相当部分人群的工资收入增长速度远低于经济增速，加之币值的不断变化，且许多过去本属财政福利支出(诸如住房、医疗和求学)的基础性消费转化为个人收入支出,故大大制约了人们即期消费其他商品和服务的能力。若不从这些"长痛"出发去治理"短痛",其效难免堪忧,它印证了"人无远虑,必有近忧"之说。

## 第二节 它帮助重塑发展模式

人类社会经历过无数次重大变故,每每都以适者生存的规律决定成败。适者能知已知彼,泰然应对;淘汰者则往往是固守陈规,无措手足。华尔街危机引发的全球金融海啸标志着以布雷顿森林体系为基石的传统金融时代的终止,全新的现代金融体系正骚动于襁褓之中。华盛顿首届20国金融峰会便是探索"布雷顿森林体系第二"的反思会。时代的变更以劣汰者为代价,以优胜者为印记。于是不难判断,金融海啸揭开了新一轮企业"洗牌"的序幕。因此,面对海啸的冲击,我国企业关注的重心,应当是调整对策以顺应新时代的降临,而不应该怨天忧人地祈求旧时代的回归。这种对策的核心,均指向了发展模式。这里的视点有:

一是判断金融海啸背景的视角。金融海啸不同于20世纪30年代的经济大萧条,它出现的背景是经济全球化。全球化是一个利弊相间、共生同灭的时代,其特点是风险虽同担,利益并不共享。效率高低决定经济强弱,进而决定获利多寡。全球化过程是一个竞争与合作并行不悖的过程,但其行为规则的制订权掌握在少数经济发达国家的手中。

1. 全球竞争格局铸成三大利益集团。有专家认为,比较优势的理论促使全球形成三大集团,即:以欧美日为代表的技术资本集团,其富裕程度为最;以中东、俄罗斯、拉美、非洲为代表的能源集团,其富裕程度次之;以中国、印度为代表的劳动集团,其富裕程度最次。占全球15%人口的技术资本集团,通过手中的技术优势牢牢地控制着能源集团和劳动集团,以实现其配置全球3/4资源的目标。

按理说,动力经济时代的劳动资源与能源资源联手是致富之本,但为何这两大集团富裕程度均不敌技术资本集团呢?原因有三:首先是资源配置效率差异。如前所述,资源的流向是从配置效率低的地区流向配置水平高的地区,而能源集团具有能源储备充足的优越感而不注重配置效率,劳动集团则自恃劳动资源丰富而满足于粗加工(教育投入普遍贫乏),故均满足于"为他人作嫁衣"的发展模式。其次是经济沙龙中话语权的差异。以国际货币基金组织为例,它根据各国缴费额决定表决权,而各国缴费额的比例是:美国17.1%,欧盟32.4%,中国仅为3.7%,印度1.9%。充当世界经济协调者的七国集团则全部由高收入国家组成,其中无一是发展中国家,重大规则的确定几乎是发达国家之间内部交易的结果;最后是控制市场能力的差异。由于经济分工中高端环节几乎全为发达国家所掌控,从而形成了发达国家长期支配发展中国家的局面,固化了支配和被支配的关系。

以石油价格管理为例,其价格指数变动既不掌握在产油国手中,也不掌握在耗油国手中,而是掌握在执掌纽约商品市场的投机者(发达国家石油大亨)手中。这个既非石油生产企业,又非石油耗用大户的美国高盛投资管理公司,于2007年发表虚假报告,谎称石油要涨到200美元一桶。当中国企业全力购进147美元价格的原油之际,高盛公司却悄悄抛售原油,到了当年岁末时,石油降至34美元一桶,致使中航油(新加坡)在国际原油衍生品交易中巨亏40亿美元。强势国家恶意掌控劣势国家经济命运,还体现在推高这些国家的经济泡沫之后,再在火中取栗。仍以这个美国头号投资管理公司高盛的劣迹为例,它在2002年将中国银行的债务率从20%提高到40%进行宣传,并在报告中大肆渲染改制的紧迫性。结果,使高盛等国际投资银行以极其低的价格收购了我国国有银行上市的股权。与此同时,高盛公司的经济学家们又不遗余力地捧杀中国经济。他们一方面抛出"人民币升值论",另一方面又提出包括中国参加的"金砖四国"概念,既使高盛有资格成为中国高层的"座上宾",又诱使全球"热钱"来华制造中国资产价格的泡沫。

2. 布雷顿森林体系凸显美元国际地位。二战以后发达国家领衔的全球 44 个国家于 1944 年 7 月 1 日云集于华盛顿新罕布什尔州的布雷顿国家森林,举行为期 20 天的长会,会议确立以美元为中心的固定汇率体系,其内涵是美元与黄金挂钩,成员国货币与美元挂钩,实行可调整的汇率制度。在实现全球货币、贸易、银行一体化的基础上,巩固了美国作为全球金融帝国的地位。各国以美元作为外汇储备货币的趋势强化了美元的地位,形成了美国人通过发行美钞来向全球举债,并采取做弱做强美元的交替手法,以达到向债权国赖账并转嫁风险的目的。2000—2006 年间,美国连续 6 年美元贬值,导致其外债消失(使债权者权益缩水为代价)高达 35 817 亿美元。以 2007 年为例,美国国际收支逆差 7 331 亿美元,按常理推算,其对外债务应以同等规模增加,但事实上与 2006 年相比美国债务非但不增加,反而减少 1 218 亿美元。换言之,当年美国有 8 549 亿美元债务莫名其妙地消失了。事实证明,美国人向别人借钱,非但无偿,还要向债权人收费。

3. 全球经济已步入了各国难以独善其身的时代。据日本《每日新闻》估计,自美国次贷危机以来,全球金融市场资产缩水高达 27 万亿美元,相当于 2007 年美国、日本、德国、中国和英国 5 国 GDP 的总量,是全世界各国 60 万亿美元 GDP 的一半左右。近 3 个月时间,美国股市下跌近 40%,加拿大和日本股市股指下挫 35%以上,欧洲各国股市跌近 30%。中国股市指数一年来也狂跌不止,金融资产缩水高达24.6 万亿元,超过了 2007 年中国 GDP 的总量。各国之所以无法在金融海啸中独善其身,除经济全球化因素之外,另一个重要原因是这次海啸的发端来自金融帝国的心脏——美国华尔街，而非以往的边缘性海啸，诸如墨西哥、俄罗斯或是东南亚的金融风暴。

二是金融海啸引出的思考令人震惊。危机是价值回归理性的过程，犹如人体发烧是体内免疫系统发生作用的原理一样。各国救市行动犹如患者注射退烧剂，于杀灭病毒无缘，只是通过控制并发症，为免疫系统清理病毒排除干扰，并争取了生理平衡的时间。换言之，救市行动是治标之举而非治本。从"成败萧何"的理念认知，当前的危机于中国而言是利大于弊，即短期的弊将换得长远的利。这种"利"体现在决策者对我国发展模式的反思之中，并有望实现多年来未曾实现的目标，即资源配置方式转变、经济增长方式转变和需求导向转变。

1. 金融海啸是传统金融体系内在痼疾的必然结果。自从 1971 年 8 月美国总统尼克松宣布放弃"金本位制"，实行美元与黄金比价和自由浮动之后，除世界银行和国际货币基金组织继续生效外，布雷顿森林体系已名存实亡。但一个以鼓吹金融自由化和混业经营为主流思想的金融体系，无形之中维系着全球的金融秩序和交易模式，它导致金融资产的扩张不断脱离储蓄、脱离实体经济和脱离政府监管。其教训有：

首先是金融高度虚拟化。美国 2006 年金融业创造了 1/3 的企业利润，但其产值只占 GDP 总量的 2%—3%。2007 年全球金融衍生品资产为 516 万亿美元，其中 300 万亿美元资产在美国，而当年全球 GDP 仅为 48 万亿美元，夸张程度超过 10 倍。

其次是经济高度赤字化。美国人花的钱比挣的钱多，尽管 70%的人收入水平在下降，但其支出却在增长。美国的储蓄率从 2005 年起降低为负值，为弥补国内消费和投资的不足，不得不以每天 25 亿美元的速度向海外举债(方法是大量发行美元)。至 2007 年，全美累计借款 53 万亿美元，约为当年美国 GDP 总量的 4—5 倍，人均负债已高达 20 万美元。这种靠大量发行美元举债的模式，其伴随的后果是美元不断在自我贬值,其结果必然导致债权者被迫接受债权缩水的现实。

最后是金融行为自由化。面对美国金融债务杠杆率失去底线(高达 1:30 以上)和次贷合同泡制者被虚假信用评级时,政府全然听之任之。"原本有权监控"的美联储可以"制止不负责任的放款行为"(格林斯潘语)却放任不管,其源在于美联储实际上是一个私人银行家和大企业集团的组织,它既不受制于政府,而又在总的政策取向上与政府不谋而合,即双方共同奉行绝对的自由主义市场经济理念及其相关政策,进而使美国金融衍生产品的创新,失去与实体经济的联系,失去核心资产的支撑,失去严格的监控和有效的评估。

2. 金融海啸对中国经济的影响不容小视。2008 年 10 月 26 日下午笔者应邀赴浙江省嘉兴市秀洲区王江泾镇讲课,在回答企业家们问题时,我说过这场金融海啸对我国经济影响的大致过程是:2008 年秋天至 2009 年初是处于"阵痛"阶段,2009 年上半年步入"调整"阶段,2009 年下半年起开启"复苏"阶段。结果,时间应验了判断。当时这种判断是基于如下思考:

首先是中国经济基本面尚好。与多数国家相比,中国经济的基本面没有大碍,表现之一是:当时的股市正在回归理性和趋于成熟。股市在缩水 24.6 万亿元之后,其估值已回归发达国家水平之下。泡沫的挤压,有利于夯实中国经济的基本面。表现之二是中国经济上升周期尚未结束。由于资源商品化进程尚在进行之中,中国经济高增长空间尚未走向尽头,9%的增长率并非远不可及。表现之三是通胀逐趋回落。通胀回落既是当时宏观调控作用的结果,又传递出经济下行的信号,但为财政政策和货币政策的实施,步出了两难选择的境地。表现之四是凯恩斯政策已被历史证明是"经济强心针"。

其次是中国经济总量不大,涉外金融联系不深。我国当时经济总量不敌全球 5%,只及美国的 1/5,尽管对外依存度高达 70%(其中出口依存度为 40%)。从总体判断,我国的对外开放应作如下评估:贸易水平远高于金融水平、资本流入水平远高于流出水平、总量水平远高于价格水平。正因为如此,其受金融海啸影响程度也相对不太严重。再加之我国金融监管力度强于金融创新程度,因此金融体系自身稳定性较好。换言之,中国金融模式的负面效应与全球金融体系起了绝缘作用。

最后是中国经济增长速度正在放缓。这种放缓趋势,对中国企业而言必将进入一个“阵痛”时期。从全方位观察,金融海啸对中国经济的影响渠道有三:① 金融渠道。中国 1.9 万亿美元外汇储备均将面临缩水,其中 6 000 亿美元购买了美国国债,5 000 亿美元购买了美国金融债,其余均成为风险资产。② 贸易渠道。入世以来我国连续 6 年对外贸易的增速保持在 20%以上,其中中美贸易占据 20%份额。由于 2008 年第三季度美国经济出现 0.3%的负增长,失业率高居 6.1%(8 月份),创 4 年来新高。其最重要原因是占美国 GDP2/3 的个人消费下降了 3.1%,创 28 年来历史之最。在美国需求大幅萎缩面前,中国出口企业必然受阻,而受外需制约必然会导致整体效益下滑。据统计,全国规模型工业企业 2008 年 1—8 月的利润增长为 19%,大大低于上年同期 37%的增速。③ 信心渠道。由于中国投资者受国际主流经济的影响,信心指数必然受累。上证指数一年之内从 6000 点下跌至 1802 点,便是最有力的证明。房地产业持续萧条导致钢铁、水泥等数十个行业下行,建筑业从业人员(目前高达 8 000 多万人)必将锐减,进而又转嫁到内需。此外,由于劳动收入占 GDP 份额的持续下降,将导致居民最终消费占 GDP 的比重持续下跌。除这三大影响渠道导致经济增速放缓之外,还有一个根本性的因素,是经济发展模式的被迫转换将使我国经济的增长从高速走向中速。模式转换是应对金融海啸的必然结果,其内容包括经济增长从粗放走向集约,从投资拉动为主走向以消费拉动(它促使财政政策向民生开支和企业减税倾斜)为主,从追求速度走向追求效益,这三大转向均会使经济增长回归中速。

3. 金融海啸对经济的作用具有明显的阶段性特征。金融危机的作用过程大致可分为四个阶段：首先，金融产品危机阶段。这一阶段从美国次贷产品交易叫停开始进入危机，标志是房价下跌（跌幅达25%），月供停止，不良资产开始向金融机构（其中美国房利美和房地美两公司的住房抵押贷款高达5万亿美元，占全美信贷市场规模的一半）转嫁。由于不负责任的信用等级评估，导致隐含还贷风险的次贷购房合同，通过手续费形式从小型贷款机构转卖给"两房"公司，再由"两房"公司将定时炸弹式的次贷合同，作为金融衍生品包装上市发行，从而将风险向全球转嫁。当产品疯狂到一定程度之后，泡沫危机便开始显现。

其次，金融机构危机阶段。"两房"公司的5万亿美元住房抵押贷款中，有3万多亿美元资产由美国各类金融机构持有，另有1.5万亿美元资产由外国投资者持有（包括中国）。当不良资产使金融机构——缺失储蓄支撑的投资银行，失去流动性支持后，破产将是其必然结果。从2008年3月美联储接管贝尔斯登（国际集团）起，便开启了美国金融巨子走向衰败的先河，随之而至的是雷曼兄弟垮台、美林卖身（被收购）、摩根史丹利和高盛的变身（转向商业银行），其对金融机构影响程度已高达65%。

再次，金融市场危机阶段。金融机构的先后破产，导致资金流动性的全面弱化，引发股市狂跌，进而动摇了全球传统的金融体系和金融自由化理念，激起了全球一致性的以拯救市场信心为主旨的联合救市行动。

最后，实体经济危机阶段。由于流动性受阻，企业资金链趋紧，失业率上升，社会收入预期与支出预期同步恶化，消费倾向大幅下降，导致实体经济失去需求基础和信心基础。

三是我国政府应对金融海啸之对策。反思发展模式，转变需求导向战略，振兴和培育内源型经济，防止经济下滑是我国政府应对金融海啸的自救之策,在全球化的今天,这也是稳定全球经济之策。

1. 从系统视角培育自主型的内源经济。培育内源经济是一项系统工程,其中包括:① 加快储蓄转化投资的步伐,降低投资领域的对外依存度。外资成本高于内资,自主程度又低于内资,利用内资的关键是要通过金融衍生品的创新,增加国民储蓄的转化能力。② 将财政政策的重点放在减税上,旨在扩大内需能力。积极的财政政策不仅应体现在"增支"上,更应体现在大规模减税之上。对我国政府而言,减税能起到"一石三鸟"之效,即:减轻企业和民众本已沉重的税赋,以刺激民间消费和投资;减少政府对市场的非经济性干预,有助于政府职能转型;促使财政运行机制向"公共财政"模式转变。企业减税重心是增值税的全面转型和提高出口退税率;个税改革应是提升起征点、减免红利税,取消印花税等"组合拳"来带动资金规模,并通过乘数效应拉动内需。③ 加大"三农"投入,增加农民收入,激发全国 2/3 的被闲置购买力。作为天然弱势产业的农业,其投入的重点有三,包括基础设施投入、农技投入和产业化经营投入。④ 改革传统考核指标体系,变鼓励外需为调动内需。各级政府的考核重点,必须从"出口作为重中之重"的轨道转向"内需是重中之重"的轨道上来。

2. 实施扩大内需计划要兼顾长远与短期。我国 2010 年前投资 4 万亿的保经济增长计划,是一种传统的、见效快的计划。它的有效实施将有利于扩大投资需求、促进经济较快增长,对于恢复国内乃至全球经济信心均有不可低估的作用。这种积极的财政政策和宽松的货币政策的同步使用,被誉之为堪与当年罗斯福新政比肩的宏观决策。历史是现实的殷鉴。这项政策的启动实施还必须注意长远目标与短期目标相兼顾,治本与治表相统一,实现"四大结合"。否则,其效果只能是暂时的和不连续的,甚至是负面的。

首先,扩大投资与优化结构相结合。财政政策具有调节结构的功效,其重要的作用是平抑由于投资结构失衡所导致的结构性产能过剩局面。但由于在经济日益走向疲软的今天,受地方政府利益偏好的冲动,容易导致扩大投资的行为背离结构优化的宗旨,进而加重结构性产能过剩的局面。

其次,产能提升与内需扩张相结合。产能提升是投资扩大的重要目标,但如果缺乏消费扩张相配合,则产能提升所增加的产值将会进入仓库,而不是进入最终消费者手中。令人担忧的是4万亿投资计划正在将百姓的消费能力转化为政府的投资能力。因此,二者必须同步实施,兼顾投资信贷和消费信贷,以防失之背离。

再次,项目落地与严格土地管理相结合。地方政府近几年先后经历了“有项目缺土地”和“无土地有项目”的两个阶段。现在一旦有了项目落地的机会,又有了十七届三中全会关于农村土地制度改革的精神,二者对阵极有可能导致违规利用土地行为再现。

最后,保经济增长与防通胀反弹相结合。由于投资需求扩张,必将改变投资品的供求关系,加之我国对进口需求的路径依赖,有可能导致输入性通胀的反弹。为此,必须把握好投资增长的时序,以防二者发生对冲。

3. 帮助企业提升应对危机能力。经济运行的微观主体是企业,它决定着国家的经济效率。由于宏观经济政策的生效有一个作用的过程,市场需求也有一个从外需向内需转化的过程,企业成本更有一个从低到高的消化过程。为此,作为过渡时期的我国企业要把握好三大转变:

首先,经营模式转变。企业要从“低成本、低技术、低价格、无品牌”经营模式的惯性中走出来,逐步转向“高成本、高技术、高价格、有品牌”的模式上来。这种模式的转变,其基础是人才储备和技术创新。要引导企业乘势引进退出市场的同业人才和供求严重失衡的高校毕业生,逐步从人力资源优势向人力资本优势过渡。与此同时,应强化对企业研发的投入,使之与企业销售额之比从2.5%(维持生存比例)向

5%(具备竞争力比例)迈进,以创新传统的产品、生产流程和生产工艺。

其次,企业资源整合方式转变。企业要从自身资源的垂直整合转向虚拟整合,即从自我封闭式的全流程生产环节的“小而全”整合模式,转向以选择自身强项生产环节为主业的模式整合,将非强项环节通过外包专业市场实行虚拟形式的外包整合,其目标有三,即既扩大产品规模效应,又降低生产成本,还能稳定产品质量,起到“一石三鸟”之功。

最后,需求导向转变。企业要从外需主导型的出口导向战略,转到内需主导型的导向战略上来。为适应这种转变,企业的产品开发、目标市场、营销策略和企业组织形式,均应作出相应的调整和创新。

## 第三节 最先唤醒的是劳动密集型产业

由于全球产业链中的低端分工地位,决定了中国纺织业(作为劳动密集型产业的代表)具有两大特点:一方面是对外高依存度。30%—40%的对外依存度,决定了我国纺织业成为一种依附型的产业,仰外需鼻息是其必然结果;另一方面是劳动高密集度。全国30万家纺织企业吸纳着2 000万劳工,决定了我国纺织业是一种事关社会稳定的产业,社会效益与经济效益并重是其必然逻辑。自从1998年1月23日上海申新九厂开始“压锭”起,我国纺织业进入了产能结构调整和升级的时代,但其产能过剩的危机由于外需的亢进而被长期掩盖着。2008年的金融海啸最先唤醒了中国纺织业为期十年的“春梦”,它迫使我国纺织业进入产业加速升级的通道,揭开了纺织业调整振兴的序幕。

一是金融海啸既是传统发展模式的终点,更是现代发展模式的起点。面对金融海啸,国人出现了两种态度:愚者呼唤、眷恋、追逐“明日黄花”，抱怨海啸卷走了传统的“家业”；智者静观、期盼、迎接“黎明的曙光”，庆幸海啸淘尽了残礁碎石。自20世纪90年代末东南亚金融风暴以来的10年中，我国经济在全球一体化进程的催生之下，泡沫的聚集已到了令国人不安的程度。从此意义上评说，正是全球金融海啸提前挤碎了中国的经济泡沫，使之免遭经济崩溃之虞。我国经济运行所表现出来的问题，本质上是结构矛盾、体制缺陷和增长方式粗放的综合反映，其解决的方向决不是经济总量的扩张，而是发展模式的变更。危机管理的思路有二：

①“危险”向“机会”传导的“通道”是倒逼机制。回顾改革开放30年的历程，我国曾经出现过三次重大的“倒逼”：第一次是20世纪90年代初叶的对外开放倒逼资源配置方式。市场效率为导向的外国直接投资，与政府利益偏好为导向的本国投资体制发生冲撞的结果，在加速我国资源净流出的同时，加快了政府主导配置资源的权力向市场“移交”的进程。第二次是世纪之交的要素(尤其是土地要素)短缺倒逼经济增长方式。外资排山倒海的导入，使我国资源面临加速枯竭之势，环境正日益走向恶化。以2006年为例，我国GDP占全球5%，但消耗的各类资源占全球的比重在20%—40%之间，二氧化硫排放量居全球第一位，二氧化碳排放量居全球第二位，导致每年经济损失在1 000亿元以上，直接威胁着13亿人口和16亿亩耕地的安全。为此，我国传统的经济增长方式在倒逼之下，正在从传统的水平扩张转向垂直扩张，即增量管理模式被逼走向存量管理。第三次便是这次来势凶猛的金融海啸。金融海啸的倒逼指向，是以改变需求导向和机制为突破口，直指我国发展模式，其中尤以纺织行业为最。

②“危险”向“机会”传导的“介质”是创新机制。如前所述，针对20世纪30年代经济大萧条，两位伟人的预言令人回味。罗斯福总统之所以会作出“最大的恐惧莫过于恐惧本身”的判断，是他对于潜藏于广大消费者和投资家心中“预期”的重要作用，具有深刻的理解，因为

市场经济是建立在信用和信心的基础之上的。丘吉尔首相之所以对美国走出危机抱有信心,并作出"当所有的办法都使尽之后,美国总是还有新的办法"的判断,是他深知创新能力在一国经济发展中无与伦比的威力。后来的事实证明了丘吉尔判断的正确性,也正是点明了我国纺织行业化"危"为"机"的路径。

二是发展模式决定经济全球化态势之下的财富分配。按照主流经济学的所谓"比较优势理论",我国的纺织业将永无翻身之日地被锁定在国际产业链分工的低端位置之上,靠被雇佣劳动和出卖低价自然资源来苦度时日。对于这种低端分工,我曾将之喻为"毛猪"效应,其高附加值的"种猪"(指制造业的自主知识产权)及猪鬃、皮革、肉类、内脏的深加工我国均无权染指。传统比较优势理论(被我国的主流经济学家们所推崇备至)促使全球形成占世界15%发达国家人口的技术资本集团,正在配置全球3/4资源的格局。全球利益分配的逻辑关系是:发展模式决定国际分工地位,国际分工地位决定资本积累程度,资本积累程度决定国际经济规则话语权,国际经济规则话语权决定财富分配结果。

如前所述,国际货币基金组织是根据参加国缴费额度来决定表决权的,因此在国际重大经济决策领域,发展中国家必然成为不合理决策及其表决结果的被动接受国。以劳动密集型著称的中国纺织业,2008年度出口的177亿件服装,均价为每件3.51美元,制鞋业更是每双鞋出口均价仅为2.5美元。我国外贸利润的90%以上被外商占有,剩下的10%利润要支付劳务、运输、通讯、能源和管理等一系列成本支出。历史证明,我国这种打工型的经济模式,生产越多,得利越少,损失(资源和环境)越大,发展越慢。与之相反,技术资本集团国家生产越少,得利越多,损失越小,发展越快。最终形成当今世界的"越发展越不发展;越不发展倒越发展"的畸形"发展格局"。这种格局的背后,是当事国家的发展模式在起作用。

令大多数中国人不解的是：中国资源巨大的低价消耗（占全球20%—40%），降低了全球的通胀度，为发达国家创造了利润和繁荣（中国出口的筷子比"一衣带水"的国家洗筷子的劳务费还便宜，他们用中国出口的煤炭填海比用自己的石子填海还划算），却为自己带来了环境恶化（2/3草原沙漠化，80%的江河湖泊断流枯竭，100%的土壤不同程度板结，极大部分森林的消失等）、资源枯竭（每年消失两个海南省面积的耕地）、国民健康下降（有毒食品100%地渗透全部行业，国民平均身高比日本人还低2.5公分，每年工伤死亡达10万人以上，87%农村人口无医疗保障等），而辛苦打工所得的外汇储备却被华尔街拖累而不断缩水（其中7 000亿美元资产缩水50%左右），还不断遭到受益国家舆论的非难和日益增长的贸易摩擦。究其根源，是传统的发展理论主导之下的发展模式及其产业链分工，深深伤害了中国人民。

三是转变发展模式——我国劳动密集型产业的振兴之本。国务院经审议通过了全国钢铁、汽车两大产业振兴规划之后，于2009年2月4日原则上通过了我国纺织工业的调整振兴规划，其事实本身折射出的信息有：一是中央政府对我国纺织工业2/3企业亏损、规模以上企业的七成平均利润率仅为0.1%的现状，引起了高度的关切和忧虑；二是将优化纺织产业结构、提升产业层次和强化金融财税政策资源的配置，作为振兴的过程管理，其根本指向是转变发展模式；三是削枝强干，扶强弃弱，提升纺织产业整体竞争力，作为振兴的目标管理，其根本指向是从规模管理走向质量管理。中央政府的振兴纺织业方案是一个中长期的产业管理，并非权宜之计，其实施的基点是：

首先，纺织产业振兴的标志，要从规模效益为主走向结构效益为主。纺织行业作为劳动密集型的民生产业，其之所以受金融海啸冲击深重，除行业自身固有特性之外，还有其竞争力弱化的因素。具体表现是：① 由于纺织业市场准入条件疏于管理，导致高能耗、高污染、低附加值的企业充斥市场,降低了行业整体竞争力。因此,振兴规划调整的重点之一,是淘汰这些企业。② 纺织企业技术含量普遍不高,产业层次低下,自主产品严重缺失,出口产品附加值不高。为此,振兴规划扶强弃弱的方向是支持纺纱、织造、印染、化纤行业的技术进步,推进高新技术产业化。③ 产品目标市场过于单一,缺失多元化渠道,使“鸡蛋长期存放在同一个篮子里”。针对这种局面,振兴规划凸显了统筹国际国内两大市场,重点转向国内农村市场和产业用纺织品市场。④ 产业集聚的区域布局不合理,导致沿海地区纺织品加工业过度发展和恶性竞争。因此,振兴规划旨在推动和引导纺织服装加工业向中西部转移,旨在区域之间构筑不同技术能级和层次的产业链结构。

其次,纺织产业组织形式要从“小而全”模式走向供应链管理模式。振兴规划传达了诸多的政策利好信息,但它只是纺织业振兴的外部因素,而非全部。一方面,它必须经过行业的内因发生作用,如果纺织业内部潜力得不到发掘,则其所产生的作用将会弱化;另一方面,振兴规划的政策利好消息也有其固有的局限性,诸如出口退税措施并不能改变纺织品外需萎缩的大背景,且退税幅度还将受制于国内舆论对退税补贴对象的质疑。因为,有相当部分学者的观点认为,纺织品出口退税大部分补贴的对象是国外消费者,这还不如将钱花在国内,其高达数百亿的资金也许会产生巨大的消费效应,而刺激国内消费才是纺织业振兴之关键。另外,新增中央投资中设立的专项资金不可能惠及所有企业,它只能用于具有研发能力和具有品牌的少数优势企业。为此,国家纺织业振兴规划的实施期间,纺织行业应在通过自身资产重组的同时,走产业集群之路,采取构建供应链的办法,促使纺织产业的组织形式发生变革。其理由是,专业化的劳动具有边际递增的特点,专业化水平越高,平均劳动生产率也就越高。20 世纪 80 年代欧洲经济的兴起,其源盖出于产业内部形成“一个有效率的经济组织”。为此,我国纺织业要摒弃传统的“小而全”模式,逐步演变成供应链管理为基础的虚拟外包的整合模式，进而将我国纺织企业做大、做专、做强，而不是做小、做杂、做弱。

最后，市场需求捕捉要从被动适应走向主动开发。纺织品市场的开发要实现“四大转变”：其一是市场占有要从国外需求为主转向国内需求为主；其二是国内市场要从城镇需求为主转向农村需求为主；其三是需求领域要从生活用纺织品为主走向产业用纺织品为主；其四是引导模式要从需求引导供给转向供给引导需求。

从这四大转变出发，国际国内两大市场的管理应注意下述情况：① 国际市场需求要做好两篇文章。第一篇是目标市场管理的文章。应及时将高收入国家为主体的目标市场体系，转向以中低收入国家为主体的目标市场，浙江义乌小商品市场之所以会“逆势飘红”，关键在于改变了对美国市场的依赖，扩大了对欧洲(出口增长 23.3%)和拉美(出口增长 29%)及东盟(出口增长 25.4%)的出口；第二篇是市场实地调查的文章。市场调查必须实地进行，要改变由采购商垄断信息的局面。为在逆境中图利，国际采购商会有意夸大销售困难，旨在压价或提出苛刻条件。为此，突破采购商的“封锁”，直面美国市场是我国纺织企业在逆境中销售的重要选择。其实，在美国纺织品市场需求萎缩的情势下，中档及普通套头衫、牛仔裤等纺织品仍然具有较大的市场。② 国内市场需求也应做好两篇文章。第一篇是农村消费的文章。我国目前城镇居民人均纺织品消费额为 1 000 元，而农村居民人均纺织品消费额仅为 200 元，农村消费水平只及城镇水平的 1/5，但其人口是城镇居民的 2 倍以上。因此，在金融海啸环境中，我国家电工业品“下乡”以后，纺织消费品也应紧随其后开辟农村市场；第二篇是产业用纺织品消费的文章。我国产业用纺织品消费，占纺织品终端消费的比重仅为 15%，而国际水平在 30%左右，其巨大的需求潜力正是我国纺织业未来的市场空间。

# 第十三章

# 居民消费能力是经济稳定的基石

宏观调控的职能体现在经济波动状态之下的政府控制能力。马斯格雷夫将政府财政职能归之于资源配置职能、收入分配职能和稳定经济职能。稳定经济职能，就是指政府运用宏观经济政策来烫平经济波动。经济危机是经济波动的极端形式，据统计资料显示，1552—1920年间欧洲大陆每10年左右爆发一次经济危机。而20世纪以来，全球有影响的经济金融危机有25次，其中以1929年的大危机、两次石油危机、拉美债务危机、东南亚金融风暴、俄罗斯金融危机为最。究其成因大体可分成两类，一类是内部资产泡沫（股市和房市为主）破灭引发的危机，共10次，占40%；二类是外部危机的冲击传导而引发，主要表现为国际收支失衡、短期资本套利、汇率振荡和债务高筑等，共15次，占60%。由此可见，在金融走向国际化的背景下，两类危机的本质连线是金融泡沫的长期累积。换言之，寻找危机产生根源和设计危机管理的对策，均应标本兼治、内外兼顾，决不能顾此失彼。从我国各地对2009年上半年度工作的回顾总结中，可以清晰地看到我国经济正处于复苏上升时期，经济止跌回升的事实再一次证明，凯恩斯在《就业、利息和货币通论》中提出的有效需求的理论体系，及其实施扩张性财政政策刺激经济、减少失业、治理萧条的对策主张，对于经济经历萧条之后的复苏，具有明显的催化作用。但是,其政策作用点与深层次经济矛盾的化解无缘。因为凯恩斯根本没有兴趣去关注长期效果的经济增长模式,他的一句名言是:"生命和历史是由'短期'构成的"、"长期而言,我们都一命呜呼。"事关增长模式的体制性和结构性矛盾正是我国应对金融海啸、化"险"为"机"的主攻方向。从此意义上评说,保增长不难,而调结构不易(姚景源,2009)。换言之,积极的财政政策和适度宽松的货币政策已为保增长使尽了全部解数,如政府还指望经济能持续增长的话,那么其主导力量只能是在经济增长方式和经济体制上做文章了,舍此已别无选择。而这两篇文章的结果,都要以居民消费能力为其评价标尺。

经济复苏本身具有双重角度的解读。从治标角度判断,速度指标能回复到危机到来之前的水平是复苏;但从治本视角判断,在关注速度指标的同时,更要关注经济增长的内在质量及其可持续的程度。两大视角应对了危机管理的两个阶段:第一阶段是消化库存,政策重心向投资和消费倾斜(尤其是居民消费);第二阶段是消化产能(我国产能利用率仅为60%),政策重心向结构升级倾斜。库存增长是产能过剩的必然结果,从二者作用关系判断,消化库存只是治标之举,消化产能方是治本之策。为此,经济分析应当在对量化指标作同比性判断的同时,更应注意从评估指标体系的内在结构分析中,探究经济运行质量,判断经济发展走势,把握经济潜在矛盾,找准经济结构调整方向。这些分析包括:在投资评估上,既要重视规模水平,更要重视结构水平;在贸易评估上,既要重视交易水平,更要重视价格水平;在工业生产评估上,既要重视产能水平,更要重视效能水平。

## 第一节 经济刺激计划预期什么

作为经济刺激计划的固定资产投资,其预期作用是要发挥它的"溢出效应”，即“乘数效应”。衡量这种“溢出效应”的指标有二：一是带动私人投资扩张的程度。财政政策具有作用链短、见效快的特点，能迅速转化为投资品的需求增长，进而刺激生产，但其负面影响有三：

① 易从资产价格非理性上涨角度加大通胀压力。大规模的基础设施投资必然会导致上游产品价格的上涨，这就有可能使前一时期停滞的涨价传导机制重新启动。城市建材价格的上涨，传递着原材料价格上扬的信号。尽管我国目前并未完全摆脱通货紧缩的阴影，但在刺激计划带动的需求拉动、大宗商品和原材料国际价格上涨导致的成本推动、信贷扩张导致的流动性过剩，以及社会对通胀的预期等三大因素的共同作用下，完全有可能将过量的货币供应态势转化为通货膨胀。2010 年 10 月我国进入通货膨胀之后的事实便是证明。但从 2010 年 11 月 30 日国家发改委官方网站发表的为其行政干预物价政策辩解的立场分析，在当前我国的货币政策态势下，对付物价失控的有效手段已经无可选择了。这里折射出当前货币政策的软肋是利率和汇率的固守。岂不知，宏观调控重在调控价格，而利率和汇率是两种最重要的价格。

② 信贷扩张所选择的项目，其特点决定了它带动的居民收入增长具有恶化收入分配格局之缺陷。据测算，国务院实施的 4 万亿投资计划中，90％以上的投资会成为固定资产的投资，换言之，4 万亿元计划已经将百姓消费的钱通过财政向投资转移，严重挤压了居民消费行为和能力。另一方面，投资过程所增加收入的群体，主要是主管部门的“寻租”收入、经营企业的垄断性收入、执掌信贷的银行利润及其大宗货物的国际供应商获利，而绝非平民百姓。因此，其收入分配的结果必然有悖增收的初衷。

③ 由于政府和国有主体背景为主导力量的投资行为，决定了项目的低效和加剧部分行业产能过剩的弊病。2009 年 8 月 28 日我国工信部公布的《2009 年中国工业经济运行夏季报告》指出，钢铁工业产能过

剩已超1亿吨,今年以来新开工项目同比增长20%左右;水泥产能过剩3亿吨,在建水泥生产线超过200条,将新增产能超过2亿吨;铝冶炼行业产能利用率仅为65%左右,在建氧化铝、电解铝产能仍高达560万吨和200万吨。此外,造船、化工、平板玻璃等行业也都存在较为突出的产能过剩问题,太阳能、风能等新兴产业的重复建设已经抬头,无序上马又开始出现。究其原因,是经济刺激计划产生了双刃剑作用,即保增长措施既巧妙地掩盖了原有的产能过剩,又有效地催生了新的产能过剩。

当前我国政府的投资管理体制是从计划体制时代沿袭下来的,最大的弊病是中央作为宏观与战略投资者,根本无法对数以万计的微观投资项目信息的失真度和可行性进行识别和论证,而对于财政资金的管理仍然是"重分配(投入)管理,轻使用(绩效)管理"。因此,财政资金成为不吃白不吃的"唐僧肉",原因在于其使用效率既无人监管,又可挪作他用(据审计结果显示,我国财政支出的许多专项资金有1/3被挪用)。当前,我们之所以还看不到长效的趋势性复苏的迹象,原因就在于投资与消费的增长都是得益于国家的短期政策(它无法长期化,也决定了其投资在等待"接班人"),而自主增长的内在需求尚未显现,即民间投资并未走出低谷。

经济萧条是资本边际效率递减规律作用所致,当投资者(当然是指民间而非政府背景的投资者)预期从最末一个单位的投资者中获得的利润(即预期利润率)会趋于下降(即预期资本的边际效率递减)时,就不敢贸然投资。然而,在固定资产投资加大力度之后,若不能引导大量私人投资的跟进,则不仅使经济复苏的基础不稳,而且还会放大财政政策实施所带来的负面影响。当前普遍存在的情况是,政府正在通过优质项目的投资去带动缺少效益的项目投资,客观上压缩了民间资本进入的空间,其结果是导致社会投资的积极性受到挫伤。除由于缺失有效益的项目,进而压缩民间资本进入的空间之外,如前所述的政策歧视更是一个带有体制性的原因。其体制性的弊病与保增长的溢出效应具有相冲突的效果，因前者价值指向是“保国企”，后者期望值则是“靠民企”。中国企业联合会新近公布的《2009年中国企业500强》中，前40名几乎是清一色的“国企”。原因就在于国企集团做大的程序是非竞争性的、内协作的配套体系，其特点是可享用独特的行政权力资源、可获得政府的巨额补贴、还可进入常人无法进入的领域。因此尽管我国500强的营业收入只相当于美国500强的34.2%，而净利润却会超过美国500强的700亿美元左右。当国人只要查看一下中国企业500强的支出成本与组织结构以后，恐怕再也激动不起来。

衡量溢出效应的第二个指标是向居民消费需求和出口需求转化的程度。如果扩张性财政政策的投资结果，不能逐步有效地提升国内消费（尤其是居民消费）需求和改善国际产业链分工地位的话，我们将难以最终摆脱金融海啸冲击初始阶段所面临的困境。原因在于，财政投资的最终价值是要看社会投资的响应度，而投资最后的产出供应能力，将取决于居民的最终需求的消化能力，因为它才是一切经济活动的终点。为此，政府在评估工作绩效时，必须冷静分析经济刺激计划执行的功能性结果，而非仅仅是形态性指标。诸如投资拉动的产业关联度、调整产能结构的力度、优化生产布局程度、票据融资占比的走势（如能缩小，则意味中长期贷款在上升，信贷虚涨在向实涨转变）、企业自主知识产权的积累、对外开放的价格水平等指标。此外，在看到投资总量平稳增长的同时，不能仅仅满足于增长速度（包括与预期增速的对比）的考量，还要注意分析政府为主导的国有、集体投资增速与私人企业投资增速的相对比例及其演化趋势，从中把握财政政策的实际效果及其未来发展态势。同时，也要注意分析GDP增长贡献率中投资、消费和净出口所占份额比例的变化态势及其关联度原因。

## 第二节　消费是一切经济活动的终点

纵观世界经济发展史，危机大多发生在经济高速增长的时期，而任何一场经济危机都无不伴随着一场社会危机，其原因在于经济高速增长的驱动力往往是增加资本的预期收益，这就必然会扩大资本和劳动之间的失衡，导致货币资本所有者与人力资本所有者之间关系的对立。当金融海啸降临之后，全球之所以掀起一股重读马克思的热潮，其源在于马克思早在100年之前就在其经济学理论中，精辟地揭示了市场经济制度背景下危机的发生机理，即生产的社会性与资本主义私人占有制之间不可调和的矛盾，导致工人阶级与资产阶级的对抗，进而又导致企业生产经营的有组织性与整个社会经济中的无政府状态的背离，最终因生产过程的盲目性而引发生产过剩性的经济危机。这是西方主流经济学研究的弱项，我国主流经济学家步其后尘，也不乏其病根。

从此意义上判断，在发育市场经济过程中，我国应充分发挥自己制度的长处，而不能一味照搬西方制度而失之于扬短避长。尤其是不能误入资本主义生产方式，即将劳动力商品化，将生产资料资本化，将劳动雇佣化，将生产目的剩余价值化。但是，正如马克思、恩格斯在160年之前的《共产党宣言》中所评价全球化的那样，即全球化导致世界经济发展的不平衡，原因在于当落后国家（即现称的发展中国家）被动地“卷入文明中”之后，其对文明国家（即发达国家）的从属性决定了相互关系的不平等性。其结果不可避免地是“农村从属于城市，未开化和半开化的国家从属于文明的国家，农民的民族从属于资产阶级的民族，使东方从属于西方”。问题的严重性还在于，资本主义制度本身所固有的局限性及其自身无法调和的矛盾，会通过全球化扩散至全世界实行开放政策的所有国家。以我国为例，对外贸易依存度已高达 GDP 的 70%以上，出口依存度已近 40%的新高，从而使我国经济与发达国家之间经济形成了难以割舍的一体化，呈现“一荣俱荣，一损俱损”的格局，进而不可避免地导入资本主义国家所固有的矛盾，也就客观上修正了“社会主义国家本质上没有资本主义经济的矛盾”和“不会发生周期性的生产过剩危机”的理论判断。

根据国情应对危机才是正道，与美国面对的“货币冲击型”危机不同，我国面对的是“需求不足型”危机。而我国需求不足的关键是国内需求不足，而国内需求不足的关键又是消费需求不足，而消费需求不足的关键则是居民消费需求不足，而居民消费需求不足的根子之一是基础性消费挤压了日常性消费，即高房价挤压了生活消费。调控房价是一项系统工程，它涉及的方面包括以下内容：① 优化土地供应体系。要克服政府寡头垄断地位，导入多元化供应主体，形成政府国有土地、地方集体用地和企事业单位多余土地共同推向市场的供应格局。② 优化政府财政收入分配格局。应从我国财税分配体制改革入手，从源头上解决“土地财政”问题(地方政府收入的 40%靠房地产收入)。③ 优化房地产业在国民经济中的地位。要将房地产业从“支柱产业”地位调整为民生保障为主的产业地位，进而优化租售比例和强化经适房比重。④ 优化银行信贷重点。银行信贷重点应从扶植炒房转向扶植购房、从扶植开发商为主转向扶植消费者为主。⑤ 优化租售结构。当前，由于消费理念的传统性，使人们甘于用 29 年的积蓄去购买只有 70 年产权的房产，导致租售结构严重扭曲，更推高了房价。继“限购令”之后，2010 年 11 月 15 日中国城市建设部和外汇管理局在官方网上又发布了《关于进一步规范境外机构和个人购房管理的通知》(即“限外令”)。但由于我国近几年外资直接购买房产的资金并不多，而“限外令”对于通过股权转让、离岸交易方式进入二、三线城市，参与房地产开发环节的外资起不到约束作用。

居民消费需求不足的根子之二是收入差距扩大(我国基尼系数高达0.47)和社会保障严重缺位,进而在生产与内需之间构筑起了鸿沟。增收与消费之间遵循着边际消费倾向递减的规律,即在人们收入增加时消费也会随之增加,但消费增加的比例不会超过收入增加的比例。而当收入减少时消费也会随之减少,但消费的减少幅度没有收入减少的幅度大。根据此规律,人们不难发现,富人的边际消费倾向通常比穷人的边际消费倾向低,因为富人已经到了一定的消费层次,其收入将主要用于投资和更高层次的消费,而非普通层次的消费。因此,当贫富差距扩大到一定限度时,全社会边际消费倾向就会下降,犹如这次应对金融海啸期间我国增收的10%格局一样,其边际消费倾向只有0.55。而这个问题的解决必须靠改革,即制度(诸如收入分配制度、社会保障制度、财税制度等)的重新安排,并非经济刺激计划所能奏效。

成功应对20世纪30年代美国经济大萧条的罗斯福两次新政,其治标动用的是经济措施,而其治本则是启动了一场制度改革。诸如推动了对经济和社会的结构性改革,建立起政府监管制度和社会保障体系平台,进而发育了美国的混合经济和奠定了现代国家制度的基石。这种改革针对的正是市场经济制度不可避免的缺陷。这是因为,凡是奉行市场制度的国家,社会经济活动中就难以避免构成商品与货币的关系,也就必然会出现生产与消费的矛盾,导致供给与需求的对立。这种矛盾的本质,还在一定程度上折射出个人秩序与集体秩序的冲突。任何一个社会热衷于吃大锅饭固然不行,但社会的每个人都在参与绝对利己主义的竞争,则将又是无序的。因此,马克思既不赞成极端的个人主义,也不赞成极端的集体主义。政府的任务就是要调节这种关系,旨在建立和谐社会。我国在这场金融海啸中体现出来的深层次矛盾,便是这种关系长期失调的结果。调节的理念必须坚持以民众为本,因为只有当居民消费成为全社会消费品零售总额增长的主体推动力量时,其消费格局才会有生命力。但从2009年第一季度我国社会消费结构看，政府和企业的贡献占66%，而居民消费只为34%。这里政府和企业消费中，尚没有包括每年高达超过万亿元的公款吃喝、公款养车、公款旅游等中国特有的“公款消费”。

我国消费格局的高度扭曲，其原因有三：① 收入分配格局仍在恶化，降低了全社会经济刺激政策所引致10%的增收份额中的边际消费倾向(仅为0.55)。② 政府开支中用于有涉民生(即医疗卫生、社会保险、就业福利等)的支出比例过小(仅占GDP2%)，从而挤压了居民日常消费能力。以养老保险为例，由于资金不到位，2008年全国60岁以上老年人口15 989万人中，能享受到养老保障待遇的仅有5 816万人，占全国老年人口总数的36.4%。与之对照，美国用于民生的开支占全国GDP的11.5%。③ 微型企业(规模小于10人)的数量上不去，导致中产阶层过于窄小。发达国家每千人中微型企业平均有50家，发展中国家平均也有20家，而我国仅为6—7家。因此，发达国家的中产阶层占全社会各阶层的比重高达70%以上，而我国则不足20%。所以，在分析居民消费时，政府应注意从收入分配、民生支出增长和地区微型企业数量等三个方面因素加以综合研究，而不能停留在消费品需求态势的泛泛评估上。

## 第三节 经济长效复苏呼唤企业发展模式转变

稳定经济的基础力量仍然是企业，一切宏观调控政策效果的最终判断，还是由企业绩效说话。企业，尤其是支撑地区经济综合性效益主体力量的中小企业(它在全国经济体贡献份额中，就业占90%，技术创新占70%，专利量占66%，新产品占80%)，是我国经济复苏的基础。而对其考核评估指标应当集中在发展模式的转变之上。

一是产业组织形式的转变。我国企业效益低下的主因还不仅仅在于产业结构的同构度上，而往往在于产业组织形式的传统性，导致专业化程度不高，产业集群效应不明显。如前所述，20 世纪 80 年代欧洲经济的兴起，其主因在于产业内部形成“一个有效率的经济组织”，摒弃了传统的“小而全”企业模式，实行了以供应链管理为基础的虚拟外包的整合模式，进而使企业从“做小、做杂、做弱”走向“做大、做专、做强”。原因在于专业化的劳动具有边际递增的特点，专业化水平越高，平均劳动生产率也就越高。从劳动生产率分析，1998 年美国的人均工资是中国的 47.8 倍，但创造同样多的制造业增加值，美国的劳动力成本只是中国的 1.3 倍，日本和韩国则比中国还低。这就是发达国家“发达”之处，因此，我国政府有关职能部门对企业的产业组织现状应定期进行调查分类，然后有计划地选择条件成熟的行业，在实施网络型城市建设过程中，引导其纳入五大网络之一的产业网络加以集群化。

二是企业经营方向的转变。借鉴成功地区的经验，经济复苏期间企业会对自己的经营方向实行五大转变：① 内外市场互动转变。在出口产品从国际市场部分地转向国内市场的同时，要引导企业通过市场调查将部分过剩的产能转移到境外市场去化解，实行两个市场双向互转。② 国内市场从城镇需求向农村需求转变。以纺织品为例，尽管我国农村人口是城镇人口的 2 倍，但消费水平仅是城镇的 1/5，其需求潜力的开发是个“富矿”。③ 需求领域要从生活需求转向产业需求。我国是一个轻纺行业发达的国家，其产品的需求领域有待向产业需求开发，如我国产业用纺织品消费占纺织品终端消费的比重仅为 15%，远低于 30%的国际水平。④ 出口目标市场从单极市场向多极市场转变。仍以我国印染行业出口为例，基本集中在发展中国家的亚、非和南美 10 个国家和地区，它在全部出口的 200 个国家和地区中，出口总量占 44.61%(2007 年)，而对发达国家和地区的出口几乎是空白。原因在于产品缺乏以综合生产率为基石的竞争力。⑤ 需求引导供给(被动型)向供给引导需求(主动型)转变。供给引导需求,是企业利用技术创新成果去获取市场先发性效应的范例。

现代经济的竞争历史证明:企业之间竞争逻辑是,快的击败慢的,新的击败旧的,而决不一定是大的击败小的。其规律符合达尔文学说,即适者生存,而非强者生存。江苏省的吴江盛泽集团,金融海啸年份的订单几乎会排满到年底。这种与金融危机期间市场特征相悖的"需求",是由该集团靠一种超细的涤纶纤维(1 万米长度的丝仅重 20 克)的"供给"所引导的,而其价格是普通纤维的 3 倍。

三是金融产品利用的转变。人民币的汇率改革及其升值趋势令出口企业普遍茫然。为适应这种新变数对企业出口带来的冲击,企业的短期对策应从传统金融产品的利用向金融衍生产品的利用转变,这是一个明智的选择。其方法有:① 适时适情适量地减少账户中的美元持有量;② 避开月底结汇;③ 选择结构性外币存款;④ 远期结汇,即期售汇;⑤ 将未来可能的收汇在银行做美元外汇期货;⑥ 将人民币债务转为美元债务等。由于汇率变动冲击的对象主要是劳动密集型的低附加值企业,而非技术资本密集型的高附加值企业。因此,从长计议企业的应对之策是加快产业升级。

四是隐性债务控制是政府可持续行政的保证。发达国家法律对政府的预算管制是极其严格的。为此,在美国历史上发生的政府"破产"事件会不止一次,2002 年 7 月 1 日的田纳西州州政府、2006 年 7 月 1 日的新泽西州和明尼达苏州州政府,均面临过政府"破产"和公务员下岗。甚至是美国联邦政府在 1995 年 11 月 14—19 日,1995 年 12 月 16 日—1996 年 1 月 6 日也面临过政府部门"关门停业"的窘状。这次金融海啸袭来之后,全美 50 个州中就有 41 个州面临预算短缺。美国的政府破产机制,实质上是对政府债务危机的一种市场化方式的调节和化解。例如为裁员减薪、削减公务员福利,加州州长施瓦辛格曾签署命令,裁减几千个兼职及临时的州府岗位,强制加州 20 万名公务员接受 6.55 美元的联邦最低时薪,以节约州财政约 10 亿美元,来应对面临“破产”的危机。这次以希腊、西班牙、葡萄牙等为代表的欧洲国家的主权债务危机,也迫使各国政府采取类似的削减赤字预算的举措。

如前所述,我国由于缺失相应的政府举债管理的法规,导致举债主体与偿债主体相分离的体制性弊病,以致地方政府隐性债务高企。2002 年以来经济过热的历史证明,地方政府投资冲动有其难以逆转的惯性。全国各地随处可见的政绩工程(而非民生工程)基本上是地方政府通过以政府信用为抵押,利用金融杠杆放大政府投资的手法,构筑起政府无力偿还的“债务工程”。2008 年的金融海啸导致经济下滑、银根抽紧,致使政府工程面临下马之虞。正当危急之际,4 万亿投资计划起了化险为夷的作用,但是只要制度不创新,其“夷”不会持久,“险”还回卷土重来。

此外,2003 年以来中央严格控制的利用政府信用作担保的融资模式 BOT 投资又将竞相启动。如果一旦经济不能如期高增长、财政状况出现恶化的话,则一大批地方政府或将会走向破产,或会通过税费渠道向企业转嫁债务。政府举债的风险评估方向有二:即举债方式(通常说来债券融资风险小于银行融资)和债务投放(通常情况下投入公共开支的乘数效应大于非公共开支)。而我国政府的举债均与上述方向有悖,因此,其举债行为的风险不可小视。

我国新时期实施三大战略的本质意义应作如下解读:一是科教兴国战略。其价值指向是,在“以物为本”和“以人为本”之间的选择上,坚持“以人为本”,即实施无形要素战略。二是社会和谐战略。其价值指向是,在“以人为本”理念之中,坚持以“多数人为本”,而不能以“少数人为本”,即实施民生战略。三是可持续发展战略。其价值指向是,在“以人为本”的代际关系之中,坚持以未来人类为本,而不能一味只为当代人类利益考量,即实施长远战略。这些理念既是解读我国工业化全部进程的指导思想，也是解读阶段性经济复苏计划实施效果的依据。基于这种解读，我认为如果说 2008 年金融海啸席卷神州大地时，我们关注的一切重点是应对海啸、防止经济下行的话，那么当地区经济出现复苏迹象之后，考量问题的集中点必须提前放到危机结束之后的风险防范和管理之上。因为已经有教训证明，危险往往会潜伏在危机结束之后。据专家判断，这种危险在经济复苏期间就已经潜伏了下来，他们分别是：① 资产价格泡沫化风险。它将使大量追逐暴利的资金脱离实体经济，而演化成为金融机构的不良资产。② 产能过剩的风险。它为产品库存化奠定了基础。③ 通货膨胀的风险。前两大风险与流动性过剩合谋，再在社会预期的催化之下，从通缩转向通胀与通缩并存只是时间问题。果不出所料，2010 年 11 月 9 日国家发改委官员首次表态，称当年 CPI 或超 3%国际警戒线，它意味着中国开始通货膨胀。当然，一些著名经济学家认为这个比例可以提高到 4.5%，甚至是 5%。但是，他们显然忘了 2006 年 1 月至 2010 年 5 月间，中国 CPI 被人为调整并系统性低估超过 7%的事实（中国社会科学院：《数据和主观感受：CPI 是风动还是帆动》）。可以佐证这一事实的是 2010 年 10 月我国国内储蓄锐减 7 003 亿元。④ 银行不良资产的风险。上述三大风险的必然结果是不良资产的形成，并据规律性作用，其高潮将会出现在未来三五年之间。

# 第十四章

# 纳税人的钱要用得其所

几乎所有国家政府都能善于征好纳税人的钱,但未必都能用好纳税人的钱。在使用纳税人钱的问题上,政府往往会容易忽视社会的需要。当前,我国主要的倾向是纳税人钱的用途偏离了公共服务的主渠道。税收的经济功能主要体现以下方面:一是为政府财政支出提供财政来源。通常说来政府财政的90%左右靠税收;二是调整收入分配。作为调节贫富差距的再分配体系主要靠税负的增减;三是优化资源的配置。通过税收增减还可以有效改变企业在“外部不经济”和“外部经济性”状态下的经济行为,进而解决私人成本与社会成本之间关系;四是可作为宏观经济的政策手段,在稳定经济中发挥作用。上述四大功能集中体现出公共财政的职能之上,但要如期发挥公共财政的职能,还必须强化纳税人的权利和税收收入结构的管理。

## 第一节 要尊重纳税人的权利与义务

18世纪美国最伟大的科学家和政治家富兰克林说过:“在这个世界上,除了死亡和税收外,没有什么事情是确定无疑的。”可见政府征税是天经地义之举，是“喂养政府的娘奶”(马克思)。否则，国家机器将处于瘫痪状态。但从经济学原理分析，税率增加会减少社会福利，还会导致企业和家庭私人财富的流失。因此，西方发达国家总统竞选时，总会以税收话题来诱导选民情绪，其基本原因就在于，征税体现为国家公权力对个人私权力的一种强制性行为。它之所以会牵动选民的心，是因为征税的表征是国家政权对私人财产的强制性攫取，而其行为实质上是纳税人用来购买政府未来提供的公共服务而支付的一种“定金”或预付款。

有鉴于此，根据现代社会税收法定主义原则，纳税人支付税金之后便拥有两大权利：一是知情权。纳税人有权问责政府：我缴的钱用到哪里去了，或是我出的钱购买了什么样的服务？二是还价权。纳税人有权对政府所提供的服务发表评价，诸如有权质询政府的服务是不是我们百姓所需要的，或是说尽管是我需要的，但值不值这个“价”，即税率是否合理的问题。就这两点而言，我国政府的做法尚有改进之处。

其主要表现是：① 开征新征种和改变税率不经立法机构通过。由于税收立法权归属最高行政机关的传统体制所决定，我国财政部和国税局成了随意决定税种或税率的最后决策者，从而置全体纳税人于被动接受这一切行为结果的地位。金融海啸袭来之后，举国上下为 4 万亿元投资计划而奔忙，并日益感受到生活上的种种压力，其中尤以普通中低收入职工为最。但税务部门的增税计划却往往瞄准了这部分群体，继国税总局通知“年底双薪将合并计税之后”，随后又要求企业向职工发放交通、通信补贴等，在扣除一定标准的公务费用后，将按照“工资、薪金”所得项目计征个税。对这种征税的合理性评估并不能全然根据“纳税人义务”的视角，还应兼顾三个“有利于”前提，即有利于改善贫富差距、有利于提高社会边际消费倾向，有利于社会和谐共处。若以此标准对照，其征税意义实得商榷。

② 税收支出结构有失透明和合理。香港之所以税率在全球最低，

源自政府不干预经济的政策。这种政策的结果：一是公共开支极少，其比例只占GDP的16%；二是开支用在"刀口"上，即主要用于公共服务设施。我国反之，税率属全球最高，但公共服务的财力投入反倒不力。以房地产业税费为例，一套房子从立项、建设、配套到销售等环节，税费多达62项(其中税12项、费50项)，其占到房屋总价格的30%左右。

国务院颁发的《房产税暂行条例》规定，居民住房免征房产税，而作为经营性用房其征税依据是房屋的原值扣除30%征收。但是，据2010年5月12日《上海证券报》透露，上海市选定的征税方案是为减少立法审批程序而援用现行的《房产税暂行条例》，决定对凡符合征税条件者，需按年支付相当于房产估值8‰的房产税。这里引发的争议是：①《条例》规定不对居住者征税，上海决定征税；②《条例》所涉及的房产税是指经营性用房，上海则决定对商住用房一概征税；③《条例》规定按原购房价70%的房产余值作为征税的依据，其税率为1.2‰，上海则规定将房屋评估价作为征税依据；④上海开征房产税的"创新"点除上述三点之外，还突出了两点：即其一，高于租赁所得的比例来征税。按照上海1∶500的房屋高租售比，一套住房以月租500元计，要经过40年才能收回购买价，根本达不到年8‰的回报。其二，将土地增值和购房者购房时给国家的纳税额度均作为税基。目前的住房增值主要是土地部分增值而非房屋增值，土地系国有，增值部分仍归国有而非房屋居住者。至于房屋，随着时间推移，非但不会增值，反而会折旧贬值。而上海方案决定将购房者购房时的纳税额作为征税依据，则更是有失公允，因为这一方案将房屋保有者置身于被重复计税的地位。在土地出让金没有废除的前提之下，向没有拥有真正产权的居民收取房产税，无疑是一种双重负担。更值得引起注意的是，我国宪法明文规定，私人合法的财产权受到国家法律保护。而征收个人房产税，则意味着公民的财产权通过与政府所提供的公共产品和服务之间的交易,发生的一种让渡。既是交易,就必须自愿。因此,创新我国土地使用权与财产权的实现方式,已势在必然。上海的征税者如果轻率地规避法律程序,去套用现行的法规,那么政府征收到的是不合理的税赋,失去的将是透支政府公信力。因为这种做法动摇了作为税收黄金法则的税收法定。物业征税,实属天经地义之举。但是,征税的重点对象应锁定在高档住宅物业、工商用房物业和“小产权”房的物业,而非普通百姓的居室物业。历史证明,我国税收负担过重与供养规模过大互为因果。据有关资料显示,从 1978 年以来我国总人口增长 37.26%,而事业机构公职人员至 2007 年增长了 92%,行政机构公职人员更是增长了 176.5%,加上编外人员我国总的供养人员高达 6 700 万人之众,占全国总人口的 5.07%。为适应这种供养规模的需要,2007 年我国政府实际收入已经占到当年 GDP 的 33%以上(周天勇,2010 年)。因此,要解决收入平衡的关键在于削减支出,而非一味扩大收入。

## 第二节　用好国家积累的财富

发达国家通常将国家积累的财富重点用于社会保障体系建设,起到“一石三鸟”之功,既导致全民富裕,又弱化贫富差距效应,还能提升全社会消费倾向。正因为如此,欧美国家的工人阶级早在 20 世纪 50 年代中期,已经跻身中产阶级的行列,成为全社会资本扩张的动力源,进而促进了社会经济的良性发展。这里引出一个值得思考的命题,是如何重新认识当代资本主义。南京大学张异宾教授认为,当代资本主义在生产力取得长足发展、劳动生产率大幅度提高、财富快速增长的同时,在所有制关系上出现了资本社会化的趋势,劳动关系上形成了诸如允许工人阶级进入企业管理层的多种形式,在分配关系上推行了社会福利政策,在上层建筑领域里使资本主义政治统治形式逐步走向完善、精巧和合理,从而使社会矛盾从传统的两大阶级的对抗,转向种族、性别、地域和宗教等方面的冲突。以“白领”为代表的中产阶级的形成,是工人阶级内部构成发生变迁的结果。与这种变迁相适应的是,国家公共预算走向公共选择,即政府并没有把公共预算看作一个单纯的技术性问题进行处理,而是作为政府的生命线交给公众进行讨论、辩论,其真正的目标是让公民在最重要的权力决策上拥有话语权。

公共政策的制订需要公共选择,因为它事关财富的公共配置。但是,如果货币政策偏离了公共选择的轨道,必将损害公民财富的保护。2010 年中国的通胀显然是一种货币现象:$M_2$ 高达 68 万亿元,美国只为 58 万亿元(按汇率折算),日本 63 万亿元(按汇率折算)。当货币化程度高达 200%时,对资产的强大冲击已在所难免。由于货币是不灭的,其消化必然以物价上涨为代价,即以百姓财富缩水为代价!正如某金融专家所言:“世界上大多数钱财的抢劫,往往并不是用枪,而是用笔,通过用笔签发的货币发行。”

## 第三节　税收收支结构的偏差亟待纠正

凭借我国当今的经济实力,完全有能力走一条全民致富之路。但长期以来由于指导思想上扭曲了消费与积累的关系、城镇利益与乡村利益的关系,致使税收支出结构侧重于生产性投资和政府管理开支,造成社会保障基金出现 3 万亿元之巨额缺口,医疗保险覆盖率仅维持在 10%左右,基础性消费价格指数严重背离国民收入指数,最终导致贫富差距日益扩大,社会预期普遍恶化,消费倾向直线下降(消费额占 GDP 的比重已创 10 年来新低),形成严重依赖外部需求支撑产能过剩的依附型经济模式。2007 年在我国政府开支中用于涉及民众医疗卫生、社会保障和就业福利上的开支，仅为6 000亿元，占财政总开支的15%，占全年GDP仅为2.4%，人均只为461元(相当于城镇居民人均可支配收入的3%)。与同年的美国相比，他们用于上述三项有涉民生的开支高达15 000亿美元，相当于联邦政府总开支的61%，占美国GDP的11.5%，全美人均享受5 000美元(相当于人均可支配收入的18%)。

我国公共服务体系之所以薄弱，完全与财力配置不当有关。例如，公交优先早已成为政府加强城市公共服务建设的重要决策，但由于我国大中城市对公交企业的财政补贴占企业运营成本还不到10%，故公交一直“优先”不起来。而德国柏林的比例是57%，巴黎是57.5%，华盛顿是66.1%，罗马为74.5%。2009年6月5日我国成都市9路公交车发生的120余名乘客活活被烧死的惨案，也从一个侧面折射出我国财政对公交补贴的严重缺陷。四川省成都市区有10家民营公交公司，民营公交线路有40条左右，公交车辆超过1 000辆。但由于财政补贴不惠及民营公交，政策歧视也就接踵而至。政府规定民营公交不能刷卡、也不能享受2小时免费换乘服务，以致造成民营公交“空荡荡”，而国营公交“闹哄哄”的局面，9路公交便是一辆人满为患的国营公交车。

我国看病贵、看病难，也与公共投入不当有关。以公共医疗服务为例，尽管日本的执政党也有世袭制的影响，议员中38%是太子党，但反映贫富差异的基尼系数仅为0.25，社会全民医疗体系之完善举世闻名。在日本买一个香瓜可能要30美元，而老百姓看一次牙病只需花20美元。由此也折射出一个道理，即并非太子党执政的社会一定是贫富差距悬殊的国度。关键在于制度建设是否健全，有没有一个法治、制衡和协商精神的制度设计。又如，由于政府指导思想上长期将农业补贴视作调节城乡收入差距的政策工具，当面对农业收入已不再是我国农民主要收入来源(不到一半)的现状时，政府竟仍然将财政补贴用于连简单再生产都难以为继的农业，从而偏离了迫切需要财政补贴的农业劳力非农化所必需的社会保障、医疗、教育和住宅体制改革，既扩大了进城农民群体边缘化的趋势，又宣告了“在农村就地消化农民”这种一厢情愿方针的彻底破产。

再如，当油价上扬引起物价总水平上升后，财政因没能及时承担起与公共品(诸如社保、教育、交通等)需求增加相适应的责任，而一味去补贴生产与消费的成本增长。诸如实施对农产品、出租车等的价格补贴，而没有通过价格传导机制来理顺生产与消费的关系，既背离了按要素分配的市场原则，又用错了纳税人支付的“定金”。

还如，我国西部地质灾害频发地区的最深刻的教训，莫过于防灾减灾工程建设的财政投入太少。以重庆市武隆县铁矿乡垮塌事故为例，早在2001年5月1日已发生过山体滑坡死亡79人的惨痛事故。但由于人们沿用“出了事故忙于正面歌颂英雄事迹”的传统模式，而疏于反面教训的总结，因此忽略了该县在2004年查明的潜在危岩、崩塌、滑坡、泥石流及不稳定的人工高边坡等515处地质灾害，其中有崩塌滑坡494处、危岩9处、地面塌陷2处，泥石流6处的隐患。以致5年之后(据2009年6月6日发布)的专业排查，武隆县各类地质灾害仍有545处，其中滑坡189处，危岩崩滑49处，不稳定斜坡202处。将相隔8年之久的两次事故的隐患资料一比对，就不难发现武隆县政府根本没有将8年前的79条人命当回事，更无视当年中央提出的事故应对要求。这种判断的依据是，在该县的政府网站上，人们只能看到招商引资、旅游开发等对策，但难以见到抗灾防灾内容的政务信息。由于政府精力和财力的高度转移，以致武隆县山体险情被严重忽视。当2009年6月5日上午最后一份山体崩塌报告送达县政府之后，发生事故的铁矿竟然仍在开采，人员根本没有疏散。政府的不作为已达到令人发指的程度，于是不到30小时，更大的矿难终于降临到武隆县纳税人的头上。接下来的一幕幕情景，人们永远不会陌生：父母官们在上级检查组面前信誓旦旦，在教训总结会上慷慨陈词；在追悼大会上悲恸欲绝……

# 第十五章
# 什么山上唱什么歌

作为产业层次上政府管理的产业政策，应注重各个生产部门之间关系上的调节。这种政策管理是介于宏观与微观之间的中观管理性质的经济管理。尽管产业政策在发达国家也同样发生作用，但其主张不占行为主流，倒在发展中国家被尊为与宏观经济政策并驾齐驱的地位。从某种意义上说，在产业结构调整中的产业政策作用和市场驱动作用，具有同样的效率取向的原则，但不同点是产业政策更注重经济的全局和长远发展，因而更具有发展战略的效用。产业政策工具与市场机制是一种互补关系，二者既不能相互替代，又不能相互排斥，其关系犹如政府与市场的相互关系一样，而在不同国情条件下，二者侧重点会有所不同。马克思曾经说过："一定要把我关于西欧资本主义起源的历史概述，彻底变成一般发展道路的历史哲学理论，一切民族，不管他们所处的历史环境如何，都注定要走这条道路——以便最后都达到在保证社会劳动力高度发展的同时，又保证人类最全面发展的这样一种经济形态。但是，我要请他原谅：他这样做会给我过多的荣誉，同时也会给我过多的侮辱。"(《马克思全集》第 19 卷，人民出版社 1963 年版，第 130 页)

这里，马克思点明了东西方民族及国情的差异，决定了发展模式选择的差异性。为研究东方社会相对于西方社会的这种差异性，马克思晚年开始学习俄语，恩格斯开始学习波斯语，旨在收集、研究、整理东方社会的第一手资料，终于形成了《马克思古代社会史笔记》和恩格斯的《家庭私有制和国家的起源》。马克思之所以为取得这些研究成果，而暂时放下了《资本论》第二卷的写作和《辩证法》的撰写，是为了告诫东方国家不要照搬西方社会的发展道路和模式。这一思想同样也适用于产业管理的模式选择，产业发展的历史进程中，曾出现过的美国、日本和发展中国家等许多不同的模式，其背景均有其特殊的国情特征。为此，我们在模式选择和借鉴时，既要注意与国情、市情相适应，又要与宏观经济发展环境相适应，这叫做"什么山上唱什么歌"。

## 第一节　区情特征是产业差异性发展之母

政府在设定产业发展规划和产业发展定位上，最易犯的毛病是目标与现状之间出现四大背离，即背离了地区功能定位，背离了周边大城市的辐射，背离了比较优势，背离了产业集聚。这四大背离归结起来是产业发展战略背离地区发展机遇。因此，政府要从实际出发，努力使地区产业发展与经济发展机遇相适应。以浙江嘉兴市为案例，经过笔者对嘉兴 8 个县市级单位和临港新城及其所辖的 20 余个乡镇、近 20 家重点企业的调研，将其产业发展的模式选择作如下思路性归纳。

一是准确把握未来发展机遇。机遇可遇不可求，但机不可失，时不我待。从改革开放 30 年来的过程分析，嘉兴这座城市发展面临过两次重大的机遇，但由于种种因素均未抓住。第一次机遇是 20 世纪 80 年代中叶的产业结构调整。江苏苏州人敢于直面市场模式，通过"星期日工程师"计划借用上海人的"外脑"，将低成本的上海智力资本与苏州存量丰富的有形要素资源，进行整合性配置之后，创造了"苏南模式”。他们同时又针对当年短缺经济条件之下私人用品奇缺的现状，大胆地调整产业结构，致力于发展以生产市场急需的日常生活用品为导向的乡镇企业，进而完成了地区经济的原始资本积累。而嘉兴固守传统的全省“粮油基地”发展定位，加之政府政策管理的非市场化眼光，导致发展机遇丧失，首次拉开了苏嘉经济的距离。第二次机遇是20世纪90年代的接轨上海。由于众所周知的原因，江浙两省接轨上海战略的差异性定位及其浙江省第一条高速公路走向的误导，致使嘉兴与第一轮外资高峰失之交臂，导致苏南两地之间非国有工业的层次和规模，产生了难以逆转的落差。

当前，嘉兴又迎来了改革开放历史上的第三次发展机遇。有道是“事不过三”，其说源自《易经》，不可不信，当然也难以全信。这次机遇对于嘉兴而言，是全方位的：① 接轨上海“桥头堡”定位的机遇。在第二次机遇中，嘉兴痛失接轨上海良机，究其根本原因在于缺失“大本营”——省政府的正确导向和有效支持。依据浙江省“桥头堡”的定位，嘉兴机遇有三，即省政府战略重点开始转移(从全省接轨宁波转向接轨上海)；省政府决定重塑嘉兴经济的战略地位；嘉兴发展定位与政策定位将走向配套。这种配套，应当参照当年我国将海南、厦门、深圳、珠海赋以“特区”形式，作为接轨国际市场的“桥头堡”。② 城乡统筹试点的机遇。城乡统筹的试点区必将有别于非试点区，它的示范意义在于出政策、出样板、出经验。否则，它将失去试点的价值。③ 地理中心演化成为枢纽中心的机遇。嘉兴在长三角版图上无疑是一个地理中心的城市，但在交通格局没有优化之前，它并非是一个现实意义上的交通枢纽。当交通格局发生重大变化之后，宁波跨海大桥和数条高速公路的通车已经将嘉兴潜在的交换枢纽优势现实化了。但是，交通枢纽还不一定是经济枢纽，二者同步还要看政府把握机遇的能力。因为，交通枢纽城市往往是利弊相间、喜忧参半的，关键是要变“流”量经济为“留”量经济，变通道经济为驻道经济，变交点经济为节点经济。

实现交通枢纽三大转变的依据，是出自资源流向的规律性的判断。历史证明，资源跟着配置水平走，即从资源配置水平低的地区流向配置水平高的地区。这就形成了当今世界资源禀赋程度高的地区生产力水平低下，而生产力高度发达的地区反倒往往是资源贫乏之地的“资源悖论”。与前两次历史性机遇相比，嘉兴第三次机遇降临的背景出现了变化：即发展导向从计划性为主走向市场化为主（如动力机制从行政推动走向企业推动）；发展模式从速度模式为主走向效益模式为主（如要素管理从增量模式走向存量模式）；发展评估从纯经济指标为主走向综合指标（如注入生态指标、资源效率指标和节能降耗等指标）为主。这种转变正在对地区资源配置效率提出更新的要求，并以此改变着资源要素的流向，也为产业发展模式的选择设定了方向。

产业集聚发展是地区产业管理的首选模式之一，但必须把握其不同发展阶段的要素流向规律，进而实行有效的引导。以高级商务区和经济技术开发区为例，其发展经历着三个阶段。在初创时期，由于供求关系决定土地和写字楼的低价位和以蓝领为主体的劳动力低工薪，导致资本（含技术、设备、原材料和半成品）的快速集聚。这符合劳动从低工资区流向高工资区、资本则从高工资区流向低工资区的规律。当进入第二发展阶段，即快速发展时期，由于供求关系的改变引致土地和写字楼价位的上扬和以白领为主体的劳动要素高工资，导致资本逐步撤离。当前上海的商务区和北京的中关村园区正处于这种尚未结束的状态。当进入发展的第三阶段，即产业升级时期，由于效益的逐步做大，降低了租金成本和劳动支出费用占企业收益的比重，使企业劳动成本开始走低，进而会导致资本回流。从第二发展阶段走到第三发展阶段将经历一个相对较长的时段，这个时段所形成的阶段性“真空”正是嘉兴第三次发展机遇的需求性空间。问题的关键在于，大都市需求资源的外溢仅仅为嘉兴发展创造了一种导入的可能，而流出的资源会不会走向嘉兴，则要取决于嘉兴接受辐射的能力，即地区交易机会的多寡、交易成本的高低和交易行为规范的程度。

二是发展的注重点要从传统的重复优势为主转向与转化劣势并重。认知了“转化劣势产生的效应往往会胜过重复优势”的判断之后，就不难得出劣势也是地区经济振兴的一种财富和资源的结论。从成败萧何的观点出发，优势的另一面是劣势。从外表看来，嘉兴具备了三大形态性优势，即：① 南湖纪念红船。它提高了嘉兴的城市知名度(最近几年达到了高峰)，也引来学习人流(往往是非自发性的团队组织)的高潮，其结果的负面是重蹈10年前上海的覆辙。当时的上海，一件改革性举措的酝酿尚未有果，社会上向中央的“举报信”已满天飞。此类举报信多半是人们从现有制度去获取外部利润为目的的一种攀比性尝试。② 海岸港口。由于港口资源开发的复杂性和长期性，其效益一时难占嘉兴经济的主导地位，而其负面效应却日见显现。主要表现有三：每年夏季直面风暴潮“三碰头”的灾害袭击；地区经济的边缘化态势(如海盐)；社会排斥性重大项目的转移指向地(如核电、排污工程等)。③ 近水楼台。近水台楼既能“先得月”，也易“先得雨”。临近特大型都市上海和省会杭城，挤压了嘉兴高端产业生存的空间，也障碍了高级人才资源的导入，还由于“飞地”(省级行政区划的结合部城市的归属易受区划体制变更的影响)之嫌而导致重大盈利项目丧失落地的机会。

从前景判断，上述三大优势要在短期内通过“重复”所产生的效应，显然难以与转变劣势所产生的效应匹敌。为此，这座城市转变劣势的对策管理应当有三：(一) 练好“轻”功。为应对地方政府之间的“攀比”，嘉兴要学上海吸取教训之后的做法，即少说多做、不说只做，或叫“轻”说“重”做。这里有一个“轻”字，指的是工作作风要低调，还有一个是“软”字，指的是要素配置的重心要从有形要素(土地、资金等)为主走向以无形要素(政策、管理、技术等)为主。(二) 唱好“海”经。嘉兴从短期目标分析要努力经营好港口经济，从长远判断要为开发海洋资源作好技术和物质的准备，这是事关嘉兴产业长远发展的根本大计。(三) 当好“配”角。嘉兴要充分发挥地缘优势，在当好上海经济的配角上下工夫，利用好上海城市功能快速转换、产业结构进入战略性调整、产业空间布局结构的优化和2010年世博会举办的重大机遇，促使两地从传统的产业异地转移模式，转向两地的产业垂直分工和互补轨道上来。

三是要在提高城市抗经济波动能力上下工夫。抗经济波动能力体现在正确应对外部经济环境变化之上，这种变化主要来自国际和国内两大方面，应对功夫是化被动防御为主动应对，变转移矛盾式的权宜之计为解决矛盾式的长效管理，从而将经济环境的恶化转化为地区经济转型的一种机遇。这种机遇的本质，是地区产业的升级和转型。首先是要提高适应国际价格波动的应对能力。这种能力提升的途径是：① 从外需型经济逐步转向内需型。这种转向的主动权分别执掌在中央政府和地方政府的手中，前者执掌着分配政策大权，它决定了内需的实际购买力；后者则掌握着市场供给能力，其中包括生产结构与需求结构的协调，以及通过技术更新实现供给创造需求等。② 外贸生产逐步从加工型转向自主型。外贸生产转型涉及外贸政策管理、技术模仿的创新管理(主要是二级专利体系开发)和对引进技术的二次创新等。③ 产品价值从低附加值逐步转向高附加值。在美元和欧元连续贬值驱动下，我国企业往往注重在非附加值对策上下工夫，诸如结算货币变更、合同期限调整和实现以物易货等，这些措施对于缓解短期的出口压力固然有一定的效力，但终非长策。根本的主动权还是应当在产业升级上做文章，以求提升出口产品的含“金”量，其有效途径是培育自主知识产权、扭转“打工经济”模式的加工贸易和优化国际市场营销网络等。

其次是适应国内宏观调控的环境。国内宏观调控已呈现两大特征，其一是逐步走向制度化和常态化，它标志着我国经济运行正在告别传统模式;其二是调控手段以要素管理为抓手,实现可持续发展目标为指向。为此,地方政府的应对能力将体现在要素生产率的提升上。诸如: ① 提高土地要素的产出率。地区经济扩张必须从传统的水平扩张(靠土地增量管理)为主走向垂直扩张(靠土地存量管理)为主。与此相对应,地方政府每年推出的"项目年"活动的效益考核,要从项目新增指标转向项目提升指标。② 提升资本产出率。资本产出率的高低与经济增长方式相联系,资本低产出率是粗放型生产的标志,资本高产出率是集约型生产的标志。我国资本产出率从 20 世纪 90 年代的"2"下降到当前的"8",实乃与经济增长方式转变的战略进程相背道。为此,地方政府要在认真分析自身资本产出率的基础上,为提升资本产出率制订有效的管理办法。

四是努力放大结合部效应。历史证明,结合部的边际效应会放大。根据人类生态学的观点,多种生态系统交会重合之处,异质共生现象特别发达。经济活动如此,社会活动也如此,原理完全一样。共和国诞生之前,共产党的根据地往往从三省、四省结合部发端,诸如陕甘宁、云贵川等;解放之后的社会治安高危区也位于结合部地区,诸如城乡、水陆等交界之处,原因是这些地区既是管制薄弱区,又是多种社会元素交融之地。全球特大型城市全部降生于江、海、陆三大生态系统的结合部,70%的大城市均坐落于水陆结合部,这也从另一个侧面佐证了人类生态学的基本原理。

我国第一批 14 座开放型城市的区位选择,基本上处于水陆地区结合部。例如,第一批开放型城市的嘉兴不仅地处江浙沪"三省市"交会处,又居河、海、陆"三生态"重合地,其结合部的效应既有社会型的,又有自然型的。归纳起来其效应如下: ① 差异性政策资源整合效应。由于三省市物理性边界和财政性边界的存在,使弱化的系统管理效应放大了政策的边际效应。苏南地区的"星期日工程师"计划,便是苏沪政策定位的落差,导致智力资源流向的改变。这种改变是双向的: 表面上是上海工程师队伍进入苏南，背后则是苏南政策效应向上海扩散。当然，苏南政策资源输出的代价只是苏南乡镇企业的货币性支出，而上海智力资源输出的代价是上海工程师们纷纷锒铛入狱，进而引发司法风波、导致政策大讨论，最终起到了两地政策资源整合的作用。于此可见，资源流向是由资源配置水平所支配的，而资源配置水平的高低又由政策水平所决定。② 培育准“特区”效应。“桥头堡”是结合部的别称，试点城市又是“特别区域”的简称。嘉兴具有两大定位的资格，理应享受“特区”的待遇，否则将有负“桥头堡”的使命，也将有辱试点单位使命之虞。③ 多种交通手段联动效应。多种交通手段联动是“水乡式”沿海城市的优势，也是其多种生态系统重合的结果，但现状制约了这种优势的发挥，原因在于海港吞吐缺失铁路和河道的支撑，往往又是城市功能定位与产业发展定位不相配套所致，更是导致相应的基础设施不到位之故。④ “通道经济”中的终端效应。嘉兴港是嘉兴交通枢纽体系中的陆路“盲端”，即终端。她可以起到将“流量经济”转变为“留量经济”的作用，进而弱化“通道经济”效应。

问题的关键是嘉兴港口还未具备这种配置功能和能力，原因在于临港产业体系尚未到位，也尚未从产业政策视角解决港口建设的制度性和技术性问题。这些问题的解决，旨在建成上海港集装箱运输的喂给港、上海港大型散货（矿石、能源、化工原料等）的中转港，以及本省及临近地区腹地经济发展所需大宗货物运输的配套港。嘉港建设迫切需要解决问题的方向是：

① 优化港口体制。嘉兴港应及时将管理功能与经营功能实行分离，通过市场需求和集疏运费用的定量预测，从货物结构、流向流量的调节上与苏州太仓港及上海港进行合理分工，以求扩大运输箱量。

② 尽快优化嘉兴港集疏运网络的配套体系。嘉兴港的集疏运网络具有天然的潜在优势，但要转化为现实的优势还需要在配套衔接上做好文章，文章的重点要落实在全方位协调和推进上，其中包括港务、

航道、铁路、城建、规划等方面,切忌“协而不调”和“推而不动”。

③ 改变港口吞吐的增量结构。嘉兴港近年来吞吐量增长很快,但吞吐结构不合理,煤炭比重直线上升,既降低了港口层次,又污染了港区,导致当地房地产业萎缩。换言之,嘉兴港吞吐量的上升,不能建筑在兄弟港口环境意识强化之后,改变吞吐结构的基础之上。

④ 码头利用结构有待改善。在港口开发初期由于资金供应等因素的制约,货主码头成为港口建设的主线,这有其合理的成分。但随着吞吐量的增长,以货主码头为主体的利用结构,必然降低码头利用效率。因此,嘉兴港区应设法引进具有战略投资意识的码头经营企业,逐步调整好货主码头与公共码头的比例关系。

⑤ 优化岸线资源管理。如前所述,嘉兴港口的建设要处理好长远与近期、贸易经济与海洋经济的关系。我国经济增长的潜力将逐年转向海洋,这对于极少数具有岸线资源的沿海地级城市说来,是极其难得的优势(严格说来,不可替代的优势方可称得上优势)。为此,出于对苏南地区港口资源无序配置的历史性反思,嘉兴港口强化备份岸线的管理大为必要,这是嘉兴临海经济可持续发展的前提。

五是优化接轨上海的战略。接轨上海的战略视野,就是要全方位认知上海辐射的多重效应。嘉兴之所以会形成嘉善、平湖、市本级地区以接轨上海为主,而海盐、海宁、桐乡以接轨杭城为主的局面,其源盖出于在理念上,对接轨上海效应理解的偏颇。接轨上海,要从综合效应的管理着眼:它包括产业转移(主要是导入项目),产业融合(指产业互补、分工整合、构建产业链),技术孵化(科技成果的转化落地),智力引进(通过紧缺技术人才的兼职来实现),会展效应(以上海 2010 年世博会的互动参与为契机),港口联动(通过组合港系列的配套),市场整合(现代农业产品等的进入上海市场),旅游共建(充分吸引上海双休假日旅游队伍 0.8 亿的消费量)等。

据此基础,嘉兴接轨上海的战略重点应当实现重大转变:① 要从产业转移为主转向产业融合为主。这种转变使两地之间的互动从随机联系走向产业关联。② 要素流动从争取人力流动为主转向智力流动为主。这种转变将使人才要素从选择面小、障碍大、成本高的流动方式走向选择面大、障碍小、成本低的流动方式。③ 产业互动从水平分工为主走向垂直分工为主。嘉沪两地经济应当通过产业分工方式的改变和重组,以形成支柱产业配套、新兴产业共建、一般产业互补的格局。

六是抓好网络型城市建设。区域互动收益的大小,取决于互动城市(主体)自身效率的高低。嘉兴市互动效率的空间在于提高内部资源整合效率,改变关联度"外高内低"的局面。这一空间的格局就是网络型城市体系,其内涵是由形态网络和功能网络共同构成,分别表现为交通网络、通信(信息)网络、产业网络、市场网络和管理体制网络。五大网络互动关系的建立,将从形态、功能和机制等多重角度,使城市群的空间关系从线性结构走向网络结构,从发散结构走向收敛结构,从直放结构走向回路结构,进而更高效地处理好网络型城市建设,与接轨上海"桥头堡"的关系,与嘉兴产业升级的关系,与嘉兴城乡统筹试点的关系,与嘉兴发展模式转变(错位发展)的关系。

这里有两个命题十分重要:① 网络型城市建设的难点是功能网络。从我国区域性经济圈及其城市体系的建设状况评估,网络型城市建设的薄弱环节是功能网络(这与我国基本建设长期以来"重形态、轻功能"有直接关系)。从飞机上俯瞰,城市范围内村村通公路的交通体系一目了然,规范而有序,但这只是网络的外部表征,看不到的才是建设的难点和重点,这就是由产业网络、市场网络和管理网络所构成的功能网络。② 城市网络构成的关键取决于网络节点城市之间的关系。网络型城市体系的城际关系将实现一系列的转变:首先,从行政关系为主走向经济关系为主。这种关系的重点是产业关系,它由新型产业组织形式所决定,即供应链管理的企业资源虚拟整合形式,取代了传统的企业资源垂直整合的“小而全”形式。其次，从形态关系为主走向功能关系为主。以公路建设为例，形态上是实现了村村通了公路，这只是道路联系，即形态联系，但由于现行公交管理体制的束缚，导致县域之间彼此封闭，公交车不能跨越县界营运，进而导致功能关系的缺失。最后，从随机关系为主走向制度关系为主。没有经济制度关联作为支持的城际联系，只能是缺失经济利益导向的随机联系，其不巩固性必然会导致“外高内低”的关联局面。

七是规范现代商务区建设。商务区建设是高端服务业资源的一种集聚形式，它事关地区结合部效应的放大和接轨上海的有效性。因此，现代商务区建设是嘉兴捕捉第三次发展机遇的重大举措之一，旨在通过城市商务资源的整合和提升，推进产业结构的战略性调整，以构筑先进制造业和现代服务业共同推进地区经济增长的格局，其意义和责任不言而喻。但是，其建设必须步出我国商务区建设普遍存在的三大误区：① 将商务区建设混同于普通的工业园区；② 将商务区规划混同于商业地产项目的开发；③ 将商务区选址条件混同于大型物流园区。

在此基础上要解决好现代商务区的选址定位和发展定位。一个城市现代商务区选址的导向依据必须要从多角度思考、全方位平衡，以符合城市发展定位、适应发展机遇捕捉、配合网络型城市的建设。基于上述思考，借鉴全球现代商务区的集聚规律、功能内涵及发展模式，现代商务区的选址导向必须兼顾区位条件导向、产业基础导向、城市化水平起点导向、人文环境导向、内外商务资源整合导向。在对上述五大导向指标经过权衡之后，再作科学的比对，最后由专家、政府和企业共同选定。

八是基于城乡统筹开展“两分两换”试点。要将“两分两换”作为破解我国“二元经济结构”重大举措来认识。“两分两换”是我国城乡统筹发展的必然要求，它应当成为农村产业结构、社会结构和利益结构调整的重要抓手。从经济视角判断，它是乡镇生产力合理布局和产业体系优化的必经之道；从社会视角判断，它又是克服城乡壁垒，合理整合资源，缩小城乡分配差距的客观要求；从生态视角判断，它是构建城乡合理的产业生态体系，变资源利用的线性模式为循环模式，落实科学发展观的需要。这一系列隐含于结构变迁之中的潜力，正是缓解我国城镇化过程中普遍面临的财力矛盾、就业压力和理念冲突的重要力量。这是因为，正是由于城镇扩张速度的缓慢，直接障碍了生产集聚效应的有效发挥，进而降低了地区可支配财力的扩张；也正是由于对农村富余劳力转移的条件限制，制约了这种宝贵经济资源的再配置效率，也不同程度地影响了城镇劳动力市场层次性的挖掘；更由于城乡二元结构关系的长期存在，社会将城乡之间不合理的经济交换关系合法化，进而使传统的城乡对立理念扩大化。

从我国小城镇对转移农村劳力、扩大非农就业、提高城镇化水平和改善农村公共服务所作出重大贡献的角度观察，其面临的财政状况简直可将之喻为“挤的是奶，吃的是草”。如前所述，2007 年全国建制镇创造的财政收入为 6 505.1 亿元，占全国财政总收入的 12.7%，其中 54.1%无私上缴国库。财政支出 4 143.0 亿元，占全国财政总支出的 8.3%，换言之，59%的人口却分享不到 10%的公共资源。2007 年，全国村镇人均公用设施投资为 142 元，只相当于城市人均公用设施投资的 7.5%。在推进城乡统筹的过程中，我国小城镇政府管理权限日趋萎缩，而承担责任日趋加重。当前浙江嘉兴地区试行的“两分两换”试点，内容是将承包地与宅基地分开，将拆迁和补偿分开；用承包地换社会保障，用宅基地换住房。“两分两换”旨在从根本上解决失地农民进入新市镇之后的社会保障、居住条件和就业机会。因此，它是自安徽小岗村试行承包责任制以来的又一次农村革命。对此，社会上存在不同的看法不仅十分正常，而且有助于促使实施的完善。“两分两换”工作的政策性和时效性兼备，在操作层面上应尽量做到统筹兼顾，既要讲工作效率,更要讲实际效果;既要有统一政策,更要有分类指导;既要考量客观需要,更要注意实施条件的创造。政府要针对当地居民中的近郊与远郊、富有与贫困、年迈与年轻等不同群体的不同愿望和偏好,区别对待,分类安排,将工作尽量做深、做细、做到位,以求稳步推进,少留后遗症。

嘉兴要确保“两分两换”顺利进行,必须提供三大支持条件:① 法律支持。主要是承包地30年的法律规定期限如何处理,尤其是当宅基地规模化之后,必然模糊了与承包地的边界,二者整合有涉法律关系。② 财力支持。新市镇建设的投资缺口,农民转市民后养老保障资金的来源等均需以足够的财力作为保障。③ 产业支持。农民进城镇之后,传统生活、生产习惯的惯性作用,导致行为主体的不适应性,除通过教育、引导和安抚之外,还有一个重要的问题就是就业岗位。除少数地区可以集中解决进城农民就业之外,多数地区将面临就业岗位的提供问题。为此,如前所述,采取区别对待、分类处理的政策不失为一种权宜办法。诸如对原居住地与城镇具有不同空间距离的农户,以及不同财力条件的地区,要采取不同进度、不同方法作实事求是的差别性安排。

## 第二节 走标本兼治之路

产业发展战略的正确选择,这只是完成了在正常经济背景下地区产业发展政策取向的设定。在国际市场大宗商品价格上扬和我国国际收支的持续顺差导致流动性过剩的双重冲击下,从外部环境平添了我国通胀的压力,而我国经济结构的不合理和增长方式的粗放型,又会从内部环境加大了经济下行的风险。这种风险正在通过我国传统的经济增长动力机制、资源利用的效率机制、消费需求的主导机制及其国民经济考核机制等向企业传导。为此，应对经济严峻态势，产业发展必须从地区的优势出发，标本兼治，以求用更少的自然资源和更多的知识资源去保持经济增长。

一是要将经济增长方式转变作为产业发展的切入口。中央政府早在"九五"期间就作出了经济增长方式转变的自主性决策，但由于国民经济考核指标体系的传统性和资源约束的滞迟性，导致这一决策未能有效贯彻，从而失去了应对经济环境急剧变化的"时间差"，致使我国经济普遍面临被动局面。据研究资料显示，设定 1980 年我国经济增长方式转变的速度为"1"，到 1996 年只提高了 46%，每年递增仅 2.3%。照此速度，我国实现经济增长方式的根本转变，即以全要素生产率与总要素投入的贡献份额比，从 1996 年的 0.342 增长到 1 需要 48 年。增长方式转变机遇的丧失，导致我国经济增长速度与资本积累速度相背离、生产结构与资源结构相脱节、经济发展阶段与资源环境制约程度相背道。换言之，经济增长粗放型是当前我国部分产业陷于困境的"元凶"。由于传统经济增长方式的继续维持，使地方经济既难以完成中央政府设定的资源利用和环境保护的考核指标，也无力应对当前经济环境的重大变动，更弱化了在接受国际产业转移中消化吸收全球资本、技术、品牌、信息、人才和市场网络的能力。这是因为，经济增长方式走向集约化的功能性标志，是高效、节能、降耗和减排。因此，从长远看，离开了经济增长方式，去侈谈节能、降耗、减排和应对高成本的压力，均无实际意义。

如前所述，时尚的低碳经济之本质，实际上也是一个经济发展模式问题，离开了发展模式，低碳经济也只是当年泛泛而谈的知识经济而已。当然，人们在评估哥本哈根会议的成效时，很自然提到了成本外化的工业化模式，它才是全球温室效应的根源，而低碳经济计划以不触动这种工业化模式为前提，可见其计划之"乌托邦"了。除这个悖论之外，有专家又指出了哥本哈根会议主题的另外两大悖论分别是：低碳经济计划的理论主体(追求公共利益最大化主体)与低碳经济实施主体(追求私人利益最大化主体)之间的悖论;低碳经济交易模式导致温室效应的最大责任者与低碳交易的最大获利者之间的悖论(张孝德,2010)。因此,低碳经济计划的实施不仅与产业发展模式相联系,还与决策方案的公共选择相联系(哥本哈根会议显然只选择了强势国家抛出的方案),更与人类文明危机管理的意识相联系。从某种意义上理解,我国传统的发展模式对自然是一种负债,对人类是一种伤害,没有这样的意识,一切治本转型的措施均会有其局限。

二是要将科技创新成果转化的平台建在企业内部。与传统增长理论相左,新的增长理论不认为经济增长是资本积累的结果,而是经济系统内生因素作用的结果,其中尤以技术进步为最。意识到这种内在作用机理的发达国家政府,正在将关注的重点从产品生产流程上大幅度前移,即从终端产品的市场份额之争,转向产品技术的自主知识产权之争,进而带动了主导要素的变迁。为适应全球主导要素的变迁,韩国的企业研究所模式是成功的范例。从 20 世纪 80 年代到 90 年代的 10 年间,韩国企业研究所从 47 家发展至 3825 家,企业研究人员从数千人发展至 9 万人,千名职工中拥有研究人员 45.1 人(达到当时英法国家的水平),在国家 R&D 总投入总量中企业所占比重自 20 世纪 90 年代以来,一直保持在 80%以上,超过当时美、日、德国的水平。这种态势既构筑了产学研互动的牢固平台,又提升了企业消化、吸收和改良国外技术的能力,使韩国产业技术迅速升级至发达国家的水平。由于我国技术创新能力低下,长期依赖于“代工生产”的发展模式,其信息来源和销售渠道均离不开海外供应商和进口商,从而被迫走仰人鼻息的资源消耗型之路。为此,我国政府将被迫作出路径选择:要么继续维持传统发展模式,以权宜之计来缓解企业眼前成本上扬和要素短缺的压力,暂时推迟经济下行风险的发生;或是下决心转变主导要素地位和对外贸易方式,将应用性研究的任务下沉到创新主体的企业中间去，从根本上步出要素依赖型、外需主导型的发展模式。上海等沿海大城市是最有条件、最有希望，也是最紧迫走后一条路的城市。

三是要将中小企业融资难作为产业发展领域帮困的重点。如前所述，作为我国社会经济弱者的中小企业，已占据全部注册企业数的99%，承担着60%的GDP产出、51%的税收和80%的就业机会。但由于我国现行体制、政策及中小企业制度创新的滞后，加之资本市场的不完善和财政资金资助对象的定向性，使67.5%的中小企业融资主要依靠各类金融机构贷款，企业的权益性融资占33.3%，债权类融资仅占1.8%。据报载，广东全省380万户中小企业与银行发生信贷关系者不足5%(18万户)，资金缺口占资金需求的60%。2009年上半年在我国银行信贷达到7.37万亿元天量时，民企的信贷资金不足10%，而大量的信贷却流入了并不缺钱的国企，尤其是央企，使之有可能成为“不务正业”的“地王”。而2007年全国各地涌现的“地王”，至今仍有一半左右没有开工。另据统计显示，1998—2008年间全国土地购置面积高达31.3亿平方米，而开发量仅为19.4亿平方米，约有12亿平方米土地闲置，导致国家清查闲置土地的决定流于破产。在国企有钱乱花的同时，民企却因资金短缺而处于“水深火热”之中。

我国中小企业曾被APEC归纳为面临“五难”，即市场准入难、资金融通难、人才引进难、信息共享难和科技应用难。当前，在宏观经济环境变化和融资渠道狭窄不畅的双重压力之下，中小企业面临的最大风险莫过于资金周转的瓶颈。参照成功国家先例，我国中小企业融资难的根本出路在于强化立法和完善资本市场，在当前则可由企业、银行和政府“三管”齐下，共同对策：一是完善中小企业融资担保体系，优化财政资金支撑力度。要积极发展股份制，导入社会资本和民间资本，坚持“财政性资金，法人化管理，市场化运作”的管理模式，提高中小企业融资担保中的财政资金使用效率。二是建立财政有限赔偿机制、完善风险防控体系。政府应从每年财政预算中安排一定比例资金，对政策性担保机构因赔付造成的担保资金损失,按担保额的一定比例给予有限补偿,以提高担保机构资信和抗风险能力。三是提供财政援助和税收优惠。其中包括建立中小企业发展准备金,建立和规范中小企业的税收优惠制度等。四是建立相应的中小企业融资管理机构。各级政府均应相应设立管理机构,其宗旨是为中小企业融资进行统一的支持、指导和管理。五是提高中小企业自身素质。要建立规范的经营制度、财务制度和信用制度,以恢复中小企业的信用水平。六是改革企业信用等级评定标准的权重指标。要将权重的重心从规模管理转向效益管理和成长性管理,以改变对中小企业的信用歧视。七是规范管理地下借贷活动。民间融资规模已占我国正规金融的1/3以上,只要规范引导,并辅之以合理的担保体系(商业担保为主体),也不失为中小企业开启了融资新渠道。总之,中小企业的融资难,既有全球共性的原因,但更有我国特有的政策歧视的原因。诸如市场进入政策歧视,其中包括资本市场歧视、资源型领域进入门槛歧视等。我国80个行业之中,对外资开放了62个,而对内资只开放41个,便是歧视的证明。因此,从这个意义上评说,支持和扶植民企的重点并不在于设定特殊的照顾性政策,而是尽快取消歧视性政策,这如同农业一样。

## 第三节　正道是双业并举

国务院2009年3月25日常务会议审议并原则通过了关于推进上海加快发展现代服务业和先进制造业、建设国际金融中心和国际航运中心的意见。这一重大的决定,标志着上海新一轮的发展在定位层面上从地区战略上升到了国家战略,在目标管理层面上从培育国内竞争力走向培育国际竞争力,在过程管理层面上从政策支持提高到法律支持。中央政府之所以在当前严峻的经济态势之下,将现代服务业和先进制造业并列提出，这不仅是深刻反思了金融海啸发端于虚拟经济背离实体经济之教训，而且更是正确地把握了二者之间基于内在作用规律的依存关系和互动关系，它对全国各地产业发展思路的提升无疑是一个重要的导向。

一是发展生产性服务业要注意把握“非工业化”趋势。马克思曾经正确地断言，随着社会分工的高度发达，多数人的副业将成为少数人的主业。这种预言，首先在社会分工高度细化的发达国家实现，就业人口大规模地从生产领域转向服务领域，便是证明。服务作为一种劳动不是体现在物与货币之间，而是体现在劳动与货币之间的交换；而服务产品需求收入弹性之高，必然会导致资源在收入增加时流向服务业。由于互联网从技术角度降低了跨国企业所有权的控制成本及其交易费用，进而放大了企业的活动半径，扩大了非生产型企业的跨国渗透能力。这种渗透的结果，放大了发达国家的扩散效应系数，催生了次发达国家和地区的“非工业化”现象，即服务业从传统的“小而全”的产业组织形式中分离出来，走上了独立发展之路，其中主要是金融、通讯、物流、商务、中介等生产性服务。其结果，导致次发达国家和地区产业结构出现跨越式的前倾，提前实现了服务业革命。换言之，生产性服务业是从传统的制造业内部脱胎出来并为之服务的行业。

由于全球对服务贸易需求的日益扩大，使其规模已接近国际贸易总额的1/3，每年吸引60%以上的国际直接投资转向服务业。为此，1995年起《服务贸易总协定》投入运行，并定义为四种服务贸易的提供模式，即过境交付、国外消费、商业存在和自然人移动。服务业蓬勃发展的势头，在繁荣制造业的同时，催生了人们的“财富错觉”，进而导致服务经济与实体经济的日益扭曲，以致2007年出现全球48万亿美元的产出面对516万亿美元金融衍生产品资产的失衡局面。当然，资本的贪婪和逐利行为，也不得不受制于社会财富增值规律。由此，有专家得出了工业经济兴衰的基因存在于资本形态演化之中的结论。无独有偶，震惊世界的迪拜债务风波，再一次提醒世人对新兴市场经济体发展模式所催生的资产虚拟化的反思，尤其是对金融海啸后危机时代所面临的由于经济刺激政策孕育的低银行利率、资金充沛、热钱泛滥的金融环境之警惕。迪拜人口为142万，其中70%是外国人，本国人只占29%。由于外国人是不会替迪拜人还债的。换言之，迪拜所欠的1 000亿美元的债务，将由41.18万迪拜人归还，老小无欺人均债务25万美元。以五口之家为计，每家背债250万美元。有人戏称，若真有这笔钱，还不如举家乔迁澳大利亚去。

历史再一次证明，源于实体经济的服务业与制造业的关系是供给与需求的关系，脱离了制造业的需求，服务业将成无本之木、无源之水。华尔街的金融海啸以及由2010年希腊等国为代表的欧洲国家债务危机引发的恐慌情绪，在全球资本市场的迅速蔓延，无不印证了脱离实体经济的支撑，一味追求虚拟的“金融财富”，只是一种“幻觉”。这是上海国际金融中心建设过程中必须吸取的教训，即不能将经济转型简单地与实体经济虚拟化混为一谈。否则会在制度设计和监管体制严重缺失的条件下，将自己更多的经济资源通过金融服务业领域，拱手交由国际资本控制。因此，中央政府将上海发展先进制造业和现代服务业同步考量，是完全遵循了现代服务业发育成长的客观规律。据美国著名学者帕特里克研究发现，在经济发展初期金融的发展会导致实体经济增长，而当经济趋于稳定时，经济发展会反过来拉动金融的发展。一系列的研究都证明，金融发展与经济发展之间存在互为因果的关系。戈德史密斯的研究结论是，发达国家的金融相关率(FIR)一般稳定在1.5左右。

与这一相关率比较，我国尚有很大差距，因此，发展以高端服务业引领的第三产业，仍将是我国产业管理的重要方向。据国家统计局数据显示，改革开放30年以来，我国三次产业结构比不断优化，第一产业占比从1978年的28.2%下降到2007年的11.3%；第二产业占比由 47.9 上升至 48.6%；第三产业占比由 23.9%上升至 40.1%(提高 16.2 个百分点，但 2000 年以来这个比重一直徘徊于 40%左右)；第三产业就业比重由 1978 年的 12.2%上升至 2007 年的 32.4%。第三产业就业岗位的提供无法满足就业需求，是我国大学生毕业就业难的重要原因。据《2009 年度全国部分城市公共就业服务机构市场供求状况分析》显示，2001—2009 年度，第二产业的用人需求比重从 25.7%上升至 38.9，上升 13.2 个百分点；第三产业的用人需求比重从 72.5%下降至 58.8，下降 13.7 个百分点。原因在于，我国服务业的传统性，其用人需求只是低端的劳动力，而高端性质的人才岗位并不多。

二是制造业的先进性离不开战略性服务业的支撑。先进制造业是现代工业生产的重要标志，其生产过程的中间投入越来越依靠服务的投入，即从过去依靠体力劳动为主的投入方式转向了以人力资本为主的投入方式，导致企业营运中的管理人员、技术人员和营销人员逐步多于一线生产的劳动者，进而使制造业从“生产密集”走向“服务密集”。这种改变是由先进制造业的特征所决定的，即：先进制造业的基础制造技术的优质、高效、低耗和绿色化，制造单元技术的高级化，制造系统技术的集成化。这种生产的软化过程，是先进制造业从模拟技术为支撑走向数字技术为导向，进而对科技、教育和研发为主体的战略性服务业提出更高的要求。其要求的指向是从技术和人才的角度，支持企业实施自主知识产权品牌的培育计划，旨在创造拥有自主知识产权的名牌产品。因此，企业必然会对社会的人才市场及其培训机制产生强烈的需求。历史证明，制造业先进性的支撑平台是所在地区低技术的普及和国民教育的发达。原因在于当人类社会从法拉第技术创新时代迈入新技术革命时代之后，个人英雄主义的技术创新行为(诸如爱迪生可以在与社会绝缘状态下发明 3 000 项专利)，必然被社会平台力量的创新行为所取代。这个社会平台就是低技术和国民教育，它在现代服务业系列之中位列高端，也被称为战略性服务业。

以我国最大的装备制造集团之一的上海电气(集团)总公司为例,它集设计、制造和销售为一体,所属工业企业210家,从业人员12万人,面对集团的发展和产业升级,其制约因素是技术和高级技师人数偏少、人才学历结构偏低、高技能人才年龄结构偏大。产生上述制约因素的根本原因,是紧缺人才培训力度跟不上企业所需,导致人才建设严重滞后于产业升级。据资料显示:2008年之前的一年内该企业没有参加过业务培训的人员,职工中占比为54.6%;技术人员中占比为52.5%;中级和基层管理人员中占比为33.6%;高层管理人员中占比为23.1%。由于培训服务跟不上,导致高端人才奇缺。以西门子公司为例,该公司大学本科毕业以上的人员占比50%,高级技术工人占技术工人总量的1/3以上,而上气集团的这两个数字分别只为16%和24.4%。这种现状显然与上海战略性服务业服务功能的发挥程度具有明显的相关性。由此引申出的另一个问题是研发业服务滞后,导致企业创新能力的低下。据上海统计年鉴(2007—2008)显示,上海工业企业中平均每个企业被授专利为1.1项,申请专利为2.10项,技术开发为0.81项,科技成果仅为0.16项。尽管我国2005年发明专利申请量已居全球第四位,但其半数系外国人所有,且集中在高新技术领域。我国制造业企业的产业升级明显缺失技术创新的支撑,以至于没有自己商标的企业比例高达60%以上。

三是产业组织创新催生服务外包专业市场。产业组织创新的典范是世界跨国公司分解和重组其生产流程的行为。我国改革开放的历史是一部企业经济效益不断优化的历史,其经历的阶段有三:第一阶段是企业所有制结构的变迁,从“大锅饭”体制的国有制一统天下的格局,逐步走向自负盈亏的多种所有制复合并存的格局;第二阶段是产业结构的变迁,从政府利益偏好为导向的产业结构低水平重复的格局,走向市场效率为导向的产业结构逐趋合理的格局;第三阶段是从“小而全”、“大而全”的产业组织形式,逐步走向供应链管理的专业化分工的产业组织形式。这种经过创新的产业组织形式已成为当代先进制造业的主流模式,其发生的时代背景是经济全球化。跨国企业凭借互联网的技术条件和WTO的制度条件,遵循比较优势的理论,通过生产流程的分解和重组,在全球范围内重新调整和构建企业的供应链格局,以实现其在更为广阔的空间背景中套利之目的。其过程促使企业资源从传统的垂直整合走向虚拟整合,导致企业核心主业与非核心主业在空间位置上的分离,从而推动了全球服务外包专业市场的发育,进而改变了产品和服务的传统供应模式,使产业组织发生了革命性的创新。

这种外包服务模式被《哈佛商业评论》喻之为过去70年以来企业最重要的管理理念和经营手法。这种通过购买第三方服务或产品来完成原先由企业内部完成的工作,实际上是一种极为合理的社会分工,它以规模效应降低企业的生产成本,包括直接材料费、人工费和车间部门为组织产品生产发生的各种费用。据印度国家软件协会估计,2008年仅在全球计算机用户电脑服务中心领域,就为印度提供了110万个就业岗位和价值210亿—240亿美元的服务业收入。而据美国有关机构预测,到2015年,英国将有330万个白领工作岗位,以及1 360亿美元的工资转移到海外。这种趋势的出现,不仅预示着新一轮产业转移的主流模式已发生变化,而且对现代服务业体系中的服务外包专业市场是一个巨大的推动,从而使现代服务业进一步走向独立化、规模化和国际化。

# 第十六章
# 从文化"搭台"到文化"唱戏"

在土地资源日趋稀缺的今天,上海市闵行区政府决定在外环线以西、吴中路以南、漕宝路以北,近邻虹桥综合交通枢纽的优势区位地段,以前期投入26亿人民币的魄力,辟建2 000亩的文化公园和生态商务区,其决断及其建设规模堪称我国文化产业园区发展之最。在我国各类型文化创意园区建设主体中有近2/3无望收回成本的大势之下,闵行文化公园和七宝生态商务区建设必须走"大手笔"、"小算盘"之路,将文化创意园的建设立足于精心策划、精打细算的基础之上,宁可失之宽度(规模速度),也不要失之深度(质量效益)。

## 第一节　捕捉机遇是量体裁衣的过程

文化创意产业园的成功建设是捕捉时代机遇和把握自身优势有机结合的产物。综观我国成功建设文化创意园区的基本经验是:正确把握全球产业发展的趋势,依托当地自身不可替代的优势资源及与之相适应的产业基础,遵循市场法则和产业发展规律,实现差异性发展和特色化经营。这里,规划者必须注意把握三点:

一是正确认识文化创意类产业园的概念。文化产业是指将文化内容作为一种资源，通过对其进行收集、整理、创作、加工，转换成人们对精神情感、兴趣爱好所需要的产品和服务，并从中获得商业利润的行业集群。由于文化产业具有相对灵活性和兼容性，产业领域正在不断拓展延伸，出现了“内容产业”、“版权产业”和“创意产业”的覆盖趋势。创意产业产值占GDP比重位居第二位（仅次于金融业）的英国，将创意产业概念的内涵和外延，表述为“那些从个人的创造力、技能和天赋中获取发展动力的企业，以及那些通过对知识产权的开发可创造潜在财富和就业机会的活动”。于此可见，文化创意产业强调的是对知识产权的尊重、保护、开发和经营管理，其过程包容了生产、交换、分配和消费活动的总和。文化创意园是指在地理布局结构上形成的集创新、孵化、投资管理、生产性服务和产权交易等活动的载体。

从文化产业概念剖析中，可以悟出如下规律性判断：其一，文化产业同样是具有产业链性质的生产经营活动。谁掌握了产业链的高端环节，当地经济就产生了支配效应、引领效应和高附加值效应；其二，文化产业同样面临产业组创新的任务。文化产业若不具备规模效应，就会在同业竞争中失去成本和质量的优势，而要实现规模效应，文化产业必须实行专业化分工，在构建供应链关系的基础上，扩大环节型企业的专业化程度和组织规模；其三，无论从产业的集群配套需要，还是从资源共享程度提高的需要出发，文化创意产业必须走园区化之路。园区化是规模化的必经之路，它有利于深化劳动分工，有助于将企业内部分工外部化，将跨区域性专业分工园区化，能大大降低交易费用。

二是正确认识文化创意产业发展的大背景。这些背景趋势概括起来有三：其一，消费低耗化趋势。随着人们生活水平的提高，物质型、高耗型消费正在走向“精神文化”型的低耗消费。相对于精神文化型消费，物质型消费随着物质财富的快速增长能较快地满足人们的需求，而精神文化型消费产品和服务的供给往往是在物质生产达到一定水准之后才能逐步满足市场的。这里既有需求引导供给的原因,也有供给引导需求的因素。例如,高尔夫球场是高端消费群体需求引导的产物,但英国“达人秀”则是供给引导消费群体的具体体现。迄今为止,发达国家文化创意产业在GDP中的比重已占20%左右,我国尽管是一个新兴国家,文化产业产值只占GDP5%左右,但由于基尼系数的高位态势,导致各类消费层次均不乏自己的消费群体,以至于中国已成为美国奢侈品市场的第二大消费群体国。随着我国“强国富民”之路的不断拓宽,全面小康社会的逐步实现,文化产业跨越式的发展只是时间问题,早作准备、提前规划,完全符合“预则立,不预则废”之规律。

其二,产业集中化趋势。我国要彻底克服生态危机,走“以较少用地,实现较多产出”之路已势在必行。随着建设用地的日趋制约,粗放型、“羊拉屎”式的经济“水平扩张”之路已经走到历史的尽头,取而代之的必然是集约型和园区式的经济“垂直扩张”之路。这里的“集约型”,指的是产业的高附加值和低耗低排型。这里的“园区式”,是指产业的集群和集聚。从内涵分析,“集群”高于“集聚”,前者是企业在产业链、供应链和价值链管理纽带之中的配套式集中,后者仅仅是产业在空间布局结构上的一种物理性聚合,企业彼此之间并不一定有配套关系。文化产业园区的“集中”,显然应当是指集群。目前全国各类文化创意产业园区已多达500家之上,这里既有土地制约因素的驱动,更是集群出高效的规律所致。从全国范围判断,有专家认为要克服生态危机,必须保持在8%的土地,实现70%的产出。从上海情况判断,这个产出比例关系的要求更高,因为上海的土地面积只及北京的1/3,天津的1/2,重庆的1/20,单位土地面积的产出高于兄弟省市,已是上海的经济逻辑,这个高产出的载体舍园区莫属。

其三,产品高附加值化趋势。我国制造业的净利润率在2006年不足5%,2007年更是不足2%。其原因在于我国制造业偏离了国际产业专业化分工中的高附加值的非制造业环节，这些环节多半是知识型的行业，诸如研发业和金融、设计等生产性服务业，其中不乏创意产业。这种分工的转向已成全球发达国家的一种趋势，诸如美国通用汽车公司，将只创造全部利润10％的汽车制造环节转向亚洲，转向中国的上海（别克牌），而将占90％利润的非汽车制造环节（设计、研发、销售、生产性服务等环节）留在本国。中国要翻这个本，必须在文化创意产业及现代服务业领域中争占一席之地。事实将无情证明，满足于“制造王国”的经济局面，总有一天会发现自己已经“走投无路”。因此，建立文化创意产业园不仅是培育地区未来经济新的增长点，也是全国经济新的制高点。

三是正确把握自身的优势资源。我国江南地区文化产业园区选址地的优势资源概括起来有三：即交通枢纽资源优势、成熟商务区辐射优势和千年古城镇历史文化存量资源优势。但是，这三大优势只是一种潜在的优势，要转化成为现实的优势，尚有一个配置的过程。当今世界有无数历史事实证明，地区经济发展水平的高低，主要并非取决于资源禀赋的程度，而往往取决于资源配置的效率。因而常常是“富裕的贫困”和“贫困的富裕”之现象并存，如我国西部地区资源富有而经济贫困，东部沿海地区资源贫乏而经济富足。从这个角度剖析上海七宝镇的三大优势，需作冷静的经济学分析：

一是关于交通枢纽的优势。随着网络型城市理论的提出，人们发现城际之间有三个距离，即物理距离决定城市空间结构的交易效率；心理距离是指人们用速度衡量物理距离之后形成的心理感受；时间距离是指时、空形式的一种转换性替代。城际距离可以概括为形态距离和功能距离，也称物理距离和关系距离，前者包括在城际之间的交通网络和通信网络之中，只要交通提速，或通信快捷，会改变空间的时间距离，实现所谓“同城效应”。但是，后者包括在城际的市场网络、产业网络和管理网络之中，只要城际之间的产业缺失专业化分工的产业链或供应链的关系，只要城际要素市场或商品市场之间缺乏互补、互利、互存的关系，只要城际政策性边界、财政性边界的继续存在，则城际的整体关系必然淡化。由此判断，若仅凭文化古镇旅游资源对外富有吸引力，而经济上缺乏有效整合关系的话，其交通枢纽地位所"借的光"是很有限的。例如，上海花巨资建造虹桥综合交通枢纽中心，绝对不是仅仅为旅游服务的，而是为"经济中心"营造集疏运体系。因此，与之临近的七宝商务区面临的挑战是如何利用即将入驻的龙头企业优势，通过产业链、供应链和产品链的构建，凭借交通枢纽的区位条件，对周边地区和城市形成辐射态势。

二是关于虹桥商务区的辐射优势。以上海七宝镇为例，毗邻的虹桥商务区是一个具有一定规模的成熟的商务区，其对七宝商务区的辐射资源有三，即：① 商务供给资源的共享利用；② 商务需求资源（包括企业总部）的分流；③ 商务白领群体消费需求的分流。从三种辐射资源流动态势分析，第一种是"借光"性质，无任何障碍，在七宝商务区初创时期供给资源暂时短缺的情况下，是一种补缺，对于虹桥商务区和七宝商务区而言是双赢；第三种情况也是必然的趋势，原因是上海虹桥地区除动物园具有定向消费的特点之外，尚无大型文化类主题公园，七宝文化公园的建成对周边人群无疑是一种引力。但是，第二种情况则是不确定的，原因在于商务需求资源跟着配置效率走。大凡商务区，其不同发展阶段由于企业入驻和运行成本的变动，其需求资源会出现不同的流向。如园区初创时期，由于土地成本相对不高，劳动力又以"蓝领"为主，价格较低，因此导致资本向园区集聚；当园区形成气候之后，土地成本随区位级差的变化而上扬，同时又由于商务发展的业务需要，"白领"逐步占据职员主体之后，劳动成本同步上扬，导致资本出现撤离趋势，以求新的发展空间，从而为周边商务区提供导入商务需求资源的机遇。这就是七宝商务区面临的机会。

但是，虹桥商务资源一旦发生流动，其去向有三：① 可能流向毗邻区位的七宝商务园；② 流向周边商务区（诸如本市浦东或松江地区，或是具备“同城距离”的江苏省昆山花桥商务区和浙江省嘉兴国际商务区）；③ 由于虹桥商务区提高配置效率，留住了本区商务资源。三种去向的决定因素在于各地商务区的交易环境优劣，其指标性因素是各地商务区交易机会的多寡、交易成本的高低和交易行为的规范程度。而这些指标性因素主要不是靠形态（诸如基础设施硬环境）的优化，而是靠功能（诸如市场有效性程度和政府服务质量）去体现。

三是关于千年古镇文化资源积累的优势。以江南文化历史名城苏州与嘉兴为例，两地文化古迹的物质遗存虽有差别（但恢复重建之后，差距在缩小），而非物质性质的历史遗存并无二致。但是，两地旅游业的兴旺程度却有天壤之别。原因在于文化资源的商品转化率存在明显差异。换言之，文化资源如同一切其他资源一样，是需要配置的，配置的过程是挖掘、整理、包装、推荐、经营的系统过程。大凡文化古镇，其积累的资源既有有形的，又会有无形的，其中典型的是古建筑文化、历史名人故居文化、宗教文化（以佛教、道教为主）、饮食文化、民俗文化及地方戏曲文化等。从铁路沿线的文化古镇判断，由于工业化浪潮的冲击，大部分物质文化遗存破坏严重，我的故里嘉兴王店镇堪为重灾区。原因在于工业化的前提是标准化，否则就无规模效益可言，而标准化又是一个消杀差异和抹杀个性化的过程。城市化是工业化的需要，我国工业化和大规模旧城改造几乎同时起步于 20 世纪 80 年代，决非“巧合”。因此，工业化的泛化对旧城改造的深刻影响也将在所难免。上述谈及的古镇历史文化，其中尤以古典建筑为最，属于标准化改造的首选对象。原因在于工业化需要城市建筑标准化、道路标准化、河道标准化和消费品的标准化。相对于铁路沿线的城镇，上海七宝镇十分幸运，由于当年简陋的交通条件使其免受工业化的冲击，使大部分物质文化遗存保留了下来。现在问题的关键是如何对文化资源进行配置，配置的第一要件是保护抢救，其中既有物质文化的保护（如古建筑、庙宇和名人故居等),又有历史文化环境的保护(相关水系保护、周边建筑风格协调性管理等),更有非物质文化的保护。在现有历史文化城市中,宗教文化作为非物质文化保护最显乏力,但它无论作为旅游资源,或是作为吸引华商投资的环境资源,都具有无可替代的优势。文化资源配置的第二要件是整理、包装和推介,这一要件的前提是要有系统周密的规划,以免想到哪里,做到那里。然后,启用相应的专家队伍进行归纳、梳理和提炼,并形成对外介绍的范本。最后是在市场需求预测的基础上,进行营销管理的定位策划,以防失之于重复投资。

## 第二节 三大关系协调是关键

作为规划,它有别于一般性的计划或是策划,其特性是注重规划目标的长远性、战略性和全局性。规划起点的可行性、执行过程的有效性和目标管理的可靠性,是规划者必须把握的三支标尺。我国的宏观管理有五年规划,微观管理有项目规划,凡是执行效果不佳者均离不开三个原因:

一是目标管理与过程管理相脱节。全球社会主义陈营解体的原因就是目标管理失去过程管理的支持。大凡社会主义国家,共产主义目标几乎天天讲、月月讲、年年讲,但与之相对应的过程管理缺失。全球迄今为止之所以只有中国一家保持了社会主义制度及其相对应的生产力水平,原因在于邓小平同志找到了与共产主义目标相适应的过程管理——社会主义初级阶段。我国规划的通病是将精力全部“押宝”在目标设定上,却舍不得在过程管理上下笔墨。豪言壮语、雄伟气度是我国规划目标管理的共同特点,但过程管理极其简单,文字也显苍白。当前,正在制定的“十二五”规划也往往难以摆脱这种行为逻辑的桎档。文化产业商务区规划应当将规划重点转过来，凡过程管理不能做到的，应主动调整目标定位，而不能反之。

二是政府职能与市场功能错位。政府职能与市场功能是有形之手，与无形之手的关系，彼此是互补关系，而不是替代关系。凡是能有效体现互补关系的运作模式，文化产业园区均会良性发展，凡二者形成替代关系的运作模式，其园区则往往导致失败。从我国文化产业园区形成的几种路径可以看到市场与政府之间关系的重要：

第一种园区是艺术家自发集聚形成的文化村落。其中最为典型的是北京酒仙桥798工厂，当时该厂处于衰败时期，厂方迫于生存压力对外出租闲置厂房。随之大批艺术家闻风前往，形成蜚声海内外的798艺术区。上海田子坊也是类似的发展路径，但辅之以政府的正确诱导。类似的情况全国各地均有，然而有的地方政府发现自发园区后前往施加的往往是非经济性的影响，导入了房地产开发商，企图借势实施有计划的房地开发，旨在从短期开发中获利。结果，高企的房价赶走了自发集聚的艺术家们，使已经上马的园区归于流产。

第二种是文化商人牵头组建的园区。其特点是有计划、有市场的专业化分工的流水线作业，其效率较高，市场前景光明。典型的是香港画商黄江1989年在深圳市龙岗区布吉街道，占地4平方公里建立的大芬油画村。该村经济落后，原住居民仅300人，外来人口高达16 000人，是个古老的客家村落。画商黄江租用民房进行油画的收集和出口外销，同时招募学生协助完成与外商签订的“订单”。经过17年努力，形成了“大芬油画村”，云集了近万名画工、画家和画商，300多家画廊和700多间“油画个人工作室”和油画作坊，占据了全球60%的油画市场份额，创造了数亿元计的产值。政府发现后，采取了正确的对策，发挥了与市场互补的作用，将画家们请出“地下”，并投巨资改造“大芬油画村”的周边环境，在总体规划引导下完成了基础设施和配套工程。这是一种比较经典的模式，特点是“市场主导，政府助导”，只不过像

“大芬油画村”的规模实属鲜见。

第三种是企业主导形成的文化产业园。此类园区数量不多见，其中颇具代表性的是由民营投资为主的南京板仓街1号集音像、图书、古玩字画、文体用品，以及版权交易、文化交流、动漫、影视制作等综合性的文化产业园。其特点是市场为导向，企业自负盈亏。实践证明，只要主业方向有特色就不愁缺乏市场前景。但由于经济外部性的制约，其周边环境改造和公共服务功能的配套，凭单个企业显然力不从心。

第四种是政府为主导的文化产业园。当前，我国绝大部分文化产业园属于此类性质。政府主导的园区虽有其优势，也存在明显的局限性。优势是便于选址，容易规划，又有投资能力，前期推进力度大。但缺陷是，投资回报缺乏压力，往往论证不充分，主导产业定位不清晰，园区缺乏特色，市场需求不明显、产业链不完整，企业生存困难。我国当前各类文化创意园区中有2/3成本难以回收者，基本上集中于这种模式的园区之中。

三是形态规划与功能规划失衡。形态是服从和服务于功能的，而不是相反。一旦功能无法实现，投资就会沉淀在形态之上，根据马克思的观点，沉淀的资本是没有生命力的。我国“八五”期间大规模的投资，之所以会有70%左右无法收回，便是设定的功能无法实现而导致资本沉淀之故。由于功能定位的随意性和主观性，我国文化创意产业园区的建设过程出现过“三种混同”，即：

① 将文化创意园区建设混同于普通的经济技术开发区。文化创意产业园区大致有五种定位：创作型文化创意产业园、消费型文化创意产业园、复合型（前两者兼而有之）文化创意产业园、都市型文化创意产业园和原生态型文化创意产业园。按文化产业的类型区分，大致有资源型文化产业、创意型文化产业和制造型文化产业（如体育用品、乐器、工艺美术品等），它们对产业的知识技术资源的要求、对人力资本的需求，对人文环境资源的追求，以及对自然资源的可及性和成本

的渴望等，均有别于普通的经济技术开发区，与之相适应的管理模式、运作机制和招商策略也均有经纬之别。

② 将文化创意产业园建设混同于房地产开发。这是一种常会发生的现象，其原因是政府财政的拮据，导致无力承担园区基础实施之后的项目开发，故而导入大型房地产开发企业。其后果是提高了企业入驻成本，挤压了企业获利空间。文化创意产业的投入与产出的周期关系及其企业启动资金的实力，均非制造业企业可比，尤其是创意产业更是微型企业为主体。因此，企业进入的成本要低，即便是政府建造的标准用房，许多地区也是采取“头年免租、次年微租、三年后实租”的让利办法进行招商。

③ 将文化创意产业园区混同于旅馆餐饮区。在产业园区，文化产业与服务业之间，生产性服务业与生活性服务业之间，大众化服务业与个性化服务业之间均应保持一个合理的生态比例。否则，不是喧宾夺主，就是供求失衡，使园区变味。目前，许多创意产业园区均不同程度地出现此类毛病，主要原因在于这些园区往往是旅游者集中光顾之地，如上海田子坊也有此况。这种趋势的失控，会导致园区生态指标下降、人文环境受损、治理成本上扬。

## 第三节　过程管理是重点

如前所述，上海七宝文化创意产业园的规划是一种有远见、有魄力的大手笔，旨在突破我国普遍存在的“公园重生态缺文化，园区重产业缺生态”的共性现象。但就园区建设而言，当前普遍需解决的最紧迫问题还不是“生态”，而是产业管理，即主导产业的选择，以及主导产业的组织形式，并辅之以配套的园区运作模式。上海七宝文化产业园区的选址已尘埃落定，26 亿前期投入也已经完成，当前规划应当明确的问题主要有以下方面：

一是园区主导产业定位。园区定位的关键是要形成自身产业特色，"文化公园"一词的表述仍然是没有特色的定位，"生态商务区"的表述也是无主题定位的商务区。定位的过程，实际上是战略性分析和竞争性分析的过程，常用的方法是 SWOT 分析法，目的是找到园区建设在某一市场细分中的优劣势。定位的依据应当是地区优势资源和产业基础。这就必然要有一个优势资源的分析过程，然后选择相对于其他地区难以比肩的优势，并辅之以一定产业基础的分类筛选，在此基础上确定资源配置的方向和策略(包括优惠政策设计)。诸如广东佛山号称"陶都"，政府便选定陶艺作为文化创意产业园区的主导产业，规划用 1 000 亩地，100 万平方建筑面积，去集聚 800 家相关企业，吸引年客流量 100 万人次，5 年后实现创税目标 10 亿元。其 100 万平方的建筑中，属旧区改造的有 20 万平方，内涵世界陶艺文化圣地、国际艺术家村、创意教育基地、创意产业基地、知识产权交易平台、国际艺术创意交流会展中心、国际美食城等，陶艺产业成为贯穿始终的主线。园区切忌的是"大杂烩"定位，因为它必然会导致重复建设和低水平复制。因此，对地区优势资源和产业情况的详细把握，是形成思路的前提。以上海七宝镇为例，从现有导入的产业目录判断，媒体出版行业似乎具有相当基础，如能打造国际媒体出版创意产业园，其前景不可小视，定位依据是特色鲜明，且尚无先例。文化创意产业的行业分类有：① 文化艺术类(表演艺术和视觉艺术)；② 设计类(广告设计、建筑设计和软件设计)；③ 媒体类(广电网络和移动通信)；④ 出版类(书籍、数字、音像出版)；⑤ 娱乐类(电影、动画、游戏等)。七宝园区可择其中第三、四类行业为主，辅之以第一、二类行业，既能应对园区产业基础，又符合主题公园内涵设计，更实现了园区定位的个性化。

二是市场需求预测。在主导产业定位的基础上，要采用宏观环境的指向性分析法(PEST)，即依据国家"十二五"规划对未来政治、经济、社会、文化与科技相关的决策性影响为参照，从中寻找园区的发展机会和市场空间。还要分析周边地区和城市的同业竞争态势，以及自身的优势和资源配置条件，去锁定市场需求群体（包括企业和消费者），然后确定投资规模和建设时序。这也是"以销定产"的一种营销模式。园区建设的大忌是盲目投资，或是攀比式或是主观臆断式地决定投资方向和投资规模。我国文化创意类产业园区中，有近70%亏损，20%持平，只有10%盈利，其源盖出于需求预测和投资管理相脱节。

三是运作模式问题。地方政府作为文化创意产业园的"主创人"地位，其使命完成了园区选址、征地、详规、前期投入和概念规划之后，其责任主要是建立运作机制，确定组织架构、委派政府代表，物色合作伙伴，提供公共服务，营造良好的制度环境，培育园区的有效市场。有效市场有三个特征：① 企业进退园区成本要低；② 园区市场对称性要强（保持权益对称和信息对称）；③ 园区法治环境要健全。文化产业园区的运作机构原则上是服务中心，而不是管理中心，这是文化人所偏好的特定环境，要充分体现政府"少管理，多服务"的人性化宽松环境。

四是构建完整的产业链。形成完整的产业链和价值链，是提高文化产业园区附加值的关键。龙头企业的入驻，其优势是有利于构建依附于它的产业链，将文化产品的创作，生产、加工、销售连成一片，以在文化产业园区内形成配套集群的具有专业化分工关系的产业群落。例如，这种产业链可以文化产业龙头企业为依托，以利益为纽带，以专业分工为"红线"。其过程管理的侧重点在于，文化创意园区除集聚文化创意才人之外，还要延揽文化产业经营管理人才，以及一支懂营销、懂法律、了解市场行情的文化商人。有了这种集群模式才会使文化园区真正成为区域性特色文化产业的研发、制造和销售中心，否则，充其量只能成为零星文化企业的集散地。

从文化"搭台"走向文化"唱戏"，这不仅是人们理念上的一大升华,而且是财政支出管理上的一次进步,它意味着部分文化事业的管理属性从财政性走向了产业性。但是,人们对文化的理解并不能简单地停留于“产业化”之上。我国战国时期的《易传》有“观乎天文,以察时变;观乎人文,以化成天下”之说。其意指人文是人类社会人伦秩序和道德行为的一种规范。这种规范“化成天下”的过程,就是“文化”的内涵。既然文化是规范人们行为的过程,它就难免带有“公共物品”之特性,一旦纯粹“以销定产”,其市场选择模式会在对文化品种需求的取舍中弱化“文化”之社会功能。因此,政府职能与市场功能在文化事业管理上的联手将再现。于是,文化事业的财政属性与产业属性的互补将是不可避免。

# 第十七章
# 垄断行业无权滥用国家权力

我国《宪法》第七条明文规定:“国有经济,即社会主义全民所有制经济,是国民经济中的主导力量。国家保障国有经济的巩固和发展。”这是我国的一项基本产权制度。在企业管理中,只有产权界定清晰,才能导致微观经济主体权责对称,进而调动获利的积极性。我国国有企业改革的基本方向就是明晰产权。我国垄断行业的国有企业现都已改制成现代企业制度性质的股份制有限公司。在公司内部存在的委托代理关系有二:一是全体股东将他们的资产委托给董事会来监管;二是董事会将资产委托给他们所雇用的总经理去经营。这种所有权与控制权分离的模式,有利于集中社会资本和分散投资风险,是公司业务发展到相当规模之后的必然结果。但是,代理人经常有其自己的效用最大化目标,且与委托人的目标往往是不一致的。又由于信息的不对称和契约不完全,当代理人的行为未能被委托人明察到(通常不易被察觉)的时候,代理人自身利益最大化目标必然是以牺牲委托人利益为高昂的代价,最常见的便是增加公司日常预算开支,甚至是导致国有资产的流失。这种在代理人中普遍存在的机会主义是代理人在既定制度安排之下的理想选择。正因为垄断性行业基本系国家所有的性质,其行为方式直接影响到政府地位与市场地位、政府利益与公共利益的关系。由于缺失有效的监管体系，我国垄断行业的垄断利润正在满足于自给自足，换言之，当垄断行业靠垄断市场份额获得的利润，正在为行业内部成员谋福祉。这里指的垄断行业，是指在事关国计民生中，由国家投入的国有企业，其资产及其权益属于国家所有。政府具有国有资产管理职能（而非经营职能），它通过参与、委托的管理方式对其经营活动进行管理。而国有资产的收益分配管理实质上是处理国家、企业和个人之间的经济利益关系，其内容包括：确定分配比例，即国家与企业之间分配比例，以及企业内部扩大再生产、积累基金和员工消费基金的比例；保证归国家支配收益的足额上缴，严防国家资产收益的流失；对企业留利使用的监督，因为企业留利的所有权仍属于国家资产。由于国有资产收益分配管理是一项极其复杂和困难的任务，因此其执行过程并非一切如愿。

## 第一节　要制止垄断行业对国家和公民权益的合法侵吞

反腐专家任建明将腐败严重的行业特征归结为 4 种程度，即行业市场发育程度、政府对行业监管程度、行业垄断程度和市场主体完善程度。尽管法律规定自然资源属国家所有，但由于国家概念的抽象性，其实际所有者还是政府，尤其是中央政府。它通过向央企授权去垄断自然资源的开发，并占有大部分经济收益，而地方政府和资源所在地居民难以获得合理的收益。例如占全国天然气资源近 20%的四川省竟会发生“气荒”，全省工业用天然气缺口高达 20 亿方，人们从中不难窥见垄断行业之垄断势力。

由于我国缺失《反垄断法》的制约，因此行业可以合法地通过对稀缺资源的垄断，在战略性领域里不经过任何法律程序，以“国家利益”

这个庄严的名义,去名正言顺地合法侵夺国库和广大消费者的收入。他们垄断所得的利润既不需入国库,也不需向国资委交纳租金(以国企资产性质而论,它向资产所有者交纳租金与其所得利润情况无需挂钩),又不惠及社会,只留给行业利益集团作为未来发展,以及职工福利之用。据国务院发展研究中心企业研究所副所长张文魁透露,2007年之前的14年间我国国企根本无需上缴红利,即便自2007年起国企每年开始上缴5%—10%的红利,但其用途并非是改善民生,而是“主要用于推进国有经济布局和结构的战略调整,培育具有国际竞争力的大企业集团”。更有甚者,某些国企老总的管财理念是:缴税没钱,投资没钱,维修没钱,办善事更没钱,整天向主管部门诉苦,向用户哭穷,一副过苦日子样。但一说喝酒、洗澡、买车和旅游,钱有的是,一顿饭几千元,一辆车几十万,钱有的是。沈阳一家欠了巨额税款的国企——沈阳燃料集团股份有限公司总经理尚皓,在2010年6月的19次消费中,仅10次洗浴就花费公款8 000元(《广州日报》2010年12月1日)。试想,如果有一家在闹市区营业的酒楼,经营者既可向资产所有者免交酒楼房租,也不必给股东分红,又有权排斥其他饭店进入市场竞争,还能垄断酒菜价格确定权,那他不发财,谁还能发财?

这不禁令人想起我国明朝万历年间太监刘若惠在《酌中志》里所记述的“皇店”,即由皇上派员开设的商店,资本雄厚、货源充足、不缴税赋。诸如明万历年间由提督太监执掌的北京六大皇店,其中以清末北京的“四大恒”钱庄为最,当八国联军进京之后洋鬼子为抢其银两竟足足花了三天时间。尽管其性质不能与当今垄断企业类比,但其垄断的背景何其相似乃尔。中国特色的垄断行业之逻辑是,我获取垄断利润后不交租金和不分红利是为了发展,这也就是体现了“发展是硬道理”;我将巨额利润用于为自己职工谋福利,是响应了中央政府关于和谐社会建设的号召,这也真可谓“两手抓,两手都要硬”了。这种思维逻辑是基于某些人将国企视作利益集团私有财产的认定。正因为如此,他们连国企破产的机会也不想轻易放过。于是乎,借国企破产之机,国资清算办对国有资产采取“自卖自买”的手法进行侵吞,也成一种时尚。据《中国青年报》载文,2005年前后重庆市涪陵区丝绸(集团)公司破产,时任该公司破产清算组办公室主任李茂荣,在未经评估、公开拍卖等合法程序,也无国资委任何批复的情况下,于2006年10月28日假借其二嫂万琴(化名)的名义,以21万元买下了105万元的该公司驻成都办事处的三处房产(国有资产),最后获刑10年。

## 第二节　国家权力的行使主体不能被偷换

垄断行业私自处置资产的行为,已经严重地背离了我国《宪法》第十二条关于“社会主义的公共财产神圣不可侵犯”的规定。既然垄断行业有其私自处置资产的“理直气壮”逻辑,当然会有“名正言顺”的举措。中石油行业为了排斥我国中小炼油厂参与竞争,以小企业“技术差”和“成本高”为口实提高入市门槛,将立法权与司法权集自己一身,代表政府出面向全国颁发了一个旨在限止中小炼油厂参与竞争的所谓“38号文件”的部门性法规,简称《意见》。正因为垄断利润可以合法地创造和私分,因此这种“创收”的积极性大有一浪盖过一浪之势。在电信技术的进步和服务成本的下降的情况下,电信收费价格却依然岿然不动,其目的是从巨大的消费市场中敛财,而其堂而皇之的理由却是“要为国家多作贡献”。无独有偶,本属于公共物品的我国高速公路,按照2002年11月国务院关于“取消7类公路和城市道路收费”的要求,凡属于“已偿还贷款和集资款”的公路,应当停止收费。但这些公路却公然照样继续向纳税人收取“买路钱”,更有甚者,有些高速公路竟还能“上市”盈利,明目张胆地将公益性的公共物品演化成盈利性的垄断物品。应当承认,税收投入或是政府举债投入是高速公路初建时的主导性投入之一，但其中的政府举债投入并非要完全靠收费来偿还，而是由后续的纳税收入来偿还的，更不消说有的已经全部偿还投入的高速公路了。此外，据卫生部26日公布《食用盐碘含量(征求意见稿)》，拟将食盐中碘含量上限降低，由20 mg/kg—60 mg/kg修改为20 mg/kg—30 mg/kg，强调了“碘过量对健康的潜在危害”，并承认“目前食盐中碘含量偏高”。自去年“碘盐风波”以来，这是官方首次承认碘过量对人体健康存在潜在危害(《新文化报》)。对此，张贵峰在2010年7月28日《中国青年报》载文说，“过量补碘”背后有着强势的垄断体制撑腰——目前我国的盐业经营，实际上是一个完全专营、彻底政企合一的高度垄断体制，各地盐业公司和盐业局都是“两块牌子，一套人马”，既是食盐经营者，同时又是盐业管理的政府部门，掌控着企业赖以生存的食盐计划生产指标而依附于这一垄断暴利。据悉，盐业公司从生产商手中购买食盐的平均价格为400—500元/吨，加碘成本只有20—50元/吨，但加碘后盐业公司的批发价格却为1 500—2 000元/吨，价差高达4倍(《中国经济导报》2009年1月30日)。从这个意义上说，真正危害健康的其实并非“碘过量”，而是“垄断过量”。

垄断行为的真正意图可从垄断行业平均工资水平高于全国平均水平数倍乃至10倍的现实中一目了然。垄断企业之所以能提高工资，源自公共资源的廉价利用乃至无偿使用。以资源税为例，发达国家石油天然气矿产资源补偿费征税率为10%—16%，而我国新疆石油天然气矿产资源补偿费征税率仅为1%(谢昱航)。据国家统计局统计，2000年我国最高、最低行业之间工资水平差距为4.71倍，至2004年迅速扩大至7.52倍，现如今恐怕已接近10倍之多了，以至于形成8%的垄断企业职工占据全国职工工资总额的55%之局面。垄断行业多为原国家政府部门“翻板”(即改制)之后的所属企业，其垄断利润获取的保障仍然靠基于国家公权力的一种行政力量。因此，有专家曾一针见血地指出，垄断行业的生存条件本质上来自全民的供养，而其垄断利润产生的成本却是导致市场秩序混乱、经济效率下降、社会和谐受损和政府威信贬值。美国总统奥巴马在对接受联邦政府金融救助款的企业高管设立50万美元年薪上限一事做过这样的说明:“如果你接受纳税人的帮助,你就有责任不过豪华生活。”香港特区政府也已决定,特首曾荫权与33名问责官员将实行减薪(幅度略高于5%,全年约合500万港元)。这一举措是对2009年年初港报呼请的回应,其内含了政府对民情民意的高度重视和对经济背景恶化趋势的忧思。香港政府思量的背景是,金融海啸已令香港投资者人均损失1 000万港元,导致财政进入困难时期。与之形成反差的是,当我国国资委决定将在国家资本经营预算中支出196.3亿元,用于支持自然灾害中受损较严重的中央企业灾后重建时,受助企业(诸如电力公司、三大航空公司等)在得到注资后,竟然会理所当然地维持其高管高薪制。亏损由国家高额补贴为其弥补,高薪又由纳税人的钱为其发放,实是一种强人逻辑:即赚钱分利是我的事,注资补亏是你们的事;高管高薪要向国际看齐,监管限制不能与国际接轨。美国哥伦比亚大学商学院将道德规范作为学生的必修课,其目的不是教育学生拒绝高薪,而是引导学生思考用什么方式去赚钱。看来,我国高校管理学院也有必要将这门必修课列入EMBA课程系列。

## 第三节　高管高薪的财产要公开

无论从《中国共产党章程》第一章第三条对党员“吃苦在前,享受在后,克己奉公,多做贡献”的要求出发,或是从我国诸多的国有控股公司领导不是市场选择的结果,而是组织任命的实际情况判断,高管(尤其是党员高管)的薪酬确定,均与西方发达国家缺失可比性。即便有人推出“高薪可以养廉”之说,但历史证明,离开了合理规范的制度安排,高薪未必能养廉。其原因有二:一是人的本性是贪婪的,只要当人们置身于诱惑大于克制的环境之中,到处都可见唾手可得的不法收入,其无限膨胀的私欲是永远难以平抑的;二是我国的高薪阶层与新加坡不同,其工资外的收入往往会超过工资内的收入。因此,许多高管注意力的重点并不在"高薪"之上,而是放在权力可能为其带来额外的"股权"收入之上。应该承认,我国具有"额外收入"的干部将是一个不小的群体,一旦"财产公开",大有酿成群体性骚动之虞。铁嘴铜牙纪晓岚在狱中与巨贪和珅争辩整肃吏治时,曾被后者以同样的逻辑反诘得啼笑皆非。其实,能够成功进行反贪国家的经验证明,制度反贪是肃贪的唯一良策,其内容包括:① 制定《反贪法》;② 推行金融实名制;③ 实行官员家庭财产定期申报制度。著名反腐专家王明高博士从"让一切贪污腐化分子和缺失诚信者无立锥之地"出发,沿用发达国家做法,建议建立"我国公民信用保障号码制度",一人一号,终身不变,记载公民毕身一切活动的信用、奖惩等信息。当然,由于我国贪官比重太大,制度反贪的风险将是多方面的,其中包括政治风险、经济风险和社会风险,这正是决策者左右为难之处。尽管如此,我国政府还是正在探索制度反腐的有效途径。

从某种意义上判断,垄断本身也是一种变相的腐败。垄断能引发寻租,寻租必然导致某些人财产来路不明。正如我国多数房地产开发商并非凭借经营水平获利,而是靠获取稀缺资源(如土地)的公关能力致富一样,我国国有垄断企业的高管并非完全凭借其经营管理能力获利,而是依赖国有招牌、市场垄断、资源独享而致富的。受贿金额近2亿元的中石化原董事长陈同海,落马之前是人见人怕的"霸王"。他有一句"名言"是:"作为共和国的长子,我们不垄断,谁垄断?"在垄断思维的左右之下,派生出"不会花钱,就不会赚钱"(陈同海语)的歪论来。于是乎,中石化大楼总部装修竟花2.4亿元,而陈同海本人每月的花天酒地开销竟高达百余万元。公司的牌子、垄断的地位和人见人怕的霸气，令这位国企代表利令智昏到敢于收受2亿人民币贿赂之田地！

最有说服力的一点是，国内没有一家大型垄断国企的老总是萌生于经理市场的，全是政府机构清一色地用一纸任命。换言之，他们不是市场公共选择的结果，而是组织部门个别选择的产物。这种符合国情特点的选择范式折射了三大背离：

一是主体身份与选拔机制相背离。当今我国企业高管身为市场经营者，却脱离了市场化选择的轨道，而遁入了政府干部系列选择的轨道。重点国企“掌门人”中多数是由政府高级公务员退休前转任，其主业是官，故俗称为官员企业家，他们身上往往是霸气多于商气，熟悉官场甚于市场，为自己花钱的本领强于为国家挣钱的本领。

二是经营绩效与市场机制相背离。国企高管的经营业绩受垄断性红利所支撑，换言之，其所创造的利润源于制度性的红利为主，而非其经营水平所得。近几年我国垄断性行业利润的快速增长，源于免缴的巨额租金，它既模糊了国人的视线，并为高管高薪制找到了业绩上的依据。当然，缺失垄断条件的国有企业，即便免缴租金也难以生存。我国自2002年以来每年约有5 000家国有企业破产（李荣融，2010），与此不无关系。有人曾以与“与国际接轨”为由来为我国高管高薪寻找依据，但有人计算过，美国金融高管收入大约是本国中学教师的14倍，而我国金融高管的收入是中学教师的116倍。试问，如果中国的高管收入要与国际接轨，那么高管与教师之间的收入差距要不要与国际接轨？二者相比，究竟哪一种接轨更有利于我国经济发展和社会稳定，这显然是不言而喻的。

事实证明，我国高管薪金的确定是一种政府计划定价，而非市场定价。原因在于国企“内部人控制”的体制，决定了高管高薪只不过是高管圈子内的一种自娱自乐，而与股东们的意愿无涉。

三是高薪与养廉相背离。2009年中央纪委查办的安徽古井集团高管腐败窝案便是典型的例子，它导致集团中层干部几乎“全军覆没”。其现象折射出养廉与高薪并无直接联系，而与制度安排密切相关的事实。从政府官员和企业高管中的腐败份子身上可以窥见腐败的一条作用链，即从权力为起点获取金钱，再以金钱为手段获取情妇，最后又为其情妇们收受更多的不法之财。无怪乎，被惩治的腐败分子几乎都有两句关键词，谓之“经济贪污，道德败坏”，前者是“金钱”，后者指“情妇”。2000 年以来我国出庭受审的 41 名部级官员中，有 36 名拥有情妇，占 87.8%。这是对高薪养廉幻想的讽刺，其事实印证了基辛格博士的一句名言：“权力是最好的春药。”意大利前文化部一位高级官员解读了基辛格的这句名言后说：“大权在握的男人需要很多性。”学者冯雪梅更是一针见血地揭了底：“位居高位者，必是聪明人，不可能不了解婚外恋的成本。他们乐此不疲，因为情人的多少，是炫耀的资本，是权力和财富的象征。”

## 第四节 离开有效监管机制的国企最危险

我国《宪法》第十二条规定：“国家保护社会主义的公共财产。禁止任何组织或者个人用任何手段侵占或者破坏国家的和集体的财产。”从如前所述的古井事件中，我们可以看到我国国企的监管机制存在巨大的漏洞，诸如信息不对称导致国资委正在实施“盲人摸象”式的监管；又由于政府管企业的模式取代了《公司法》的管理模式，导致国企产权和资本缺失有效管理；还由于国资委在企业机构设置上背离了三权分离的制衡原则，促使两权（党委书记和董事长兼职）合一，导致内部监督形同“左手监管右手”。在这种巨大的漏洞面前，一些心存不轨者便乘势疯狂地掠夺国家财富。有资料显示，在各种贪污腐败的案子中，利用会计师、评估师、行业协会等中介机构出具经过恶意行为的审计报告、财务资料、评估报告等文书的合法性，来掩饰其贪污腐败行为，实现非法获利，这已成为官员和国企高管寻租腐败的潜规则，也成为贪腐者们聊以自慰的所谓“程序没有错”。这种做法，竟还能屡屡在公安检察部门侦查面前发挥了出色的“守门员”的角色。据中国社会科学院的一份研究报告称，利用中介组织实施腐败的种类主要有三：① 行贿及帮助行贿；② 洗钱；③ 参与侵吞国有资产。仅洗钱一项，据国际货币基金组织统计，中国每年洗钱数量高达 2 000—3 000 亿元人民币，其中相当一部分就是腐败份子伙同中介机构共同完成的。这就为大批贪污者消除了巨额非法所得难以合法化的后顾之忧。因此，产权改革已迫在眉捷，其思路有：诸如利用国家主办的金融机构或投资公司取代政府机构对国企的经营进行监督；调整国企战略性布局，集中到事关国计民生的生产领域，以及探索国有企业剩余索取权的转移等，旨在有效保护国有资产。

国家性质的行业垄断所带来的更大危害，已经在 2008 年度的金融海啸中充分显露了出来。金融业之所以难以实施有效的监管，原因之一固然是金融行业专业性太强，容易规避规制（因为大多数业外人士是外行）的约束。但另一个更重要的原因，便在于银行往往被国家所垄断。在国家垄断背景之下，即便有了监管措施也只是左手监管右手而已，其效率极其微弱。国家垄断使政治权力与经济权力之间存在一种唇齿相依的关系，这种关系导致政治对经济的高度依赖，进而必然导致有效的市场规制流于形式。打破垄断的唯一办法是让各种资本进入垄断行业。2008 年，人们期盼已久的《反垄断法》出台之后，受到社会的充分肯定，因为这部素有“经济宪法”之称的法规为民营资本进入我国垄断行业提供了法律依据。但其有效行使还有待于三大条件的改善：

一是《反垄断法》的完善。该法第一章第七条关于“国有经济占控制地位的、关系国民经济命脉和国家安全的行业，以及依法实行专营专卖的行业，国家对其经营者的合法经营活动予以保护”的规定，将民营资本的进入领域锁定在极小部分行业之内，而大多数垄断行业依然可以垄断经营。

二是政府职能转变。垄断行业的垄断地位是由于特定的政企关系所决定的，而政企关系的被扭曲是政府职能被扭曲的必然结果。如果这种关系不变，不仅《反垄断法》无法有效执行，而且一旦民企进入垄断行业之后，可能会变本加厉地构筑政商勾结的关系平台。例如，某些具有海外身份背景的民企老板，进入房地产市场之后，与某些“裸官”(即海外有子女)及国企“裸管”勾结，将国内亲友安插在“法人代表”的位置上，通过与垄断性国企的“合作”，采取模糊个私企业所有制性质的手法，在获取政府主管部门的审批认可之后，顺序合法地进入民企难以进入的开发领域。这种渗透模式是基于大规模的行贿活动开始的，其方式是对“裸官”或“裸管”的海外子女进行“报答”。而受贿方的高管，一方面向个私老板廉价(最低价甚至低于资产原价的 1/10 成交)出售国有资产，另一方面则以“再受贿”方式，扩大受贿面，将相关部门高级官员或是国企高管编入自己方阵，其动机之一是分散受贿风险；动机之二是构筑“法不罚众”的防火墙。一旦由于内讧导致事件败露，地方政府往往会因考量事态复杂、牵涉面广而将“大事”化小，“小事”化了。但其代价则是执政党有肌体的局部坏死，这是因为，为了掩饰一场上规模的“群蛀”，其代价是另一场更大规模的权力资源交易，交易的结果必然又是国家利益的再瓜分。大凡贪腐大案往往呈现“群蛀”形式，其源在于政府对项目的审批流程，犹如企业生产流程一样，是一个环环相扣的供应链管理系统，缺失任何一个环节的参与，其过程必然中断。因此，离开“群蛀”，涉案难以成立，而国企尤其是垄断性国企，其强大的政府背景决定其最有条件构建完整的政治资源供应链。

三是树立以人为本的理念。2009 年 7 月 24 日，私营企业集团聘用的职业经理人陈国军在吉林“通钢”被老工人围殴致死，其事件的背景折射出三大问题，而归结起来是一次缺失以人为本理念的资产重组事故。问题之一是工人阶级在通钢重组过程中远离决策系统，处于边缘化的地位。在整个通钢资产重组事前事后的媒体报道中无法看到工人及其代表——工会的作用，以至于广大工人无法通过正常的协商渠道争取合法的权益；问题之二是强势群体利用其特殊的社会关系优势，已开始随心所欲地戏弄和配置国有资产。建龙集团对通钢的入股退股竟然会完全进退自如，当有盈利前景时进入控股，而当金融海啸袭来以后又能迅速以套现优质国有资产方式退股，海啸一旦消退，他又再能获准入股。在民企性质的建龙集团资产运作过程中，令人不解的是，当地国资委完全处于被动屈从的地位；三是弱势群体丧失了利益诉求机制。整个事件进程，直至陈国军毙命，工人唯一的诉求方式就是集会。

# 第十八章 跨区域的经济专业化分工

由于传统区划体制的缺陷导致我国行政区划经济与区域经济之间形成鸿沟和矛盾，其主要表现为长远发展目标与短期经济行为相失衡，功能边界与管理边界相错位，利益主体与决策主体相背离。在传统行政区划体制没有改造之前，政府，尤其是中央政府只能靠区域发展政策，对上述三大问题进行改良性质的协调和让渡。当然，介乎于行政区划体制改造和区域政策实施之间的一种对策，是成立一个区域性的权威性协调机构，其权威性有两大标志：① 具有投资决策权和规划决策权；② 具有法人资格的实体。在短期内无法建立权威性协调机构的情况下，国家发改委正在组织实施的区域规划（长三角和京津冀）可谓是“最不坏的选择”。但是，由于传统行政区划之间构筑的物理性边界和财政性边界的互相壁垒，加之不同地区的自然条件、地理特征和人文历史的不一致性，导致区域规划的管理远比产业管理更为复杂和困难。我国区域经济管理主要集中在经济区划、区域平衡和区域互动之中。长江经济增长轴是仅次于我国沿海的第二条增长轴，从地域范围判断由长三角 16 个城市和 8 个地区组成，内涵浦东发展轴和三峡增长极，以及上海、武汉、重庆三大增长区。本节从作为区域经济中心城市的上海，分别与东部地区城市、中部地区城市和西部地区灾后重建城市等三个角度进行互动的思考中引出三大命题：① 区域经济中心城市的功能地位及其辐射途径如何选择？② 同一经济区域内部的城际互动效率取决于什么？③ 不同经济区域城市之间的互动重点又是什么？

## 第一节 经济功能互补为主导

长三角地区经济中心城市上海与周边城市群的互动，主要体现在资源共享、功能互补之上。本话题从与上海“同城距离”的浙江嘉兴视野去观察两地互动。观察问题的背景是长三角区域发展的历史性趋势和金融海啸的严峻环境，以此认知城市经济未来发展面临的倒逼机制。这里的思考点是：距离“同城”而区划“异地”之间的关系如何处置？因为其关系的负面效应是辐射效应的淡化和资源利用效率的非市场化导向，而其深层次命题是“同城距离”与“同城功能”之关系。

一是关于长三角区域发展对互动的影响。长三角区域发展出现的历史性趋势可以从三大方面概括：① 发展战略定位从区域层面走向国家层面。国务院批准的关于长三角区域发展规划，从国家发展战略的高度审视了长三角区域发展，规范了互动行为，明确了发展方向、发展政策及其对策管理。② 互动范围从狭义长三角走向广义长三角。长三角的地域概念从江浙沪16座城市，扩展至江浙沪皖的24座城市，这不单纯是一种空间维度的拓展，还预示着区域互动的边界正在走向模糊和弹性，为东西部地区联动起到了潜移默化的作用。③ 区域联动力量从政府为主走向市场为主。长三角各城市互动机制的价值指向，充分显示其互动目标正在从物理性边界的淡化走向财政性边界的淡化，这种转变的内在动力是政府与市场关系的日益调整和优化，彰显了政府社会与市民社会之间权力的双向历史性回归。

长三角区域产业发展的方向，可从它与珠三角产业的比对中获得启示。长三角地区服务业总体水平好于珠三角，但制造业层次却逊色于珠三角，具体反映在产业的技术含量结构、技术进步对产业发展的贡献率以及产业组织创新程度之上。为此，长三角区域先进制造业的发展方向是：一方面要通过共性技术的开发与应用，实现模拟技术数字化；另一方面要通过产业组织创新，使企业资源从垂直整合走向虚拟整合，实现"小而全"结构形态的集群化。这两方面的努力方向，将从技术关联的角度和产业分工的角度为城际互动奠定基础。当前，长三角地区许多城市的"产业集群"态势，本质上只是一种"产业集聚"，而非严格意义上的集群，尤其缺失与上海产业的集群联系，但在空间布局结构倒形成了与上海产业的集聚状态，诸如嘉兴嘉善与上海松江、苏州昆山与上海嘉定之间的产业集聚布局关系。

面对长三角区域发展新趋势，上海周边城市身负两大压力：一是经济发展的排序随着长三角互动城市的整体经济扩张而调整，进而成为激励城际竞争的压力；二是各地经济的竞争态势随着外需的萎缩而不断加剧，原因是城际之间的产业关系往往是同构大于互补。为此，认清形势、把握机遇，强化互动是长三角地区各地政府应对局势的根本任务。

二是关于金融海啸对区域发展的影响。当前，媒体叙述金融海啸的文献和论坛已铺天盖地，呈翻江倒海之势。各城市普遍的思维错位有三：① 将中国的转机寄托在奥运会和世博会，而不是金融海啸。这种思维导致长三角地区城市经济出现追求短平快的项目和短兵突击型对策的倾向，政策的重点放在投资、消费的一次性扩张上，而疏于自身结构调整和发展模式的转换。4 万亿投资计划正是迎合了这种短期行为的思维。因此，城际之间产业尚未形成专业化深度合作的格局，且在短期内将无大的改观。② 将危机管理的"宝"押在凯恩斯主义身上。如前所述，经济刺激计划本来就出自凯恩斯《就业、利息和货币通论》

中的基本思想，因此当经济规模和增长速度逐步恢复到危机之前的水平时，长三角地区城市政府的决策者便以为“大功告成”，而疏于对经济结构的深层次矛盾的关注，这又从经济同构层面维持了城际低效的互动关系。③ 重视城市优势开发，而漠视劣势转变。100 年前的古典经济学认为，转变劣势产生的效应往往大于重复优势。这是因为，劣势不仅会障碍潜在优势的发挥，而且还会吸收地区优势产生的能量。从某种意义上评说，优势与劣势往往是同一事物的两个侧面。浙江嘉兴与上海处于同城距离的区位，前者位于接受后者辐射的“近水楼台”，互动优势明显。但是，由于物理性边界和财政性边界的作用，彼此竞争的程度不亚于合作的深度，突出的表现是嘉兴现代服务业的需求资源流向上海，导致商务设施无法充分发挥效用。为解决这些矛盾，单靠长三角 16 个城市的“神仙会”式的协调机构是难以奏效的，而应当对互动的主体地位进行重大的调整，即以企业为主导的格局取代以政府为主导的格局，并以产品链、产业链、价值链和供应链的异地构建为基础，促成产业一体化，最终实现市场效率导向取代政府利益导向。

三是关于同城效应中的互动。仍以浙江嘉兴与上海这两个“同城距离”的城市互动为例，其对策设定必须着眼于当前特定的时空维度，在时间维度上，两地处于金融海啸的影响经历了消除库存阶段之后，正在步入产能消肿的阶段；在空间维度上，两地同在保增长计划基本面良好并呈现崭新发展态势的长三角地区。在产业发展定位上，嘉兴商贸服务业要瞄准总部经济，做大专业化商品市场，使交通枢纽资源落实到第三方物流之上；先进制造业应参与上海装备制造、成套设备、石化，甚至是航空业零部件生产或承担部分生产环节，以成为上海先进制造业的配套基地；第一产业中嘉兴要成为上海的“菜篮子”基地，重点发展绿色蔬菜、瓜果，苗木花卉和水果等园艺型行业。在这种时空定位之下，要提升两地经济的互动效率，还应当从以下方面努力：

首先，现代服务业发展的重心应当从供给资源积累为主转向需求资源培育为主。现代服务业的发展，其规律有二：① 供给资源从低需求地区流向高需求地区。从实情判断，当前长三角地区面临的矛盾的主要方向是需求资源不足，而非供给资源短缺。以现代服务业中的两大行业为例，首先是科技服务业，由于京沪等大城市科研机构的大量导入中小城市之后，其成果往往由于当地需求资源相对不足而正在外流，呈现科技成果“墙内开花墙外香”之势。又如第三方物流为例，由于物流需求资源散见于“小而全”的企业体制之中，形成供需双方自成闭路体系的物流格局而排斥了第三方物流。② 现代服务业（尤其是高端服务业）辐射半径大，导致与特大型城市具有“同城效应”地区的供给资源萎缩。例如，处于上海、杭州“同城效应”范围的嘉兴，之所以难以发展自身高端服务业，其原因在于周边地区供给资源过强，导致本地有限的需求资源外流。嘉兴现代服务业供给资源的积累途径有三：其一是导入沪杭供给资源。诸如导入高校和研究所的分支机构；其二是整合自身供给资源。如应通过主副联动的模式将南湖、秀州、运河新区三处的总部经济商务供给资源整合起来；其三是优化市场环境。目的是为现代服务业供给资源的积累创造良好的商业环境。“大有大的难处”，上海现代服务业的供给资源，既有需求资源相对不足而导致外流的状况，又有供给资源结构性短缺而导致需求资源分流的现象。而与处于同城距离的嘉兴实行区域性互动之后，上海面临的这两大问题均有可能缓解。

其次，从城市的实际情况培育现代服务业的需求资源。嘉兴作为长三角地区 24 座城市之一，其不可替代的优势有四，即：① 与沪杭具有“同城效应”；② 具有海港（非河港）的城市；③ 交通枢纽地位凸显；④ 千年文化的沉淀。四大优势兼而有之，长三角地区唯嘉兴莫属。与此适应，其现代服务业需求资源培育的指向也有四：① 把握沪杭需求资源改变流向的机会导入嘉兴。由于商务成本的变动，总部经济撤离沪、杭已成趋势,苏嘉是其最佳选择指向地;② 优化港口集疏运体系和完善政策体系,吸引苏南地区集装箱箱量资源;③ 创新制造业企业组织形式,通过分解和重组生产流程释放企业内部的服务需求资源;④ 整合、包装和推荐(通过与沪杭媒体平台合作)嘉兴旅游产品,尽快提升嘉兴旅游服务层次。这四大指向均离不开城际互动效率的提升,如导入沪杭现代服务业需求资源的对策,嘉兴离不开与沪杭两地企业总部的深度接洽和磨合;优化嘉兴港的集疏运体系的对策,离不开与相邻城市之间交通平台的有效对接;产业组织创新之后,嘉兴企业的供应链管理体系的异地构建,离不开行业跨地区的专业化分工;旅游产品的推介,离不开跨地区中介机构和传媒的联动。

再次,努力克服三大瓶颈,振兴城市先进制造业。例如,嘉兴制造业先进性的培育,应从克服瓶颈入手,解决好三大问题:① 关于资金流。应仿效上海张江园区的做法,培育嘉兴地区的金融管理公司,旨在为嘉兴制造业企业解决融资困难,其作为银行信用融资的一种补充,它可以做当前银行普遍不愿做或是不屑做的事情,进而为企业维系资金流。这在当前银行出于抗风险自保而苛刻信贷条件的情势下,不失为一种有效的金融服务,它既能救制造业企业之急,又能推动嘉兴现代服务业。② 关于技术流。产学研平台的脱节已成我国制造企业技术创新的重要障碍,尽管产学研平台融合的研讨和渲染不绝于耳,但囿于我国传统体制改革步履的约束,始终处于融而不合的状态。为此,嘉兴可借鉴经济起飞时期的韩国经验,将产学研平台沉下去,构筑于企业之中。韩国经济在 1988—1998 年 10 年间的腾飞,源于企业研究所从 47 家发展至 4 000 多家,便是有力证明。③ 关于产业组织。据上所述,嘉兴制造业企业应逐步将自身“小而全”的垂直整合生产环节的模式,转变为服务外包式的虚拟整合模式,既能提升自身的产出效率,又能通过“服务外包”将自身的产品设计、原料采购、订单处理、物流运输、批发零售和终端销售等服务性环节转移给外包专业市场,既推动嘉兴服务需求资源的培育，又促进了嘉兴的异地互动。

最后，从规范市场出发振兴港口经济。嘉兴港位于上海国际航运中心枢纽大港之南翼，其功能之所以未能完全实现，如前所述究其教训有四：① 铁路缺失及河道整治不力。由此导致堪称全国一绝的“海、河、陆”联运的港口功能失之于“三缺二”。集装箱不仅箱量受制约，而且层次不高，其增量结构是低附加值的煤炭为主。② 港口所在地政府权限有限制约了功能发挥。港口经营过程中的许可证开具等权力，由于当地政府缺乏授权，提高了企业运行的“软”成本。③ 战略投资者缺失，导致港口经营管理行政化。上海洋山大港建设之后，苏州太仓港从市场需求出发，通过实地运价的追踪调查，确定了自身作为洋山港喂给港运输地位的价格体系，适时为吸引箱量资源奠定了基础。与此相比较，嘉兴港缺失这种经营意识和经营手段。④ 市场失效严重，采购定价机制处于垄断状态。嘉兴港与港口经济配套的水、电、气和原材料的采购均没有采取招标制，提高了企业经营成本，导致港口需求资源面临流失之虞。诚如当地一位出口紧固件的客商所言，在嘉兴港口出口每一个集装箱，其进港运费为零，而在上海港出口则其进港运费高达 1 000 元。但由于当地市场化条件和港口效率差于上海港，他迫于无奈只得舍近求远，长途跋涉辗转上海出口。

在全国同等景气度的经济环境之中，长三角城市要实现赶超必须实施错位战略，这种战略空间就是全国巨大的“软”资源配置效率普遍不高。城市“软”资源之中最具潜力的除与中心城市上海的经济互动空间之外，莫过于政府资源了，而政府资源效率低下的关键又在于公权力的分散化、部门化和人格化。这里有两个观点供政府参考：其一，决策者与第一时间和第一地点的“距离”决定信息失真率。据有关研究证明，决策者与“第一”位置的距离每增加一个层级，其平均失真率增加 15%。以审批制度改革为例，尽管将审批改成了备案，假若决策者根据遥控方式听取的非第一手资料的汇报，便会得出基层对改革成果“满意”的结论。但事实上,基层普遍认为改革之后的“登记制”条件苛刻于“审批制”。究其原因是,我国审批制度改革游离于司法制度的创新之外,必然会流于形式;其二,公务员个体效率与水平高于政府机构的效率与水平。公务员产生几率近乎百里挑一,其质之优,堪领行业风骚。公务员效率之所以没能充分发挥,原因在于政府职能转变步履制约了机构效率,而机构效率又制约了公务员潜能。因此,政府资源效率提升的重点主要不在于公务员,而在于机构职能。

## 第二节　以流量经济为纽带的互动

枢纽性开放型城市的发展轨迹,是不断地从存量经济为中心模式走向流量经济为中心的模式,其对周边地区的辐射力主要源自于流量经济,而非存量经济。枢纽性开放型城市之间的互动,必然以流量经济为纽带。本节案例是评估沿海经济带中心城市与长江沿岸经济中心城市之间的互动,具体以上海与武汉这两座交通枢纽型城市的经济关系为例。在一次上海与武汉的经济合作推荐会上,武汉市区的一位区长在上海某区作区情介绍的时候突破了传统模式的樊篱,做到以下两点:① 重在介绍当地资源配置条件,而非资源禀赋程度。说明这位区长深知资源流向的规律是从配置水平低的地区,流向配置水平高的地区,即地区资源配置水平的高低决定了地区资源禀赋的程度。② 重在介绍当地流量经济环境,而非存量经济水平。因为处于交通枢纽地位的城市武汉,流量经济发育的环境将决定其对存量经济支配和辐射的能力。

经济背景要从区位特征和功能定位两大维度进行观察:从区位特征判断,枢纽型城市有利于流量经济的发育,主导产业是以商贸、物流为主体的生产性服务业;从功能定位判断,枢纽型城市往往是该区域经济的中心城市,肩负着区域资源高效配置的责任。

一是枢纽型城市互动要从社会经济发展大势出发。我国发展大势可以归结为四大特点:首先,企业做大做强靠供应链格局管理,城市做强靠区域互动,贸易竞争力培育靠技术含量。原因在于:① 全球产业正在走向集群化、融合化和生态化,其动因是企业生产流程的重组、产业边界的淡化和资源利用的循环化;② 城际关系正在走向网络格局和战略层面,其动因在于城市之间产业技术结构和资本结构具有差异性,城市功能定位应该具有互补性;③ 国际贸易正在走向壁垒化、低价化和减量化,其动因在于金融海啸导致主流需求萎缩、保护主义抬头,价格竞争激化。三项内容都对枢纽型城市的经济地位、社会职能和产业升级,提出了时代趋势的要求。而上海与武汉分别是位居我国东海黄金海岸线和长江黄金水道的经济重镇,其联手有其特殊使命和要求,即培育世界级经济增长极。

其次,城市功能定位决定产业发展定位。换言之,城市功能定位与产业发展定位互为因果,这是城市发展战略的共性规律。以上海为例,其城市功能定位以 20 世纪 90 年代为界,之前的定位是全国最大的工商业城市,制造加工功能是其核心定位;之后的城市定位上升为以服务经济为主导的城市功能。为此,从 20 世纪 90 年代起,尤其是进入 21 世纪之后,上海在优化产业体系上大做文章,旨在形成服务经济为主体的产业结构体系,优先发展现代服务业和先进制造业。上海产业发展的决策思路有三:① 对策管理是使产业结构从适应性调整走向战略性调整,手段是将提高自主创新能力作为中心环节来落实;② 过程管理是使生产结构与资源储备结构相适应,手段是淘汰传统的高耗能高污染产能;③ 目标管理是提升国际竞争力,手段是提升产业能级和促进二、三产业融合发展。为实践上述三大思路,上海十分需要有一个具有互补优势和配置条件的城市来互动,以求从两地产业结构的整合、资源储备的调剂和创新资源的利用等多角度进行深度分工与合作,并以此辐射带动沿江经济带。这个城市,作为沿江最重要的口岸城市武汉十分合适。这是两座地理位置独特的枢纽型城市,前者位于长江与太平洋西海岸线的交会点,后者位于长江与京广大动脉的交汇处。

再次,城市互动的关键是形成互动机制和提升互动层次。根据上海与武汉之间的互动基础、互动条件及其互动现状判断,其强化双方互动效率的方向是:① 从随机合作走向平台合作。平台的载体可以是驻外办事机构,对口区县或是双方认可的委托机构,其目标是使两地互动关系纳入正规化、制度化和规范化的轨道。② 从环节型企业转移走向企业生产流程的重组。全球制造业企业正在走向生产流程的分解和重组。在生产流程分解基础上所形成的环节型企业,随当地商务成本变动的趋势而正在异地流动,旨在按比较优势原则进行套利,但这种流动态势与经济联系的关联度不深。只有当企业生产流程在异地之间重组之后,才能增进城际之间的深度经济联系,以实现互动的目标。③ 低端环节合作走向高端环节互动。上海与武汉作为我国长江流域重要的枢纽性经济中心城市,其双方合作的基点不能只局限于生产领域,而应逐步向生产性服务领域延伸,诸如研发、金融、营销、物流、信息、中介、设计等高端领域,以扩大对区域经济的辐射面。

最后,经济发展目标实现程度取决于资本积累、就业水平和资源利用效率。上海与武汉两地互动水平取决于互动的起点,而起点的高度则由发展模式所决定。从传统发展模式向科学发展模式转换的立足点应基于三大理念的转变之上,即:① 增长不等于发展。无效增长和低效增长是对发展的一种否定。从此意义上判断,两地经济发展过程中应严格限制重复投资行为、产品侵权行为和高排放行为,以提高发展的有效性程度。② 建设不等于进步。背离传统文化保护的旧城改造是一种建设性的破坏。两地均是近现代史上文化积淀丰厚的城市,在城市发展与文脉传承的关系处理上,应相互提供借鉴,共同为探求我国城市可持续发展模式作出贡献。③ 富裕不等于幸福。国民货币收入水平与生活综合指数并非成正相关,这已成不争事实。两地应当在全国率先为创新分配制度、缩小贫富差距,为控制地区排放、优化生态环境,为共谋和谐社会走出新路子。从此意义上评说,两地互动起点应立足于科学发展观所揭示的三大逻辑关系,即理念决定经济行为,模式决定经济效率,质量决定经济可持续发展能力。

金融全球化之所以能形成贸易顺差国的官方资本大量流向金融中心国家资本市场,以寻求"固定收益"式的规避风险,而贸易逆差国又将资本(部分流入资本与当地养老金)组合成投资形式,再度回流到发展中国家进行套利的格局,全仰仗于彼此之间存在的理念差异、人才差异所决定的产业的技术结构差异和资本结构差异。这也许是上海与武汉两地未来成功走向世界,参与国际竞争的路径。

二是提升上海与武汉两地互动层次。如上所述,两地互动的效率取决于互动的平台和互动的层次。有鉴于此,两地实施互动的关键在于下述三方面:

首先要实施高端互动计划。上海是一座人力资本存量相对丰富的城市,按其资源储备结构特征和经济逻辑来决策,它必然位于国际产业分工的中高端位置。事实上,尽管我国整体产业在国际产业链分工中仍处于低端状态,但上海作为一个经济体而言,其分工位置并不算低。全市全社会研发投入占生产总值比重已近世界主要发达国家水平。自我国金融期货交易所在沪成立之后,部分金融产品在沪交易规模已居世界前列,全市各类金融机构已达 850 家,金融业位居服务业之首,增加值占比 20%。由于国际航运中心建设的推进,2007 年上海浦东国际机场货运量已居全球第五位,上海港货物吞吐量连续 3 年保持全球第一,集装箱吞吐量位居全球第二。主要服务业呈现集聚之势,至 2008 年 6 月上海中心城区税收超亿元的楼宇达 50 幢,跨国公司地区总部(含外商投资性公司和研发中心)超过 600 家,中心城区服务业增加值占比近80%。这一势头离不开上海就业人员中有24%的中专以上学历和中级以上职称者、常驻上海的11万外籍专家和7万名留学生，以及每万人中的49名研发工作者。

武汉融入长三角、接轨上海的着眼点，应当从高端出发，摒弃传统的零打碎敲的做法，提高互动层次。武汉的接轨重点应当是：① 根据上海资源储备结构特征，实现无形要素的对接。上海人力资本存量与物力资本存量的非对称性，凸显了其理念与人才的相对优势，尤其在当前经济出现强烈波动的态势下，正是武汉地区从上海低成本导入理念、引进人才、储备成果的最佳时机，而这三者之间往往融为一体。人之所以成为"人才"，是其思维理念具有超前性，因此创造超越常人的成果也属理所当然。此外，高校教育、科技、研发和人才招聘等方面，双方应实现资源共享。② 根据上海城市功能定位，两地应实现现代服务业的跨区域合作。根据上海到2020年基本建成国际经济、金融、贸易、航运中心之一的城市发展定位之目标，按照"十一五"规划的目标管理，上海的金融市场直接融资额占国内融资总额的25%左右，口岸进出口总额达5 500亿美元以上，国际标准集装箱吞吐量达2 400万箱以上，机场旅客吞吐量达8 000万人次，轨道交通运输里程达500公里，互联网用户普及率达68%。有鉴于此，从武汉市情出发，两地可以从银行异地服务、企业产权交易、口岸贸易"大通关"和共建物流平台等方面进行全面合作。

其次，强化互动平台体系建设。上海与武汉两地的互动平台体系应涵盖三大层面，彼此互为配套、互为支撑和互为关联。他们分别是：① 企业作为互动平台体系的主体。区域互动实践证明，企业是城际互动最为活跃的主体，它决定了互动关系的深度和质量。上海之所以能与内陆地区具有广泛的合作基础，源于外部企业源源不断地注入上海市场。仅据从"十一五"以来的统计，先后已有投资规模逾100万元以上的企业达36 832户入驻上海，注资高达118亿元。武汉企业应当以上海技术市场和 2010 年世博会为通向国际市场“桥头堡”，引进和消化先进技术，不断推进自我创新，包括技术创新和产业组织创新，以提升国际竞争力；② 政府作为互动平台体系的支撑。政府要作为两地互动平台体系的支撑力量，而非主导力量，这是由政府的法律地位所决定。要实现这一点，政府职能必须实行三大转变，即从人治政府走向法治政府，从领导经济走向服务经济，从全能执政走向归核执政；③ 市场作为互动平台体系的纽带。市场能否起到有效的纽带作用，关键在于市场自身的有效性，其标志有三：即：企业进退市场的成本要低；市场的权益和信息具有对称性，能确保“优质产品发财、假冒伪劣垮台”，还能做到生产者与消费者的信息透明、对称；法制严明，能使企业依法竞争、公平得利。

再次，主动把握互动趋势。我国区域互动趋势有三：① 互动边界正趋淡化。以长三角为例，江浙沪三省市城市在推进城际铁路和高速铁路建设的同时，区内“大通关”已取得新突破，通关效率明显提高；长三角诚信旅游区正在构建，“信用长三角”信息平台数据共享范围进一步拓展；人才招聘和人才培训正在统一展开。② 互动范围正在扩大。长三角地区互动的区域范围已从江浙沪三地 16 座城市扩展至江浙皖沪的 24 座城市。为此，中国银监会会同交通银行、农业银行于 2008 年 11 月 30 日在合肥共同举办了《泛长三角金融合作论坛》，参与城市已“泛”至安徽省的城市。此举表明，我国区域互动正在从传统的行政区划为主体的互动模式走向网络型城市的关系模式；从政府利益偏好为主导走向市场效率为导向；从城市经济互补走向区域功能重组。③ 互动形态多样化。在长三角区域“团状形态”互动深化的同时，长江流域城市“线状形态”的互动正在加大力度。2008 年 11 月初，《三峡物流中心建设》的论坛在宜昌召开，旨在规划重庆、宜昌、武汉、南京、上海“五点一线”的物流平台。这一合作机会，将有助于充分配置上海国际航运中心所具有的通达 200 多个国家和地区的 500 个港口的巨大航运资源，加速长江物流运输业的区域合作。武汉和上海作为靠长江沟通联系的城市，又共同作为全国48个枢纽中心之一，具有多重互动的机会和潜能，完全可以激发1+1>2的效用。

三是在把握金融海啸的历史性机遇中强化互动。当前，应把握的发展背景机遇有：① 外资规避风险的机遇。相对于发达国家，我国经济的基本面尚好，财政亦字累计占GDP比重仅为20%(欧美日等国起码在70%之上)，且又有巨大的潜在需求市场的存在(农村市场基本未曾开发)。为此，外国资本为规避风险会转而注入我国市场，在防止流动性过剩的同时，也应充分利用外资的正面效应。② 人才储备进入黄金时期。一部分企业退出市场必然会导致人力资本阶段性的过剩，且我国大学生就业率普遍走低，将成为需求单位低成本储备人才的良机。以上海为例，金融管理部门正在赴欧美"抄底"人才，而内陆省市正面向上海招聘人才。上海的人才已呈现结构性过剩或短缺之势，以幼教为例，2008年需求为1 000名，而专业培养的师资仅为140名，故只得向社会招聘。应聘者之中不乏博士和硕士的人才，有些幼儿园应聘的博士和硕士的人才竟过半数。上海幼教招聘事件，折射出我国人才过剩具有结构性和阶段性的特征。③ 创新资源配置进入调整期。落后元素淘汰之日，必然是我国企业进入新一轮"洗牌"之时。"洗牌"的游戏规则是以成败论英雄，而决定成败的根本是企业技术创新的能力。当今企业竞争胜负格局是"快"的击败"慢"的，而非一定是大的击败小的。快慢的关键取决于企业应对市场反应的速度和技术创新的能力。为此，我国产学研合作的平台，必将随着金融海啸所引发企业"洗牌"效应的强化而不断地"下沉"到企业内部建立研究机构。这正如韩国经济起飞时期的1988年至1998年10年间那样，全国企业研究所从47家猛增至4 000多家，进而奠定了韩国货在国际产品市场上独占鳌头的地位。

政府重视专家系统是决策科学化的标志，但要注意的是应防止重陷新一轮“科学的迷信”之中。因为：① 专家的知识是有边界的。专家只能在自身专业的领域里具有超乎常人的见地，但一旦出“界”，真理会成为谬误。对此，政府应当有所认识，不应盲从。② 世界知识有两种，不要误以为只有一种。如前所述，世界的知识分为理性知识与直觉知识，前者与科学相联系，故而为世人所推崇；后者与宗教相联系，故而为世人所忽视。理性知识可以通过书籍传播、凭借导师育人；直觉知识由于无法用文字表述，只得靠意会感悟，故而只能由实践者把握，即实践出真知。与实践者相比，理性知识拥有者缺失的是直觉知识。反之，与理性知识拥有者相比，实践者缺的是理性知识。因此，毛泽东同志说过：“知识分子要工农化，工农群众要知识化。”③ 对西方主流经济学不能生搬硬套。我国从半殖民半封建社会直接步入社会主义社会，与马克思科学社会主义学说所预言的对象相比，其法制基础和商品经济这两大基石相对薄弱。因此，社会主义初级阶段有其特定的“补课”的使命。这种特殊性决定了西方主流经济学，在中国社会“水土不服”，照搬理论和复制制度均不可取。原因在于，与西方主流经济学相适用的对象相比，我国政府职能定位、市场有效性程度及企业行为的自主性均尚有相当的差异。为此，探索和重建中国特色的经济理论体系已迫在眉睫。从这个意义上推断，我国在特定历史条件之下的经济发展历程，少不了要“摸着石头过河”，不仅我们理性知识拥有者的专家在摸“石头”，直觉知识的占有者也有摸“石头”的责任，而现成的“石头”是没有的。区域互动的探索，也应遵循这一原则。

## 第三节　一种非商业化的责任

灾后重建的城市与对口支援的城市之间的不对称性颇强，通常说来二者之间的差距是全方位的，其中包括理念、制度、财力、市场、产业层次和发展阶段等差异。本节的互动分析案例是指以沿海发达地区的上海与对口援建的西部重灾区的城市都江堰之间的互动。根据中央《汶川地震灾后重建对口支援方案》，上海市政府已把都江堰的繁荣、昌盛、重建作为上海人民义不容辞的责任。这种“义不容辞”由两地的特定关系所决定：从地域位置上判断是沿海与西部的关系，经济实力上判断是发达与不发达的关系，行为能力上判断是非灾区与重灾区的关系。这种关系的格局彰显了两地之间存在的发展理念、发展模式和发展水平上的差异。这一系列差异和上海城市功能特殊定位的双重作用，决定其对都江堰对口支援的战略方向。上海对口支援都江堰，应当突破传统的支援模式，体现上海服务全国的战略，凸显上海城市的功能定位，而决不能沦于一般性的城市之间的商业化互动，旨在为全国垂范。换言之，都江堰要成为上海经济定向辐射的示范基地，并起到“一石三鸟”之功，即：服务全国、支援西部和重建灾区。因此，支援都江堰的战略思考必须基于这一脉络。

一是家园重建要体现以灾民为本的理念。大地震使素以山、水、城、林、堰、桥交相辉映而著称的都江堰有50%的危房面临拆除，20%需要加固，其损失已近300亿元；山区乡镇道路全部遭损，亟须建设的公路有3条，长达61公里；供水和排污设施大量损毁，急需建造日供水20万吨的自来水厂、自来水管网和6个沿山乡镇水厂；全市92所公办学校有43所严重破坏，急需征地1 200亩，重建学校30所，改扩建学校19所；医疗卫生机构灾后需重建17个项目。面对如此繁重的家园重建，都江堰是无力承担的，这种“无力”既体现在财力上，也体现在时间上，更体现在精力上(因为救灾仍在进行之中)。上海的支援既要分清轻重缓急时序，又要贯彻量力而行的原则，更要创新传统管理体制和行为模式。

上海服务全国战略的时代内涵，在于突破传统体制和模式的樊篱，应从都江堰的重建中走出一条实用、高效、持久的区域合作新路来。

首先,财政支出结构要体现以灾民为本。政府可支配财力的充分与否,决定了上海"以财行政"的能力,也直接关系到对都江堰家园重建支援的力度。因此,上海市政府应率先将中央政府关于压缩办公用费的精神细化到人,从现行《预算法》的改革、完善中挖掘财力,使之在配置上向"都江堰灾民生计"倾斜,并以此约束每位公务员的支出行为。其次,灾后建房模式要体现以灾民为本。灾后家园重建是一项长期的任务,上海的支援必须有长期准备。同济大学为都江堰制定的家园重建规划将分三步落实,未来 3 年内大部灾民将要在临时安置房生活。但当 3 年之后,灾民从临时过渡的安置房走向永久居住房时,必然凸显房屋建设问题。按照传统的建房思路,这份利润丰厚的中介业务由房屋开发商和土地出让金收取者独揽,以至于入住者"望楼兴叹",更何况是劫后余生的灾民了。因此,其开发模式必须创新,创新的理念是"以灾民为本",创新的思路是由政府出面的公益模式,取代开发商为中介主体的牟利模式。这种模式的特征是:当地政府为灾民无偿划拨有容积率要求的土地,通过向上海等地征集招标方式,选择具有爱心的低价位应标的材料商和房屋建造商营造,并免除其相关税收,以确保适度利润。

二是经济重建要体现科学发展观。一灾可以引发它灾,例如地震引发山体滑坡,地裂引发房屋倒塌,这就是灾损系数放大效应。其诱发的传导因素多半为生态失衡所致,也有传统的体制之下的"豆腐渣"工程所为。这些因素的继续存在,将危及灾区重建之后的品质。传统发展观是经济发展与生态失衡进入恶性循环的根源,而科学发展观是使二者步入良性循环的保障。大地震伤亡人员大部分为灾害放大时所害,便是佐证。都江堰文化积淀深厚,为经济发展提供了良好的人文环境。省级重点经济开发区已初步集群了机械制造、电子信息、生物技术和环保材料为龙头的新型工业。

上海对口支援的重点是抓好三件事:第一,产业评估。上海市可组建有实力的产业规划和产业发展的专家评估队伍，根据都江堰城市定位要求，对现有行业和企业的专业化程度、产出水平、能耗和排污指标等进行分类。第二，产业规划。按照统筹协调和科学发展的要求，根据都江堰城市重建的形态规划指向，从产业空间布局结构调整、产业结构优化与节能降耗的配比及当地生态容量改善等方面，作出分步实施的计划。第三，产业修复。在计划正式实施之前是都江堰经济重建的过渡期，此间上海市教育部门要有针对性地对失去生产资料的灾民作出技能培训计划，使之尽快获取谋生之道；上海市经委系统应与当地联手，对于灾损严重的行业、企业进行损失评估，为重组或重建提供依据，以便尽快恢复灾区基本生产秩序；两地财政和银行应共商税收减免政策、财政转移支付和贴息低息贷款等举措，以帮助都江堰企业正常运转。

三是制度重建要体现在非工程建设上。历史记录显示，人类社会每一次重大的进步，均得益于对地球巨灾的制度性反思。我国地质灾害之潜在性，在于全国近半数城市分布在地震带上。因此，深化对灾害的制度性反思，不失为一笔重大的财富。但与我国基本建设“重硬件，轻软件”的倾向一样，对于灾后重建以往只重工程建设，而疏于非工程建设。非工程建设的方向如下：第一，共同探索和构建地质灾害预测预报系统。上海的智力支援，应当集中在灾区防灾减灾的长效机制建设上。人体疾病的预测预报平台是年度体检及其报告，应据此原理创造出中国特色的对地球系统进行“体检”的模拟网络平台，从而为灾民子孙后代造福，为中国科学争光。第二，形成普及灾害常识的国民教育系统。上海与都江堰的科技教育部门应在三大平台上为灾害常识进行普及教育，即：中小学教科书、城乡各级科技协会和大众传媒的公益性广告。第三，探索建立巨灾保险制度。任何一个文明的国度里，凡属人力不可抗拒的灾难，社会都会为之提供风险分担或转嫁的渠道，这就是巨灾的财产理赔制度。因此，在对口援助时，两地保险公司及专家应及时提供专项研究成果，共同促成国家保监会尽快制订相关保险条款，将地震列为“房屋险”的延伸条款。

四是战略设定要注重多样化价值体系。这些价值是：首先，对口支援要为受援主体考量。都江堰不是上海一般的合作交流对象，而是中央指定援建的重灾区。受援主体的特殊性决定了两层意义：① 由中央政府下达的任务，而不是自选的支援对象。因此，这显然不能基于“双赢”偏好的经济关系，也不能简单的“量力而行”，而是必须全力以赴。② 受援主体的起点“弱”。都江堰经历大地震劫难之后，财力匮乏，人心浮动、头绪繁杂，可谓“百废待兴”。因此，该市的重建将要从构筑城市公共设施平台起步，从稳定社会秩序切入，以恢复可支配财力为抓手。

其次，对口支援要从援助战略考量。都江堰对上海对口援助期望的重点在于帮助他“重建”。“重建”，顾名思义是从头建设，它标志着上海对都江堰援建的起点“新”。这个“新”起点应当体现在两个方面：① 城市形态要新。不仅城市规划理念要新，而且布局结构要新，还有基础设施配置要新。② 城市功能要新。都江堰城市重塑的经济功能、社会功能、生态功能必须符合科学发展的理念，不能再重蹈“先生产、后生活”、“先污染、后治理”的模式。但这种“新”要注重两个结合：① 需要与可能相结合。理念要新、规划要新、起点要新，但不等于一步到“新”。在分步到位之前，都江堰决不能再投资建设那种传统发展模式之下不可逆转的项目。② 目标管理与过程管理相结合。都江堰的产业体系、专业化商品市场体系、基础设施体系等的重建计划的阶段实施和管理举措，必须符合科学发展的理念。要适应都江堰重建的新起点，还必须对该城市规划管理实行创新、财政支出结构体系实行创新、城市建设投融资体制实行创新、灾民住宅供应和建造模式实行创新。

最后，对口支援要从援助目标考量。上海对口援助都江堰为的是使其走向“繁荣、昌盛”，其目标管理就必须是有利于重塑其生产能力，这就决定了这种援助的起点“难”。这种“难”起点，要求上海对都江堰的对口援助要突破传统模式的藩篱，实现三大转变：① 要从传统的输血型项目的援建走向造血型项目的援建。上海对都江堰的第一批援建项目要经过筛选，筛选的口径就是排除输血型项目。而造血型项目的设定必须经过援建先遣队实地考察之后的分析评估、都江堰政府的认可和上海市政府的审定。而这种“造血”的最终成效将起决于都江堰自身理念、体制和规制优化的程度。② 要从都江堰产业平台、教育平台和技术平台互动机制入手，设计援建总体方案。缺失教育平台体系和技术平台体系有效支撑的产业建设是难以持久的，因此上海的援建必须是全方位的、前瞻性的和战略性的，而不能只是局部性的、短期性的和随机性的。③ 要从单纯的工程建设项目援建走向与非工程项目援建相配套。从立足长治久安的视角考量，都江堰要做好日后地震反复的应对准备。纵观我国地震灾区灾损系数放大的根本原因，主要并不在于工程建设的规模，而是在于工程建设的质量；主要并不在于灾区地质结构的演化，而是在于灾区地貌生态的恶化（导致泥石流等）。而后者危害的根源，在于我国各级政府普遍疏于非工程建设所致。上海的防汛工作也曾集中暴露过这个问题，即疏于非工程防汛措施，诸如防汛专家决策系统建设、科学编制汛期潮汛风险图和建立灾损理赔计划管理等。援建都江堰过程中面临的“起点弱”、“起点新”和“起点难”，是上海制定对口支援战略时不可违避的客观存在。

# 第十九章
# 高铁改变了什么

1992年塞维利亚世博会期间西班牙政府因兴建了马德里至塞维利亚之间的铁路大动脉，扭转了经济上南弱北强之势，交通对经济影响之甚由此可见一斑！据有关部门测算，1亿元的公路建设的投入，可带动GDP增长0.42亿元，带动社会总产值3亿元，还可以增加2 000人左右的就业岗位。又据有关机构对浙江公路发展与区域经济的联动效应研究发现，1991—2000年浙江公路建设对地区生产总值的年均贡献率为1.35个百分点，创造就业岗位累计126.86万个。1999—2003年仅高速公路的年均贡献率为1.27个百分点，创造就业岗位累计95.74万个。因此，交通密度和交通工具的选择，确是衡量一个国家和地区经济水平的重要标尺，而高铁是当代轨道交通系列中的极品，也成为当今政府追求的时尚，其类型包括城际铁路、客运专线、高速客运和磁悬浮铁路。以已经投入运行的沪杭高铁为例，它堪称长三角“铁三角”中的中坚，全线9站，时速350公里，全程运行时间45分钟，停靠方式有站站停和大站停两种，初期发车频率每天210对，远期设定为235对。但是，在现行行政区划管理体制的背景之下，城际交通手段高速化对淡化区域经济互动边界的效应，政府既不能低估，但也不能有不切实际的高估。因为它改变的是城际时间距离，而不是功能距离。

正确的应对之策是，加大制度创新的力度，通过淡化城际互动的功能性边界，起到放大“同城效应”作用系数之目的，而不能一味盲目地在追求高铁项目上下工夫，这是沿线城市政府高效捕捉高铁机遇的唯一选择。

## 第一节 从高铁效应的作用机理说起

高铁的直接效应是缩短城际距离。城际之间的距离有四种形态，即空间距离、时间距离、心理距离和人文距离。空间距离是城际位置关系度量的传统标尺，它是一个常量，除非城市移位，它是不会变的。当城际之间导入先进的交通手段之后，时间距离将随之缩小，在城际通行的时间成本降低的同时却上扬了通行的货币支付成本，因此其对消费群体的吸引是有选择性的。随着时间距离的缩短，人们接受到的脉冲信号导致心理距离的改变，如上海人会逐渐将嘉兴排除出“异乡客地”的范围。时间距离和心理距离的改变属于城际之间形态边界的淡化，但它改变不了两地人们相沿成习的人文距离。

城际之间的人文距离集中体现在三个方面：一是安全感和归属感的差异。当人们改变居住地之后，原有的居住文化、邻里关系、地区认同和社会网络所长期形成的安全感和归属感将发生变化。二是精神生活上的差异。以上海人为例，在长期生活中所养成的戏剧嗜好是越剧、评弹、沪剧三大“乡曲”，但在异地环境里这些乡曲往往不可兼听，如在苏州市往往听不到越剧和沪剧，而在嘉兴则听不到评弹和沪剧。三是风俗习性上的差异。如上海作为沿海都市，人们生活习性上有两大特点，即喜食新鲜海产品和追求夜市生活，这在邻近城市未必均能如愿，因为由于供求资源的双重制约，邻近城市的海产品的供给品质和数量远不及上海，又由于生活起居作息时间习俗上的差异，这些城市的夜生活的空间布局和时序安排均难以与上海比肩。人文距离的被忽视，会对处于同城距离范围之内邻近城市房地产的负面影响因素缺失正确评估。例如，嘉兴房地产业在上海推介市场上的优势，在于其公共服务资源配套程度高、城际通勤速度快、小区品质好、销售价格低，其产品竞争地位明显高于上海各郊区。但若将“人文距离”的因素考量进去以后，当面对上海广大消费者的综合需求时，嘉兴房地产的优势将部分地被淡化和吸收。因此，评估高铁对于邻近城市房地产市场辐射效应时，还必须导入房地产业自身领域之外的影响参数。换言之，只有当与城际空间距离相对应的时间距离、心理距离和人文距离同步改变之后，才有可能导致人们的通勤方式，从城内通勤走向城际通勤。

高铁的乘数效应是改变资源配置格局。杭州市之所以全力打造高铁的“铁三角”(杭甬、沪杭和杭宁)，是因为决策者深知商业环境的改善由交通手段引领，产业规模性集结由干线通道来导向的道理。与此对应，城市规模扩展和结构优化是城市经济实力增强的重要体现。这是因为，区域产业发展重点的转移，与空间结构的相应变化及其城市空间关系的改变是互为因果的。研究产业空间结构演化与城市空间关系的区位经济理论，萌生于古典经济学时期。著名经济学家韦伯在他的《工业区位论》中，从微观企业的区位选择角度，阐明了产业的集聚动力，取决于企业获利与成本的对比，而这种对比的影响因素显然与地区城市空间结构不无关系，诸如交通发达程度、地区经济总量与城市化率水平之间的对应关系，很能说明这种相关性。以 2004 年长三角地区经济规模为例，江苏 8 城市 GDP 占长三角 GDP 的比重达到 42.8%，浙江 7 城市占比为 31.9%，与其相对应的城市化率(以非农人口比重衡量)，江苏 8 城市为 39.12%，而浙江 7 城市仅为 27.64%。

因此，“铁三角”的构筑，将在资源导向上可望起到下述作用：一是改变因跨海(江)大桥而引发杭城战略地位弱化的趋势。跨海(江)大桥强化了北仑大港与苏南经济重地的联系,导致杭城交通枢纽地位的弱化,而“铁三角”的构筑有助于实现其“城市东扩,旅游西进,沿江开发,跨江发展”的战略定位,以重塑其物流、人流、资本流、技术流、信息流的集散功能。二是扭转长三角地区经济重心向西北倾斜的经济格局。为改变浙江经济相对落后于江苏的传统局面,浙江省的基本战略方向有三:首先,进一步明确嘉兴作为接轨上海、导入上海资源的桥头堡,其首选的导入资源是人力资本、技术资本及企业总部;其次是构建以杭州为中心的杭州湾城市群,充分利用其三江交汇,九线(四条铁路和五条高速公路)聚焦的独特优势,壮大区域性城市群;最后是用“铁三角”将沪、宁、甬三地固定于杭城半小时经济圈之中,并通过制度创新来提升杭城资源配置水平,以期改变三地四城的资源流向;三是提高与全国各大城市联系的便捷度,繁荣杭城旅游市场。“上有天堂,下有苏杭”的美誉,对于多数国人而言只是一种梦境,可望而不可及,其主因在于现有铁路密度(美国铁路总里程为 40 万公里,我国仅 6 万公里)制约了旅游者进入长三角的日均客流量。当全国铁路建设在扩大内需之际形成投资高潮之后,为京津冀、珠三角与长三角等三地区的快速联动提供了重大机遇。因此,“铁三角”的构建无疑为杭城旅游大发展创造了历史性的条件。

## 第二节　高铁帮了产业集群的忙

高铁是引导城际产业互动方式从空间转移走向集群重组的驱动器。如前所述,综观全球产业发展史,产业发展升级的过程往往伴随于三大过程,即:一是新旧能源替代过程。工业经济的本质是动力经济,它往往以能源技术革命为先导。当第一次产业革命使煤炭取代木材作为经济发展的主导能源之后,钢铁业、采掘业、纺织业、机械制造业便应运而生。当时代步入第二次产业革命时，石油取代了煤的能源主导地位，导致石油化工、航空、汽车等新兴产业的兴起。原子能时代的降临，催生了核工业的问世等。二是产业边界淡化的过程。产业边界的模糊和淡化促进了边缘产业的降生，数字技术作为一种关联性和替代性技术，推动了一大批诸如光学电子、航空电子、生物能源、基因工程等新兴产业的萌生。因此，在产业升级过程中，高铁沿线城市绝不能疏于对地区共性技术和通用技术的开发与应用，原因在于高新技术的真正基础还是低技术和国民教育。三是交通手段升级过程。交通手段的升级及其变速过程，正在引发其一系列配套的基础工业的快速发展，其中包括新材料、新工艺、新技术的不断涌现，促使国家制造业整体水平的快速升级。以轨道交通系列为例，从普通轮轨走向高速轮轨，直至磁悬浮技术，倒逼了我国支撑基础工业的技术、材料和工艺的创新。此外，由于交通的提速正在改变企业及其从业人员的行为方式，进而使制造业发展从行业同构悄然走向模式异构。譬如，在同一种制造业行业中，集群方式正在改变部分企业传统的生产流程，进而使之从产业组织创新中获取先发性、差异性和规模性效应。上述效应的发生与交通手段的关系可基于下述评估：

首先，交通运输成本对企业决策行为影响的评估：① 运输成本在制造业生产总成本中的占比分析。运输成本构成取决于两个因素，即运输距离和运输时间。过去，人们对运输成本的测算更多的只考量传统运能条件下的运输费用，而不计时间成本，因此其支出在制造业生产成本中占比不高，进而导致这些企业在空间布局结构上呈现出匀质化的态势，既顺应了长三角地区资源禀赋条件相似之区情，又迎合了各地方政府追求经济总量扩张的利益偏好之国情。但对于关注运输的时间成本的企业，一旦运输手段优化导致运输时间减少后，企业决策行为也会随之变化，这些企业的空间布局结构的半径及其专业化分工的方式将会作出相应调整。

② 通勤成本变化对人力资本所有者行为的影响分析。由于相对于公民收入水平而言,高铁作为一种“交通奢侈消费品”,其市场前景有其局限性。它引发的效果是因人而异的:对于少数高收入的以白领为主体的消费群体而言,由于其用于交通的货币支出比蓝领阶层相对要小于时间成本,因此当通勤时间缩短后,有激发他们通过高铁实现异地通勤的需求和可能。对于低收入的以蓝领为主体的消费群体而言,由于其用于交通的货币支出远大于时间成本,因此通勤时间的缩短不仅没能激发其高铁通勤的需求,反倒由于票价的提高(如高铁票价是动车组的 2 倍,是普通快客的 4 倍)而促使其选择其他交通工具出行。

③ 城际通勤时间距离与城内通勤时间距离之关系对通勤者行为的影响分析。由于高铁的城内始发站普遍远离城市中心,因此,当城际通勤所需时间大大超过通勤者居住地至高铁车站的通勤时间时,乘坐高铁出行才有其优势;而当城际通勤所需时间小于或相等于通勤者居住地至高铁车站的通勤时间时,则乘坐高铁则明显缺失优势。换言之,只有居住在高铁车站附近的旅行者,才能享受高铁的优势。

其次,资本流向规律对资源配置的影响。根据《超流动性理论》分析,资本流向有如下规律:① 劳动资本择业流向与消费需求流向出现背离。从择业流向判断,劳动(生产、技术、管理人员)择业从低工资区流向高工资区,而消费需求(居住为主,即房地产消费)流向,则是从高成本区流向低成本区。诸如上海白领人员会在市区与郊区之间上下班通勤,兼具了高工资和低消费的双重优势。当上海与周边城市构成同城距离之后,上海的劳动资本在择业区域与消费区域之间的通勤范围将随之扩大,即居住地有可能从上海郊区移至消费成本更低的周边城市的市区,实现他们在城际之间的“钟摆式”通勤,犹如日本东京的白领居住在京都、神户一样。

② 物力资本(技术、设备、原材料和半成品)从高商务成本区流向

低商务成本区。以上海周边城市嘉兴为例,从纯显性商务成本判断,嘉兴明显低于上海,其房屋均价仅为上海的1/3左右,劳动力价格也低很多。当企业资本总量为一个定数时,其房地产支出成本的增加,必然会促使其萌生减员或减薪的冲动。但迫于社会责任的压力,企业正在采取"身首"分离的模式,按照地区比较优势的原则,分解和重组自己的生产流程,走上异地套利的路径。这就有可能在上海与周边地区之间重构生产链,使产业跨区域发展的形式从传统的空间转移走向集群重组。由于高铁的运行,使"钟摆式"通勤的智力流动(与原企业隶属关系保持不变)更具可能,导致企业之间专业化分工的城际集群,有可能得到智力等要素流动的支持。

最后,产业异地集群为周边城市带来的发展机遇。产业异地集群必然伴随人力资本和技术资本的异地流动,进而又与产业异地融合发展互为因果。其主要机遇是:一是上海高端产业增加了在周边城市设立分支机构或建立集群配套的环节型企业之可能性。这些产业主要是战略性服务业的高校、科研院所、中试机构,以及实施中介服务的金融、物流、通信、业务外包和部分公司总部或企业会所等机构。二是上海高端人力资本将更多地通过智力流动形式导入周边城市。高级技术人才的导入周边城市有四种形式,一种是通过在邻近城市购置房产,实行就业与居住分离式的导入,另一种是随上海高端产业进入邻近城市,而通勤往返于母体企业与分支企业之间,还有一种是被邻近城市企事业单位长期聘用兼职,最后一种是应邀短期来邻近城市传技或讲学。人才立国和人才立市之策,远高明于工业立国和工业立市。美国这个人口只占世界5%,建国历史仅200多年的国家,之所以能拥有43%的世界生产力和40%的高科技产品,其根本原因是贯彻了人才立国的国策。因此,借助于高铁效应强化人才导入,应是上海周边城市首选的目标管理。三是从上海导入商业商务需求资源,有助于克服邻近城市囿于"人气"不足而导致商业供给资源与需求资源严重失衡的局面。诸如吸引沪杭广大旅游者消费邻近城市的旅游产品,包括购物、住店和休闲;银发公寓可吸引都市退休人员购房居家养老;宾馆(会议中心)可接待各种会议团队等。

## 第三节　城市功能要系统集成

有“机”不一定会“遇”,错失机遇的原因诸多,但最根本的是在于自主决策上的失误。高铁使城际之间出现了“同城距离”之机,但还非是获得“同城效应”之遇,前者只是“可能”,后者才算是“结果”。因为,同城效应的激发是城市功能系统集成的结果。

首先,要准确把握自身发展机遇。机遇在每一个城市的发展进程中往往是公平出现的,但各地政府把握机遇的决策能力和获利的程度却各异。根据长三角地区城市历史上把握发展机遇的经验教训,可以将历史机遇的把握归结于以下视角:

一是差异性发展视角。城市不可替代性资源是城市实行错位发展的基础,诸如区位资源、矿藏资源、文化资源等均有可能具有不可替代性。以文化资源为例,苏州与嘉兴这两座文化存量资源不相伯仲的城市,由于解放初期决策者对城市历史文化资源价值评估上的强烈反差,使其本级城区文化资源保护力度形成鲜明对照,以致嘉兴中心城区成为长三角地区千年运河城市旅游市场的“洼地”,进而从区域性大旅游格局的构筑角度淡化了嘉兴与沪杭的同城效应。其实,工业化的前提是标准化,而标准化是一个抹杀差异的过程。当工业化模式导入城市化之后,其必然结果是导致富有个性化色彩的城市古典建筑遭受到程度不同的破坏。这种程度,受制于决策者对城市文化价值及其商品转化率的解读能力。正是出于这种解读能力,苏州市历届政府在城市功能规划管理上,注意将城市历史文化保护与城市产业升级有机不悖地实施，使之成为工业基础雄厚的上海“后花园”。这种有别于传统工业化模式的双业并举范例为我们提供了如下启示：① 要依据自身存量资源特征，在城市发展定位的导向之下，充分利用高铁效能，优化主导产业体系；② 当主导产业体系确定之后，借助高铁优势，从模式差异上下工夫，以期改变长三角地区制造业面临的产业链分工低端化、价值链分利低附加值化和产业主导能力外商化的趋势。

二是乘数效应视角。交通是国民经济的“先行官”，其直接效益是票房收入，而其乘数效益是一种“波浪效应”，它直指产业发展、城市效能强化、城乡生活改善，甚至地区竞争力的提升。经验证明，区域的空间发展方向和时序，决定着地区经济的生命力。城市发展也遵循如此规律，上海从 20 世纪 80 年代中叶起，其发展方向就有“南下”与“东进”之争，最后以浦东开发的“东进战略”取胜，而这种导向力量正是交通设施。20 世纪 90 年代由于江苏与浙江两省在对区域经济中心城市地位认定上的差异，导致两省由省会始发的第一条高速公路的战略指向上的差异，前者跨越省际指向了上海，后者则局限于省内运行指向了宁波，进而导致同处接轨上海“桥头堡”地位的苏州和嘉兴，在导入外商投资的规模和层次上出现了明显的落差，以至于今日嘉兴的经济总量只及苏州的三点七分之一。更为重要的是，由于外资导入的相对迟缓，嘉兴规模型企业的成长远不及苏州，进而导致接轨上海过程中嘉兴内源经济的乏力。

三是转变劣势机遇的视角。100 年前的古典经济学认为，转变劣势产生的效应往往大于重复优势。基于这种思维，重视逆向决策思考已成发达国家共识，诸如在可行性论证的同时开启了不可行性论证的先河，在向经验学习的同时转而向错误学习，在发扬优势的同时全力转化劣势。当高铁进入城市生活之后，其正面效应是城际通行提速，但彰显了城市集疏运体系之劣势，如不能在优化集疏运体系上下苦功，则城际通行提速的效应，将被传统落后的城内交通效能所消化和吸收。

其次，要加大制度创新力度，淡化城际功能性边界。长三角地区城市互动效率提升的障碍有两大边界：① 功能性边界（也称财政性边界）。其边界由传统的行政区划管理体制所决定，其中包括市场准入边界、税收体制边界、户籍制度边界，社保体系边界及人事管理的边界等。这类边界在阻碍区域互动进程中起着主导性的作用，而城际交通的改善，对功能性边界的淡化起不了多大作用。② 形态性边界（也称物理性边界）。这类边界在影响区域互动效率中不起主导作用，且随着近年来长三角地区交通大格局的不断优化和现代通信平台的日臻完善，其边界作用力已逐趋淡化。因此，这里必须阐明的两点是：① 影响长三角城际互动效率的主导力量是功能性边界，而非形态性边界；② 同城距离只是从交通角度起到了淡化形态性边界之部分作用，而非其全部作用，因为形态的另一部分边界还须有赖于通信手段来淡化。因此，同城效应的真正发生，必须以城际功能性边界的淡化为先决条件，而这种淡化只能靠改革，舍此别无选择。

再次，努力提高城市的资源配置水平，以吸引特大型城市的存量资源。资源的流动方向，是从配置水平低的地区流向配置水平高的地区。从这个意义上判断，决定地区经济发展水平的主要因素，并非资源的禀赋程度，而是资源配置的能力和水平。倘若高铁沿线城市的资源配置水平低于邻近特大型城市，则同城距离的优势不仅归之于消失，而且还会产生资源外流的负面效应。地区资源配置水平的高低，取决于地区市场有效性的程度、政府职能转变程度和隐性商务成本显性化的程度。现代城际之间经济的互动效益是一种效率性的收益，互动各方获取效益的大小与其资源配置效率的高低成正相关。

地区资源效率的高低反映在以下方面：一是市场效率。城市市场效率的高低取决于市场建设的水平，其内容包括：① 市场有效性程度。内涵是指企业进退市场成本的高低、市场权益及信息的对称性强弱以及市场规制的执行度大小。② 市场主体培育力度。其标志是能独立面对市场、具有经营自主权和资本自主权的企业群体规模。③ 地区统一市场的形成。其标志是市场体系完整、市场规制一致、准入标准统一。二是政府效率。政府效率体现在以下方面：① 政府职能优化程度。政府要从职能全覆盖转向市场失效领域，以防止有限资源流向低效，甚至是无效的市场主体。② 提供公共服务和产品的能力。这里包括提供市场所需的公共服务和产品的品种、规模、数量的决断能力，及其生产和提供这些服务和产品的效率。③ 确定合理的分配方式和税费制度。既要合理界定政府与社会的分配关系，也要合理界定社会群体之间的分配关系。三是企业效率。企业效率高低很大程度上取决于产业组织形式创新的程度，即企业要从传统的“小而全”的自成封闭体系的、生产环节资源纵向垂直整合的组织形式，改造成为有利于产业集群的开放型的、生产环节资源外包配套的横向虚拟整合的组织形式。

最后，遵循网络型城市作用规律，努力强化城际经济关系。网络型城市体系是一个包含节点、流线和区域的复杂系统，其中不同等级的城市是网络的节点，节点之间通过各种渠道和手段相互连接和相互作用。这种作用也称为城市流，它包括人员流、商品流、资金流和信息流等。城际之间沟通的物理渠道称为城市流线，它包括交通线路和通信线路等。城市流线是城市流得以实现的载体和途径，其效率将决定城市流的效能。以高铁为例，其对城市流效能的影响将明显高于普通轨道交通。但是，交通和通信只是决定城市流效能的硬件网络，也称形态网络。而构成网络型城市体系有两大网络，即形态网络和功能网络，前者包括交通网络和通信网络，而后者包括市场网络、产业网络和管理网络。

当人类社会步入网络型城市时代之后，城际空间概念已经从传统意义上的“位置空间”，演化为现代意义上的“流动空间”概念。这种新型概念的特征是：① 具有外部性逻辑特征。大凡一旦进入网络型城市体系的城市，能够以最低成本去获取最大的网络优势，因为这里的资源共享条件优，产业互补性强，市场统一程度好，企业产出率高。这种价值观决定了网络型城市体系具有自我修复性质的选择性识别能力，它既能起到促进网络成员（城市）单位的权利与义务相统一的作用，又能起到淘汰那些权利与义务长期失衡城市之作用，进而形成“贫居闹市无人识，富在深山有远亲”之城际关系。这里的“贫”与“富”之标准，是指城际关联度。这种识别过程是由市场完成的，而非靠行政力量去实现。② 具有开放性特征。正因为城际空间是“流动”的，因此网络型城市体系具有开放的特征，凡能履行权利与义务相统一的城市均有可能成为其成员单位，进而享受网络优势。于此不难看出，网络型城市体系的边界具有动态性、模糊性和重组性。世界城市群发展历史证明，城市群组织的这种虚拟化趋势，对核心节点城市（诸如上海、杭州和南京等）的功能要求赋予了新的内涵。③ 具有市场导向特征。网络型城市群模式，是对传统中心地城市群模式的整合和升华，其结果导致城际地理上的相近性优势和能级上的规模化优势，逐步让位于核心城市的汇聚效应及城际之间的依存关系。而这种“关系”主要是指经济上的分工、合作和互补关系，它以市场需求和市场效率为导向，而非政府利益偏好为导向。换言之，高铁对城际关系的导向效应，远不及城际之间的经济内在作用机制的导向效应强烈。因此，在捕捉和把握高铁效应时，政府应努力实现三大重心的转移，即从依靠行政导向走向依靠市场导向，从关注城际空间关系走向关注城际经济联系，从促进产业空间转移走向引导企业资源重组。

# 第二十章
# 步入“抗生素诅咒”时代的人生选择

人体健康自古以来靠内生免疫力为支柱,而绝非靠外来药物使用为主导。我国国民这种本末倒置的强身逻辑,始于抗生素的滥用。1928年9月3日,是人类历史上具有划时代意义的日子。这一天,伦敦大学的生物学家弗莱明发现了细菌的克星——青霉素。从此,世人步入了改写医学史的抗生素时代,大大降低了因感染而导致的死亡率。弗莱明因其卓越的贡献,而在全世界赢得了25个名誉学位、15座城市的荣誉市民称号以及其他140多项荣誉,其中包括1945年的诺贝尔医学奖。

但是,发明者和受益者几乎都始料不及的是,这种素有“万能药”之称的抗生素,竟是一个具有双面效应的“杀手”。随着它的广泛使用,强化了人们对它依赖的同时,又提高了细菌对它的耐药能力。真可谓“道高一尺,魔高一丈”。科学家终于发现,自己已经无奈地走上了一条与细菌的抗药性无休止赛跑的不归之路。

据全球行业分析公司(Globalindustry Analysts)的报告显示,近几年来全球抗生素的市场值约250亿—260亿美元,年均增长率为8%左右。其中,美国位居第一,销售额84亿美元,欧洲次之为63亿美元。又据《南方周末》报道,作为全球制造青霉素的七大先行国之一的中国，于 1944 年生产出第一批 5 万单位/瓶的盘尼西林(俗称“青霉素”)。其后的 60 年间中国抗生素生产能力有了长足发展。截至 2009 年，中国抗生素原料药的生产企业已有 181 家，产量合计 14.7 万吨，其中 2.47 万吨用于出口。全球约 75%的青霉素工业盐，80%的头孢菌素类抗生素和 90%的链霉素类抗生素均产于中国。中国已成为名副其实的抗生素生产大国和使用大国。

由于抗生素的双面效应日趋显露，各国普遍强化了对抗生素临床使用的控制，新品审批逐趋从严，导致在近年全球药品销售排行榜上，仅有 6 种抗生素药品的销售额超过 10 亿美元。但是，作为在我国临床上占据绝大份额的抗生素，其用量竟占到全部用药总量的 30%以上。据 2007 年统计，全国重点城市样本城市的头孢类药物销售总额为 2 980 亿元，占到全身抗感染药物市场的 45%以上。

## 第一节 利害相间的抗生素

由于利益驱动，中国已成为全球生产抗生素的第一大国，而生产企业面对任何警示均显无动于衷。2003 年 6 月，在 SARS 肆虐我国期间，哈尔滨医科大学校长杨宝峰以《滥用抗生素的危害与“非典”发生的启示》为题，提出了警示滥用抗生素的危害，加强抗生素使用管理紧迫性的建议，后经新华社记者以“内参”形式被国家领导人批示并转发全国。但是，抗生素生产企业依然故我，在 90 家医药类上市公司中，1/3 的上市公司事关 SARS 药品的生产，其中凡真正获利的主业是抗生素的生产企业，其一线的销售业绩和公司的股市表现一样“一路飘红”。但可悲的是，有多少人真正懂得，企业生产用以杀灭细菌、立克次氏体等微生物的抗生素，并不能对 SARS 病毒产生抑制作用。企业借此加码生产，纯粹是“借机发财”，是扯了 SARS 的“虎皮”举了“大旗"而已。

20世纪70年代前后，由于抗生素的神威，人类似乎一夜之间拥有了"万能"武器，只要一遇到葡萄球菌感染病例，医生们便会不假思索地出手青霉素，在效果显著的同时，对人类的依赖性抗病系统注入了不可逆转的"种子"。从此，我国住院患者的抗菌药物使用率高达70%—80%，外科患者几乎人人使用，比例高达97%，超过了全球任何一个国家的比例。与此同时，不论是医生还是患者都乐意使用新型、广谱的抗生素，导致我国医院使用最多的10种抗生素里，新型抗生素超过了一半。由于国人普遍将抗生素视作"保险性"的万能药，于是出现了一种极其不正常的中国特色的用药倾向：诊断不明时，不作试探性用药，而是首选抗生素；用一种抗菌药物可以解决问题时，宁愿再多用一、二种；用低档抗菌药即可治疗的疾病（如扁桃体发炎用青霉素可治），医生往往会用先锋类高档"新药"。所有的一切行为，旨在为病人"保险"，更为医生自己"卸责"。

滥用抗生素的代价，是人类健康的潜在危机。药效的降低是其第一个信号，以青霉素为例，它刚投入使用时，一天100、200个单位就很有效，到了今日，连对付普通的呼吸道感染病，一袋注射用的生理盐水(250 ml)中需加入青霉素剂量为1 000万个单位，用量上升数十万倍。由于细菌的抗药性，现在的细菌敏感度仅11%，金葡萄球菌的耐药率达95%。其原因在于，微生物学家已经证明，细菌在接触抗菌药物之前，就已存在具有耐药性的突变株。而抗生素等抗菌药物的使用，其实只是对细菌作了一次自然选择：当绝大多数普通细菌被杀灭之后，原来不占数量优势的、具有耐药性的"超级细菌"留存下来并开始大量繁衍，尔后占据主导地位。据中国科协课题显示，目前国际公认的"超级细菌"在中国已经普及，成为各地医院的"常客"。其结果必然促使随后抗生素使用的剂量越来越大，而失效退出"杀菌"领域的抗生素种类也随之增多。因此，我国抗菌药物的"黄金时代"已为时不久，有的抗生素进入我国仅二十几年，病菌耐药率已高达60%—70%。医界警告，如此下去中国将率先进入“后抗菌药物时代”，中国人也将成为第一代的“耐药一族”，那将绝对是民族的一大灾害。这绝非危言耸听，原因是我国儿童自幼就开始靠输液吊针，而一个新的抗生素药研制周期需10年，一旦儿童有了抗药性，孩子长大后将无药可用！于此可见，由于“超级细菌”的先天存在，细菌的耐药性不可避免。换言之，阻止“超级细菌”流行的重要手段，便是从速停止滥用抗生素！

## 第二节 三管齐下的抗生素滥用

抗生素滥用是监管者失察、执业者缺德和使用者无知的必然结果。在绝大多数中国人眼中，现代医学的速效技术是手术和抗生素，因而中国人治病呈现“西医化”特征；而在西方人看来，反而觉得现代医术的真谛是中医理念，于是求医开始走向“中医化”。在美国买枪很容易，但买抗生素很难。西方社会中，很多疾病只有“诊”而没有“疗”，疗法以任其自愈为主。而在中国，普通的感冒患者，便安排抗生素上阵，为的是速愈。滥用抗生素之所以在我国成为顽性的“痼疾”，是由于体制性、逐利性、道德性、理念性和认知性等多种社会因素共同作用的结果。无怪乎有人戏称，抗生素是医院的“顶梁柱”，药厂的“摇钱树”，医生的工资外“小金库”，患者的“不归路”。

首先，滥用抗生素是社会趋利动机的恶果。尽管丽珠集团专家们未必不知道杀灭细菌、立克次氏体等微生物的抗生素，并不能对SARS病毒产生抑制作用，但还是在2003年抗击SARS期间借势扩大了罗红霉素、抗病毒颗粒等抗生素原料药的销售，使公司主营业务利润比2002年同期增长8 000万元。据相关专家披露，我国医院50%左右的收入来自药品，而抗生素占药品收入的25%左右。因此，医生多开抗生素，患者多用抗生素，就为医院扩大了财源。这种医家牟利与病家失利相互挂钩的机制，正是中国成为全球头号抗生素大国的“通行证”。在这种机制作用下，一个抗生素的“滥用——失效——研制——涨价——滥用”的恶性循环已经形成。数据显示，在我国医院所有用药中，抗生素类药物占到40%以上，而销售额占到70%以上，两个百分比的级差足以证明抗生素是一种暴利品。医家有意出招，病家乐意接招。在我国老百姓消费最多的前5位药中，抗生素类药物占到3位，每年给患者造成的货币损失数堪以百亿计，至于健康的潜在损失则难以估量。

其次，政府职能部门有失监管是抗生素滥用的保护伞。药品销售制度缺乏严格有效的监管是抗生素滥用的制度性原因，面对遍布全国城乡的药店销售抗生素类药物的局面，监管部门只求“发过通知”，不求监管到位，放任抗生素处于“无医生处方”的状态中销售。在销售环节缺失监管的同时，职能部门又对“源头”环节放弃监管，即放弃对医生执业环节和新药审批环节的监管。在医生执业环节监管上，有关部门不注重医生执业用药的培训、考试和上岗证制度的管理。

在新药审批环节上，我国缺乏科学论证和从严审批，此举不仅危害病家，而且还成为“寻租”的空间。以2004年为例，国家药检局受理23 700多种新药，批准的高达7 400多种，但其中真正意义上的新药，即新化学实体极其鲜见（有一说是“几乎没有”），绝大部分是中国药典中已有的药物，只不过是对其剂量、给药用途或是用法方面做了变更而已。与之形成对照的是，美国作为真正的全球西药王国，当年国家药监局受理的新药报批数量仅为148种，最后获准的只有136种。由于药检职能的缺失，我国实际上创了三个世界之最，即：① 新药申报量创世界第一；② 上市药品中新药比重居世界第一，我国2004年药品上市总量仅占新药报批总量的5%，可见新药全是假的，为确保涨价倒是真的；③ 中饱私囊而“落马”的药检高官创全球之最。

最后，用药者无知是抗生素滥用的土壤条件。抗生素被滥用，既有医生的责任，也有患者的责任。从非趋利性、非道德性的技术性角度判断，这也是医生执业水平低下之故，但其土壤条件是患者的无知。早在2004年，我国在国内已经建立系统的《细菌耐药监测网》，这是为执行当年正式实施的《抗菌药物临床应用指导原则》而设立的。《原则》早已全面系统地把我国细菌状况、抗菌药物情况、合理用药原则（诸如规定了口服、注射、静脉给药及多药联用的适用情况），其目的是教会医生规范用药行为。但是，由于60年来我国药品种类从400多种猛增至7 000种左右，不少医生还难以掌握全部，所以医生们并未完全根据用药原则去治病，以致我国住院患者的抗菌药物使用率榜居全球“冠军”地位，高达80%。无论是感冒、发烧，只要一有病症，我国医生第一本能性反应是动用大剂量抗生素压阵，而病家不仅没有拒绝，还会主动接受这种治疗方案。据对某医院293份病历抽查发现，其中外科病历中使用抗生素占总数86%，尤其是手术使用抗生素几乎高达100%。更为惊人的是，有14%的患者竟在手术前就开始预防用药，更有不可思议的是，有患者在手术前一周就肌注青霉素80万单位。显然，这些医生全然没有预见到这种做法有可能提前引发细菌的耐药性。这种彻底背离抗生素《用药原则》的行为，除执业者用药水平低劣的原因之外，更与患者无知的关系极大。

如果患者具备必要的认知水平，有能力为自己的健康用药维权，则抗生素滥用也不至于大规模发生，因为用药毕竟还得经患者本人所接受。但是，中国的文化显然具有其缺陷的一面，即求全、求能和求新，导致中国老百姓出现两大心态：一是追求短平快，以求立竿见影，而在这一点上西药肯定胜过中药。因为，中医讲究的治疾理念是“病来如山倒，病去如抽丝”。但中国人崇尚“一万年太久，只争朝夕”精神，这就只能求助抗生素莫属了。二是崇拜无所不能、无所不为的“孙悟空”。我国古时就有“求仙炼丹”之说，指望它包治百病，长生不老。而抗生素做到了，它几乎能快速有效地杀灭人体细菌。但其付出的代价，却无人问津。因此，当一个医生不给病家开新药、开速效药，将被讥为“对病人缺乏感情”，甚至在政治上会被视作“对病人缺乏阶级感情”，更有甚者会被讥为“没本事的庸医”。尤其是享受公费医疗的“一族”，开药吃药更无货币成本之虑，凡有进口的不吃国产的，有贵的不吃便宜的，有新的不吃传统的，有速效的讨厌“慢条斯理”的。于是，久而久之医生优劣的评估体系被扭曲，讲究调理患者内生免疫功能的、靠自身修复力量和恢复体质来杀灭细菌的行医者遭到质疑，这样的医生自然被患者的“主流社会”所唾弃。最终，医家、病家不约而同地追捧抗生素，但可悲的是没有多少理性者知道：抗生素如同石油、煤炭和森林一样，同样是一种不可再生性的资源，新的“超级细菌”在人们滥用抗生素的同时，令抗生素的“万能”归于消失，或许再有 20 年左右，现用的所有抗生素都将在“超级细菌”面前败下阵来。西方人注意到了这点，而中国人仍被蒙在鼓里，尽管这个现实令人不寒而栗。因此，任何患者不要忘记，在你每一次使用抗生素的同时，都在培养一种未来抗生素难以制服的“超级细菌”，这叫做“成败抗生素”。

## 第三节 抗生素滥用已来日无多

2006 年 2 月，来自中华医学会、中国药学会、中国药理学会、中国畜牧兽医学会等 11 个学会的 17 位专家，就我国抗生素类药物滥用的公共安全问题发出了时代的强音。他们的声音从民生入手，揭示了一次感冒老百姓得花几百元，直到上千元开销的“看病贵”之根源，其源在于抗生素在作祟。由此，专家们揭开了导致民生“三座大山”之一的“医疗山”的抗生素“滥用——失效——研制——涨价——再滥用”的循环之旅。专家们认为，除国人有可能率先进入“后抗菌药物时代”的危险之外,另一个迫使人们远离抗生素类药物的重要原因,将是巨大的货币支付成本。抗生素作为不可再生性资源,其研究开发的成功率约为百万分之一,为此,美国食品药品监督管理局(FDA)每5年只能批准2个此类产品。目前,可用药物资源越来越少,能够提炼出新抗生素的生物几乎已经荡然无存。由于研发难度加大,成本不断攀升,各大制药企业的抗生素类药物研发投入逐年锐减。现在,全球5大制药公司中,已有3家裁撤了感染部或削减了经费投入。这一趋势所导致的抗生素供求格局的变化,其必然结果将是抗生素类药物价格的直线飙升。为此,专家们建议应当以此作为政府决策部门强化抗生素管理的重要依据。

其一是加强对抗生素管理的基础性研究。要强化投入和人员配备,立即开展对抗生素耐药问题进行跟踪监测研究,要根据监测对象的流动性大和不确定性强的特点,采取有效措施扩大监测面积和监测时段,重点要对抗生素类约物滥用导致的细菌扩散、耐药性变化、产生的后果及其严重性进行大面积的数据采集和分析研究。

其二是健全对抗生素管理的制度建设。我国抗生素管理制度建设的重点是查漏补缺和落实监管责任。首先要健全抗生素使用的宣传培训制度。职能部门要从岗位责任和实际出发,建立宣传教育和定期培训制度。目前,卫生部、中国执业药师协会等相关协会以及辉瑞公司已经在京启动了“全国基层医疗机构抗菌药物临床合理应用培训计划”,采用巡讲方式,结合师资培训和普及培训两级培训模式,对全国31个省市区的感染、呼吸、血液、重症监护、外科、儿科、微生物、药学等4万名左右的专业基层医药卫生技术人员进行培训。其次是重建用药质量管理制度。建议医院将抗生素的使用纳入医疗质量管理体系,将其制度化,在定期检查、考评基础 上进行通报,并应与待遇、奖惩挂钩。方式可定期抽查病历和处方,对滥用抗生素者给予经济性处罚。

其三是强化抗生素类药物的替代品管理。我国中医是一大宝库,但其日益被“边缘化”的趋势令国人忧虑。为此，全国400多名著名中医师联名上书中央政府，建议将“中医药可持续发展研究”列入国家科技发展中长期规划。上书准确地指出，中医药是解决13亿人口，尤其是9亿农民医疗保障问题的关键。为此，国务院最近公布了扶植中医药的十条细则，并将之列入了国家医改配套细则之中。中央政府重大决策的改变，是对传统中医药地位的一种反思性的肯定。中医药被忽视，是国人追求立竿见影思维的结果。早在1956年的石家庄，中医治疗乙脑，功效奇佳，但卫生部决计不予承认。著名中医大夫蒲辅周一人成功治疗乙脑患者167人，卫生部却以其只使用了98组中药处方，不具备统计学意义为由，不承认其疗效。又以SARS时期为例，中西医对SARS判若两病，中医认为它是瘟病，有法可治，而西医认为SARS是全新疾病，无治疗先例。尽管看法相左，最后还是照例西医先行，中医则在千请万求之后方准介入治疗。治疗之中，中西医待遇又呈现天壤之别，一些对瘟病确有疗效的中医药方剂，上级规定必须经过白鼠实验证明能够杀死SARS病毒后方允其进入临床；而西医明知抗生素西药既杀不灭SARS病毒，且副作用巨大，却有上级“绿灯”开道，未经讨论即可大剂量试验。历史早晚会证明：我国职能部门歧视“国医”的经历，必将走到历史的尽头。

已经过去的事成为历史，但历史应当成为现实的殷鉴。中医药独特的抗感染经验是我国的骄傲，尤其是对手术后发热效果的治疗更显其功能独到。因此，在许多时间和场合，它不失为抗生素的“绿色”替代品。我们应挖掘这笔可贵的国情独有资源，力争在利用中医药替代抗生素类药物上取得突破，这才是我国走出“抗生素诅咒”时代的最佳选择。与之相辅助的是，应当提倡国人多食用植物性食物，增加益生菌、益生源、抗氧化剂等的摄入，旨在增强自身的免疫防线，抵御外部环境的侵害，以尽量减少抗生素的使用频率。

其四，加强对间接抗生素源的监管。有资料证明，养殖业过量使用预防性抗生素类药物添加剂，也会直接导致消费者群体性食用抗生素。据有关专家估计，如果不使用抗生素类药物，相关养殖产品的产量将下降30%—40%。在趋利动机作用下，养殖户不可能舍弃抗生素类药物添加剂而甘愿产量锐减的。但局限于农村的卫生条件，我国大部分养殖场将动物粪便直接排放到水和土壤中，导致环境污染，还引发部分植物生长的变异。我国作为家畜存栏数位居世界第一的国度，随着大量抗生素类药物添加剂进入家畜养殖，食物链中的药物残留将逐趋增加，作为食物链的终端，人类将是这些残留药物的最终承载者和消纳者。为此，从食物链管理出发，强化养殖业的污染整治已迫在眉睫。

其五，尊重人体生理规律，提倡科学养生。细菌与病毒的先天“克星”不是抗生素，而是人体内的免疫功能，它是一道抵御外敌入侵的天然屏障。但是，由于人们迷恋于不良的生活习性，导致这道屏障长年失修，处于低效，甚至是无效的状态。为此，尊重人体生理规律，倡导科学养生，是少用、以至不用抗生素的“绿色”保障。支撑人生事业有三大支柱，即智力、体力和毅力。从“三十而立”视角判断，人生30岁之前是培育这“三力”的黄金时期，原因是在人的生命周期里这个年龄段是人生终身习惯的定型时期，一旦习惯走偏，则会抱恨终身。培育“三力”的基石是人生定力，即纠正自我不良习惯的自主力量。以起居作息为例，昼伏夜行的习性不仅不利于融入社会主流生活，因为它与全社会“上班族”的作息制度相悖，而且又严重背离了人体的“生物钟”规律，进而导致器官早衰。所以必须及早纠正之。

天人感应决非迷信之谈，因为它无时不在天人之间发生深刻的关联作用。若以天体的12时辰为例，子时(即夜11时至次日凌晨1时)是一天中最黑暗的时段，阳气开始发生。《黄帝内经》里有一句话：“凡十一藏皆取于胆。”指的是人体气血关键取决于胆的发生，胆气生发起来，全身气血才能随之而起。如果子时把睡眠养住了，对一天至关重要。换句话说,人生一个重要的原则是要在11点以前睡觉。这样,你才能把这点“生机”给养起来。为何说人的睡眠与人的寿命成正相关?就是因为此时睡觉实际上是在养阳气。因此,也有人将子时称之为“胆经当令”,即胆经在“当班”。

如果说子时是“胆经当令”,那么丑时(凌晨1时至3时)是“肝经当令”。丑时阴气开始生发,这对于生发起来的阳气是一种对冲态势。所以此时人们的行为要有所收敛和克制,以求升中有降。此时不睡觉,必伤肝血。

寅时(即凌晨3时至5时)则是肺经当班了,俗称“肺经当令”。这个时段是人体气血由“静”转“动”的过程,这一转化是靠大脑深度睡眠来实现的。通常说来,人睡得最“死”的时候正是寅时。此时人如果不能入睡将导致白天体力和精力的低效配置,长此以往的结果必然是人体功能透支。

卯时(即早晨5时至7时)是大肠经当班的时辰。中医认为,肺与大肠是表与里的关系,肺气足才有大便。排便不畅时,应憋一口气,而不是硬撑,就是此理。卯时代表“地户开”,也就肛门要开了,目的是排除一昼夜体内累积的毒素。

辰时(上午7时至9时)是胃经当令的时辰。胃经循行的路线很长,其经脉直至脚面。因此,胃痛不仅仅就是胃的问题,而是胃经出了问题,有时候你感到膝盖痛,甚至是脚面痛,实际上都可能是胃经病所致。因为此时是天地阳气最旺之时,胃经和脾经均在运化,故消化能力也是最强之时。所以,早饭最易消化掉,吃多也不会胖。因此,早饭要吃早、吃多、吃好,而决不能“免餐”。有人将早餐喻之为“春雨贵如油”,便是其理。早上正当胃消化功能最旺盛时,如你拒食,任由胃腔空转空磨,其受到伤害的结果必将会找你“秋后算总账”。

巳时(即上午9时至11时)是脾经当班。脾是在人进食之后开始工作(中医称"运化")的,目的是将进入胃腔的食物慢慢消化掉。一旦脾出问题,人会出现消瘦、流口水、湿肿等症状。"脾"字的右边是一个"卑"字,这犹如古代的一个烧火丫环,专门负责添柴扇风的。它在人体五脏六腑中起到协调打杂的作用,少了它,糖尿病等富贵病将不期而至。于此可见,尽管人的一天之内饮食消化均少不了脾,但它当班的时间却只有在上午 9 时至 11 时间,可见脾经对早餐的消化是特别看重的,所以你能不吃早餐吗?

午时(即上午 11 时至下午 13 时)是心经当班。子时和午时是天地气机的转换点,人体决无能力去干扰天地气机的转换,只能主动地去顺应这种转换,而顺应的最佳方式是睡个"子午觉",哪怕睡不着,闭上眼躺一会也是好的,旨在起到"不变应万变"之效。人不到万不得已,千万别在子时去劳动身体。

未时(下午 13 时至 15 时)是小肠经当班。小肠与心互为表(阳)与里(阴),心脏毛病最初往往会表现在小肠经上。小肠功能是负责吸收脾胃消化了的食物营养,再分配给各器官。既然小肠经在下午 13 时后当班,这说明午时饭营养之尤其重要。所以,午饭一定要吃好,营养价值要高。

申时(即下午 15 时至 17 时)是膀胱经当班。膀胱经是一条大经脉,从足后跟沿着小腿,经后脊柱正中间的两侧直上至脑部。膀胱经出问题,往往属阳虚,如表现为后脑痛,或是记忆力衰退等,其实它们均与此经有关,原因在于阳气上不来,导致上面气血不足之故。如果你发现在申时犯困,老想睡觉,就要当心膀胱经的问题。

酉时(即傍晚 17 时至 19 时)是肾经当令。肾主藏精,而人之"精"犹如家中的钱,缺什么都可以用它去买。如人体缺红细胞时,精马上会变现出红细胞来。肾是先天之本,其所藏的元气是从娘胎里带来的。冬令进补,首补的就是肾。但要是经脉不畅通的话,于补无益,关键是补不进去,中医叫做"虚不入补"。实践证明,肾精气与人们的志向相关联，通常说来老年人志向不高远，源自其肾的精气不足，而年轻人正好反之。但若肾精气年少早衰，则这个年轻人的志向也会逐于淡化。换言之，年轻人要想成就大业，首先要保护好自己的肾精。

戌时（即晚上19时至21时）是心包经当令。心包是保护心脏正常工作的外膜组织，从中医观点分析，心是不受邪的，往往会由心包去代心脏受邪。所以，许多人的心脏病实际上只是心包经的病。如心跳很厉害时，实际上是心包受邪了，然后毛病再会沿心包经一直发展下去。心包经之所以在晚上19点至21点当班，就是暗示人们此时是人体松弛（如娱乐，因为心包经又主喜乐）、休闲（看电视等）或准备入睡（洗漱）时段，而绝非费神耗力之时。

亥时（即晚上21时至23时）是三焦经当班。三焦经是联结五脏六腑的那个网状的区域，如三焦经一旦不能畅通，则疾病必至。亥时对应的12生肖是属猪，猪吃了便呼呼大睡。所以，三焦经在此时当班，意即提示人们该大睡了。

熟知人体内经当令时序规律之后，便要主动把握自己的作息起居。在这个问题上，逆行是有害的，顺应才是明智。通常说来，由于一年四季内脏保护的重点各异，其起居规律也略有差异。如春天养肝为主，宜迟睡晚起；夏天养心为主，宜迟睡早起；秋天养肺为主，宜早睡早起；冬天养肾为主，宜早睡晚起。当然，睡得再迟也不得超过子时，而起得再晚也不得晚于辰时。此外，人们任何一种行为均会引发负面效应，务必引起注意，并适时加以防范或弥补。例如，用电脑会偷走你体内维生素A，对策是补充复合维生素；酒精（饮酒）会偷走你体内维生素$B_1$，对策同上；吸烟（包括被动吸烟）会偷走你体内的维生素C，对策是每天补充50毫克维生素C；强度运动会偷走你体内维生素E，对策是服用维生素E补充剂；高温（大汗）和低温（体凉）均会偷走你体内的多种维生素，对策是补充复合维生素；喝咖啡会偷走你体内的钙，对策是补充钙片或用牛奶代替咖啡伴侣;使用抗生素(抗菌类药品)会偷走你体内的正常菌群,对策是在注射或服用抗生素期间每天喝一瓶酸奶。这些知识是人们在日常工作与生活中必须加以掌握的,它可以应对一生中难以避免的各种状况。

# 结束语

# 社会和谐是权力制衡的结果

社会和谐，实质上是指社会各种力量与政府处于稳定协调的状态，即国家与社会之间形成均衡关系。这种均衡关系的思想，充分体现在恩格斯关于历史发展的合力理论之中。恩格斯理论的真谛是，历史发展及其所发生事件的结果，不是任何一种单独力量所能左右，而是由相互对立、相互作用的社会力量彼此制约的结果。“均衡”是取之于物理学的一个概念，意指系统的均衡作为一种特殊状态，它是系统内部相互对立的力量，既对系统共同发生作用，又彼此相互抵消、相互作用的结果，这种作用的结果实际为零。这种均衡思想也来自我国传统文化的太极理论。有学者将之归结为黄金法则的和谐结构状态，即正方形面积与它的内切圆面积之比，为78.5∶21.5。这个比例可以推断到广阔的社会经济领域之中。诸如，城乡结构的比例、民企与国企结构的比例，消费占GDP的比例，人体内水分占的比例等等。一个均衡制度，不仅取决于各种社会力量的对比，而且有赖于彼此之间的有效制约，即制衡。

历史经验证明，国家与社会之间均衡关系的形成，必须基于两个重要条件：一是宪法的诞生并能真正付诸实施，因为它是界定国家权力与社会权力关系的总契约。宪法所规定的国家与公民各自的权利与义务，全面体现了国家和社会关系均衡所必备的精神和原则，其本质是社会力量冲突走向均衡的产物。历史上每一次修宪的过程，往往是社会冲突力量彼此博弈的结果。在这种博弈过程中，不乏反对派的声音。2010年美国中期选举时，一个草根意义上的“茶党”(Tea Party)提出：“记住，持不同意见就是爱国”。2个世纪以来，美国之所以没有出现过其他许多国家在权力转移过程中的暴力和激烈的社会动荡，其源盖出自美国从18世纪末起就初步建立起一套“尊重反对派”的现代政治伦理(钱满素，2010)。这种民主秩序被已故著名宪政学者蔡定剑称之为“现代生活”。我们之所以能将宪法喻之为最高大法和母体法，根本原因就在于它是违宪审查制度的灵魂和基石。二是制衡机制的形成，它是社会权力和国家权力的分解并制约平衡的保障。一个有效的制衡机制是不可能从一开始便会得到国家利益主体与社会利益主体所共识，而通常是经过双方长时期艰苦的谈判、妥协和争执的结果。其结果所形成的政治体制既体现了权力分立，又体现了互相制衡的精神，于此所形成的宪法性法律，既不重社会轻国家，又不重国家而轻社会，它既能足以发挥中央政府在处理内外事务上的应有职能，又不至于有损社会本身的利益。公民可以通过选举权和其他手段去影响立法机关及其最高行政长官的行为；最高法院则能独立行使对总统和国会违宪行为的裁决权；总统和国会又能通过合法程序制约最高法院。对于美国这种权力制衡的分权方法，法国学者托克维尔的评价是：“对联邦的每个成员的好处，无论怎样想象都不过分。”(《论美国的民主》，商务印书馆1991年版，第182页)这一评价，在美国建国200年历史中从未出现过社会高频振荡的历史长河里得到了佐证。

从我国现实情况分析中可知，由于“议行合一”的体制导致政府，尤其是中央政府权力过于集中和膨胀，原因在于缺失有效制衡而失之于“法无明文禁止的政府权力”，以致它有权随意行政。尽管2004年7月1日一部制约官权的《行政许可法》在我国诞生，其意义不可低估，尤其是对于限制、约束和规范政府的权力、行为以及保障作为相对弱势群体的公民权利更是意义重大。但是，由于长期以来我国将依法治国中的治理主体与治理客体的关系颠倒了，混淆了治官与治民的关系。因此，如果概念不澄清，则依法治官的《行政许可法》在执行过程中会走样。例如，我国政府至今还具有不经立法机构批准，自行颁发政府部门“规定”的权限(财政部、国税局已屡开先河)，进而将权力延伸到垄断性央企，如前所述的电力公司“38 号文件”。无怪乎《南方都市报》上有评论惊呼：“政府权力野马不受制约横冲直撞的结果，总有一天，要把社会大厦撞垮掉。”

行政、司法和立法是完全不同性质的国家职能，应完全由不同机构和人员执掌，彼此不得越位和兼施，否则后果必将是导致专制。法国学者孟德斯鸠认为：“如果同一个人或是由重要人物、贵族或平民组成的同一机关去行使这三种权力，即制定法律权、执行公共决议权和裁判私人犯罪或争讼权，则一切都完了。”(《论法的精神》，第 156 页)为将三权分立，发达国家的基本原则是规定立法、司法和行政机关分别设立，没有交叉、隶属、兼职(尤其是主管人员)的关系；其各自价值指向分别对应为民主、公正和效率。职能侧重点是：立法机关制定或修改重要法律、任免政府重要成员和代表社会监督政府行为，司法机关接受诉讼，行政机关负责执行。三权机关在权力上彼此交叉渗透，又相互钳制。当然，借鉴西方国家的三权分立制衡制度的实施过程尚有四点必须引起重视：

一是三权分立体制的多样性。美国作为三权分立制衡模式最为典型的国家，制衡手段较为彻底，互动作用的频率较高，彼此权力旗鼓相当，谁也无法独善其身地为所欲为。英国则由于组阁方式的不同，其立法权与行政权由执政党同时掌控，故实质上的三权分立只是落实到两权分立之上，即立法与司法的分立。由于法国的总统地位凌驾于三权之上，故其三权分立只是一种“鸟笼式”的有限分立和制衡，旨在应对多党制导致缺失“有效多数”的政治棋局。

二是三权分立体制的不完善性。正如国家制度是一种“最不坏的选择”一样，三权分立制衡制度同样是一种“最不坏的选择”，其“最不坏”性体现在它是所有制衡体制中效果“最不坏”的一种，其实际运行效果及其多数学者对其的评价，无不证明了这一点。但既是最不“坏”，说明其尚有“坏”的成分，需引起注意。诸如民选产生的立法机关(立法)，其最高地位在三权制衡中反而受到了非民选机关(行政和司法)的制衡，有悖人民在国家中的地位，也与法国著名思想家卢梭关于政府的定义不符。因此，从某种意义上说，卢梭关于“立法与行政”合一的主张，提供了解读英国两权制衡体制合理性的依据，对此也得到了马克思的认同，以致社会主义国家走上了“议行合一”之路。(曾峻《议行合一论》，理论月刊 1995 年第 8 期)

三是为适应国家机关关系的三权分立体制之需，政府与政府之间的关系也走上了制衡之路。西方国家关系的形式从传统的单一制走向联邦制(也有称复合制)，是政府关系制衡史上的里程碑。政府关系涵盖了我们传统概念中的“上下级政府”和“同级政府”之间的关系。这种关系，在联邦制国度里是一种完全新型的关系，即联邦成员(如州政府)具有自己的宪法和法律体系，联邦政府(如中央政府，下同)与成员(如州政府，下同)之间的责权利是通过彼此之间谈判协商来确立的。联邦政府的权力源于联邦成员的同意和授权，而不具有上下级的隶属关系。一旦彼此发生分歧或冲突，会有一个独立的裁判机关依法裁定。因此，有人将之喻为“新的历史条件下恢复了欧洲中世纪的封建体制，是对中世纪后期的专制主义的反动”(桑玉成，2005)。

当然，联邦成员的权力并不是无限的，其立法不得以违背联邦宪法规定或精神为前提，冲突的裁决也必须承认和服从联邦法院裁决的最高司法效力。因为，尽管联邦政府与联邦成员之间不存在上下级隶属关系，但前者地位毕竟高于后者，彼此之间的职能关系是一种全局与局部的关系。他们通过制定相应法律，保证了政府与政府在一定范围内各司其职，而市镇不论规模大小、财力厚薄，在法律上一律平等。例如，美国洛杉矶郡有 88 个市，大至 300 多万人口的洛杉矶市，小至 4 万人口的 San Gabriel 市，在法律上拥有同等权利，彼此之间不存在上下级隶属关系，其更重要的一点是，政府官员最终只对城市居民负责，而非对上司负责。城市政府的管理形式充分借鉴了现代公司制的治理结构，将决策层与管理层严格分开，旨在强化市民参与和监督，制约权力滥用和腐败。相比之下，我国城市管理普遍缺失这种治理结构，尽管也有同级人大的名义上监督，但目前省部级官员腐败案的事发还没有一件是人大监督的结果。原因在于，我国是一个行政主导型的国度，议事机构和司法机构在国家政治生活中均尚未具备应有的地位。国家关系单一制最容易出现的毛病就是中央政府专权，而得不到制约，违宪而得不到审查。权力高度集中的必然结果有三，即导致政府的官僚主义及腐败几率提高，对下干预的失度和财权与事权的失衡，其根源是彼此责权利关系确立的随意性、强制性和扭曲性。当然，各利益主体之间的博弈也是决定权力资源配置结果的重要因素。以这次行政强制法案诞生背后的立法博弈为例，法律学者一再呼吁限权，而地方官员则拼命争取扩权。地方政府的这种对执行权的追求，其目标是使处罚权、决定权和执行权的行政链条系统化。这也是日本和欧洲一些实行单一制的国家，正在反思这种体制的缺陷、借鉴美国体制、不断优化中央与地方关系之动因。

四是宪政成为保护个人权利的同义语。现代各国之所以将人权保护的专门章节写进宪法，是基于“政府的一切权力都来自人民”的共识。《人身保护法》(1679 年)、《权利法案》(1689 年)和《王位继承法》(1701 年)等三大宪法性法律文件构筑了英国宪政制度的大厦；被马克思誉之为世界上“第一个人权宣言”的美国《独立宣言》(1776 年)体现了以人权为根本、权力来自权利并受到制约的宪政精神；法国将《人权宣言》(1791年)作为整个宪法的序言,并成为宪法的有机组成部分。2004年3月14日我国将“国家尊重和保障人权”写入宪法,虽然时间上晚了发达国家300多年,但它具有的里程碑意义是显而易见的。于此可见,各国的良苦用心是,在通过宪法直接规定人的基本权利之同时,合理配置国家权力,使权力之间形成制衡关系,最终达到防止国家权力的滥用对人权侵害之目的,以还人民以自由。这是因为,宪法不仅仅是体现在单纯的制度层面上的有形结构体系,而且还充分体现了一种文化、理念和哲学。前者可以由法学专家们在收集整理古今中外相关文献的基础上,快速汇总而成,但后者作为宪法的灵魂,则是在长期法律建设进程中逐步形成的。例如,自由作为一种理念,长期以来人们对之就存有不同的主张,也就难以顺利地作为一部宪法的主导思想。而一旦缺失自由的理念,宪法的制度层面对自由的限制将不可避免,进而有背“促进和保护自由”这一立宪的宗旨,宪法也就名存实亡。正如马克思所说的“法典是人民自由的圣经”,没有了人民自由,法典就不再是圣经。

# 参考文献



1. 曾峻,《公共秩序的制度安排》,学林出版社,2005 年 8 月第 1 版

2. 朱荣林,《经济发展论稿》,百家出版社,2003 年 3 月第 1 版

3.《中国经济时报》,2009—2010 年 12 月部分文章

4.《中国青年报》,2009—2010 年 12 月部分文章

5.《南方周末》,2009 年部分文章

6. 朱荣林,《解读田子坊》,学林出版社 2009 年 11 月第 1 版

7. 陈炷晌等,《海洋开发与现代海洋观念》,合肥学院学报(社会科学版)2009 年 1 月

# 跋



这是我自写作以来，自我感觉最费神耗力的一本书。原因之一是，撰写的动机与效果未必会统一。由于主流社会对优势的追捧和对劣势的忌讳，导致人们偏好于“报喜不报忧”。但如能理性地面对国情特征，我们便无法回避体制上诸多的弱点和缺陷，进而不由自主地去研判治国方略，以求最大限度地发掘社会制度的潜在优势。为此，深刻揭示大量社会矛盾及其成因机理，便是本书的“无奈”之举。问题在于，由于观察事物的立场和视角的差异，此举未必会成社会共识，尤其是未必为某些政府部门及社会既得利益群体所共识；原因之二是，社会弊病的剖析与制度设计的对策分析之间未必会相吻合。由于笔者自身对社会现象深层次成因的洞察力及其制度安排的研究缺乏自信和把握，难免会导致社会弊病的揭示与体制缺陷的剖析之间关联度的论述失之偏颇；原因之三是，政府管理职能涵盖的体系性与撰写角度选择的局限性之间未必相适宜。发展方略与政府管理职能的完整性不容顾此失彼，随意割舍，但由于笔者认知能力和涉猎领域之限，只能选取某些熟悉内容给予阐述，且其归纳、梳理、整合也未必得体到位。诚恐之下，举棋不定，以至于伏案一年之久方才草草收笔。经过权衡以后的笔触重点，我还是决定以对发展实践的反思为主，理论解读为辅。因为，实践毕竟才是检验真理的唯一标准！因此，本书并不是一本理论诠释式的教科书，而是实践解读式的科普书。求正社会贤达，以补正于万一，便是笔者此刻心迹。

朱荣林

2010 年 12 月 15 日于荣竹斋